Fischbrötchenmafia

Oliver G. Wachlin, Jahrgang 1966, lebt und arbeitet seit über zwanzig Jahren hauptberuflich als freier Autor und Dramaturg in Berlin. Er schrieb zahlreiche Texte, Konzepte und Drehbücher für Film und Fernsehen sowie diverse Image- und Werbekampagnen.

Dieses Buch ist ein Roman. Handlungen und Personen sind frei erfunden. Ähnlichkeiten mit lebenden oder toten Personen sind nicht gewollt und rein zufällig.

OLIVER G. WACHLIN

Fischbrötchenmafia

KÜSTEN KRIMI

emons:

Bibliografische Information der Deutschen Nationalbibliothek
Die Deutsche Nationalbibliothek verzeichnet diese Publikation
in der Deutschen Nationalbibliografie; detaillierte bibliografische
Daten sind im Internet über http://dnb.d-nb.de abrufbar.

© Emons Verlag GmbH
Alle Rechte vorbehalten
Umschlagmotiv: shutterstock.com/Eskemar
Umschlaggestaltung: Franziska Emons, Tobias Doetsch
Gestaltung Innenteil: César Satz & Grafik GmbH, Köln
Lektorat: Lothar Strüh
Druck und Bindung: Prime Rate Kft., Budapest
Printed in Hungary 2023
ISBN 978-3-7408-0217-2
Küsten Krimi
Originalausgabe

Unser Newsletter informiert Sie
regelmäßig über Neues von emons:
Kostenlos bestellen unter
www.emons-verlag.de

Dieser Roman wurde vermittelt durch die Literaturagentur
Behrens & Richter GbR, Berlin.

Prolog

Am Anfang war die Angst.
Ich fürchtete mich schon vor dem Betreten des Bootes. Ich fürchtete mich vor dem Ablegen. Am allermeisten fürchtete ich mich vor dem Setzen der Segel.
Der Wind war immer eine unberechenbare Größe. Eben noch kaum spürbar, konnte er im nächsten Augenblick als fauchende Böe in den Tüchern stehen und mit eiserner Faust das Schiff derart auf die Seite drücken, dass einem der Atem stockte.
Heilige Scheiße, das ging aber gleich dramatisch los heute! Die Wanten sirrten ihre Todesmelodie, die Segel knatterten wie Gewehrschüsse, die Steuerbordseite meines Bootes lag komplett unter Wasser. Kübelweise schwappte die Flut ins Cockpit, und ich klammerte mich am Süllrand fest, um nicht über Bord zu gehen. Wenn ich den Untergang verhindern wollte, sollte ich vielleicht das Groß etwas fieren und anluven. Oder besser abfallen? Keine Ahnung, ich kam ohnehin weder an die Winsch noch an das Ruder heran, da ich mich mit beiden Händen festhalten musste und mir dabei beinah in die Hosen machte. Ich war die Elemente halt noch nicht gewohnt.

Mit dem Segelpatent ist es wie mit dem Führerschein, beides ermächtigt uns zum Fahren, befähigen kann uns nur die Routine.
Ich war seit drei Wochen stolzer Besitzer des Sportbootführerscheins See und seitdem jeden Tag auf dem Wasser. Trotz meiner Versagensängste. Trotz aller Befürchtungen, das Boot nicht zu beherrschen und gnadenlos zu scheitern. Ein Schiffbrüchiger wegen Unfähigkeit. Eine Lachnummer! Doch noch schwamm das Boot, noch war ich an Bord, wenn auch nicht Herr des Geschehens. Aber ich spürte das Leben. Und nur darauf kam es an.
Zwei Jahre war ich jetzt in Pension. Zwei Jahre, in denen ich mir immer öfter die Frage gestellt hatte: Sollte das alles gewesen

sein? Nach einem langen Arbeitsleben gelangweilt dem eigenen körperlichen Verfall zusehen bis zum Tod?
Nein, niemals! Neue Herausforderungen mussten her. Und da ich an der Ostseeküste meinen Altersruhesitz aufgeschlagen habe, in der idyllischen Boddenlandschaft zwischen Mecklenburg und Vorpommern, dachte ich mir, ein Segelschein wäre nicht schlecht. Zumal der olle Hennings ein paar Häuser weiter sein Folkeboot günstig verkaufen wollte. Knapp achttausend Euro für etwas über sieben Meter skandinavische Lärche, geklinkert und gut in Schuss. Ein schönes Boot, wirklich. Wurde mal für die Ostsee entworfen, also sollte man damit auf dem Barther Bodden keine Probleme bekommen. Leider hat es kein selbstlenzendes Cockpit. Wenn es vollläuft, muss man es mit einem Eimer wieder leer schöpfen, sonst säuft der Kahn irgendwann ab.

Insofern: Bekämpfe deine Angst, *old boy*. Sei stark! Werde ein Seemann, ein echter Salzbuckel, ein Bezwinger der Meere!

Vorsichtig ließ ich mich vom Süll heruntergleiten und löste die Großschot, damit der Druck aus dem Segel und die Schlagseite aus dem Boot genommen wurden. Dann kümmerte ich mich um das Ruder, drehte den Bug des Bootes näher an den Wind heran und holte das Segel wieder dicht.

Ah, jetzt kam Fahrt in den Kahn. Er legte sich moderat auf die Seite und pflügte mit einer Leichtigkeit durchs Wasser, die man dem doch recht schweren Holzboot nie zugetraut hätte. So war's recht. Allmählich bekam ich die Sache in den Griff und mittels Schöpfeimer auch das Wasser aus dem Boot. Ich war wieder Herr der Lage. Großartig! Gewisse Momente der Glückseligkeit stellten sich ein, ein Gefühl von Freiheit. Fortbewegung allein durch die Kraft des Windes. So bewegte sich der Mensch seit dreitausend Jahren, ohne irgendwelche Schadstoffe in die Luft zu blasen oder fossile Rohstoffe zu verbrauchen. Vergesst das Automobil, Leute! Lernt Segeln!

Achtung, die nächste Böe zog heran. Am Kleinen und am Großen Werder musste man besonders aufpassen, da pfiff es immer wie durch eine Düse. Gespannt sah ich auf den Verklicker. Das ist so eine kleine Fahne oben am Mast, die einem zeigt, woher der Wind gerade weht. Große Yachten haben dort eine Windex. Erfahrenere Segler brauchen beides nicht. Die spüren den Wind am Ruderdruck oder haben das irgendwie anders im Blut, aber ich musste immer hoch in den Mast gucken. Mit äußerster Konzentration und manchmal stundenlang. Ein Hans Guck-in-die-Luft, der mit steifem Nacken und verspannter Rückenmuskulatur sein Schiff am Wind zu halten suchte. Aber immerhin klappte das schon ganz gut, diese Böe wetterte ich ab wie ein Altmeister. Zumindest fast, denn plötzlich brüllte ein scharfer Ruf über den Bodden.

»Raum, verdammt noch mal! Raum!«

Irritiert sah ich mich um. Was war denn jetzt? Eine kleine Segelyacht näherte sich mit ordentlicher Krängung, am Steuer ein aufgeregter Herr mit hochrotem Kopf. Seine Gesten signalisierten mir, dass ich umgehend Platz zu machen hätte für sein schickes Acht-Meter-Schiffchen. Irre. War hier nicht genug Raum für uns zwei? Ich hob fragend die Arme und deutete auf die riesige weite Wasserfläche um uns herum.

Aber der Kerl schien es ernst zu meinen. Mit vollen Segeln pflügte er auf direktem Kollisionskurs heran, als wolle er mein Boot durch zwei teilen. »Raum«, brüllte er wieder, »mach Raum, du Schwachkopp!«

Na, beleidigen ließ ich mich nicht. So ein Idiot, kann der nicht einfach um mich herumfahren? Kopfschüttelnd überlegte ich, was zu tun war, um den Kurs entsprechend zu ändern. Denn jede Ruderbewegung muss von einer Anpassung der Segelstellung begleitet werden, und dabei war ich gerade so schön in Fahrt. Weiter anluven konnte ich nicht, und wenn ich abfallen wollte, müsste ich die Segel entsprechend …

Inzwischen jedoch verlor der rotgesichtige Herr die Nerven. Denn natürlich wollte er seine flotte kleine Yacht nicht kaputt fahren. Kurz bevor es zum sicher verheerenden Zusammenstoß mit meinem Folkeboot kommen konnte, riss er sein Steuer herum, um mir anschließend wütend mit geballten Fäusten zu drohen: »Du Arschloch! Ich häng dir die Eier in den Großbaum, du Sack!«

Gott, war der Kerl unentspannt. Und Umgangsformen schienen auch nicht seine Stärke zu sein. Ich lächelte freundlich zurück, zeigte ihm den Mittelfinger und merkte mir den Namen seines Bootes. »Batavia«, interessant. Offenbar ein Südseefreund. Na warte, du Baströckchen, das kriegste zurück. Irgendwann.

Denn bekanntlich traf man sich ja immer zweimal im Leben.

1   SEELUFT MACHT APPETIT. Wenn Kriminaloberkommissar Björn Oehler von einem ausgedehnten Strandspaziergang aus der ersten Frühlingssonne kommt oder einen Vormittag lang in den endlosen Schilfgürteln am Bodden die Kraniche auf ihrem Vogelzug beobachtet hat, stellt sich bei ihm immer ein Hungergefühl ein. Und dann gibt es nichts Herrlicheres als Matjes zu einem kühlen Barther Küstenbier. Und das schenkt Moppi im »Vinetablick« seit Jahren zu durchaus günstigen Preisen aus.

Insofern ist »Störtebekers Futterkutter«, der seit Anfang des Monats im Barther Innenstadthafen liegt, völlig überflüssig. Es gibt genug Fisch in Barth, hier wurde bislang noch jeder satt. Da muss nicht auch noch im Stadthafen gebrutzelt werden, nicht direkt neben Oehlers »Swantje«! Die ist bald achtzig Jahre alt, und keine Sau kann sich vorstellen, was das für Arbeit gekostet hat, die alte Dame wieder flottzumachen. Siebzehn Meter Kambala-Teak auf Eichenspanten. Wurde 1938 auf der legendären Dawartz-Werft in Tönning als Logger für die Fischerei in der Nordsee gebaut. Danach Dienst in der Kriegsmarine als Vorpostenboot im Zweiten Weltkrieg und anschließend vierzig Jahre lang Versorger und Postschiff für die Insel Hiddensee. So sah die gute »Swantje« dann auch aus, nach der Wende, als sie außer Dienst gestellt wurde. Typisch DDR, mehr Wrack als Schiff. Aber was kann man sich schon groß kaufen, wenn man nur Kriminalbeamter ist? Immerhin, die Substanz der »Swantje« war gesund. Ein schönes Schiff war das mal gewesen, das sollte man doch wieder hinbekommen, nicht wahr. Ein Zweimaster, ein echter Segler mit Hilfsmotor. Ein Traum für jeden Seemann eigentlich. Und dann hat Oehler zehn Jahre lang jeden Pfennig in die Erfüllung dieses Traumes investiert. Zehn Jahre lang hat er sich kaputtgeackert nach dem Dienst, hat gehobelt und gefräst, Planken eingepasst und Spanten ausgetauscht, die Tanks erneuert, die Masten ersetzt. Zehn Jahre lang lief er in seiner Freizeit nur mit Blaumann und Werkzeugen herum. Da war nix mit Erholung, der Aufbau der

»Swantje« forderte vollen Einsatz. Und bei der Werft Rammin steht Oehler bis heute in der Schuld. Die haben ihm gezeigt, wie das geht, weil er sich professionelle Handwerker nicht leisten konnte, und ihm einen Platz zum Herumfrickeln gegeben. Jann Giehrling war ihm auch eine große Hilfe. Der kannte sich als ehemaliger Hochseefischer mit Schiffen aus und hat für vier oder fünf – vielleicht waren es auch zehn – Kästen Barther Küstenbier die ganze Elektrik neu verlegt, eine neue Dieselheizung eingebaut und den richtigen Lack ausgesucht, damit das Holz darunter atmen kann und nicht fault. Und es war auch Giehrlings Idee, auf das Vordeck Holzbänke zu schrauben. Für die Passagiere. Denn nur mit dem Sold eines Oberkommissars kann sich Oehler den Unterhalt für seine schmucke »Swantje« nicht leisten.

Deshalb schippert er in der Saison nebenberuflich Sommerfrischler über den Bodden, im Herbst und Frühjahr kommen die beliebten Kranichfahrten dazu. Und weil er als Schiffsbesitzer nicht noch Miete zahlen will, wohnt Oehler auch an Bord.

In seiner gemütlichen Koje hinter dem hübschen kleinen Salon mit voll ausgestatteter Pantry, Pütt und Pann und allem Drum und Dran. Nie wird man hier Staub auf den Teakboarden finden, alles ist gewienert und poliert, die Wäsche frisch, die Messingleisten glänzen.

Und nun das: »Störtebekers Futterkutter«! Direkt nebenan!

Nee, das muss doch nicht sein, dass Oehler fortan den ganzen Tag den Geruch von Räucherfisch in der Nase hat und im Ohr das oberflächliche Gequatsche der Touristen. Wirklich nicht!

Schon am frühen Morgen können diese ortsfremden Urlauber Unmengen von Fischbrötchen in sich reinstopfen. Die sind gerade angekommen am Bahnhof oder mit dem Auto und haben nichts Besseres zu tun, als umgehend zum Futterkutter zu rennen. Als hätten sie bei sich zu Hause nichts zu essen. Letztens hatten sie es sich sogar auf der »Swantje« gemütlich gemacht! Auf dem blitzblank geschrubbten Deck des Oberkommissars! Und haben alles mit ihren fettigen Räucherlachs- und Backfischbrötchen eingesaut! Herumgekrümelt, als wäre seine »Swantje« die Fresserrasse des Futterkutters! Na, denen hat Oehler erst mal Bescheid gegeben. Da kann er sehr ungemütlich werden. Sollen die Urlauber doch zu Moppi gehen! In den »Vinetablick«! Das ging doch früher auch. Da stören sie wenigstens niemanden.

Das ist ja auch eine Frage der Legalität, nicht wahr. Das kann ja nicht sein, dass Hinz und Kunz plötzlich überall Hering verkaufen können, wo es ihnen passt. Da kann nicht Hein-Piet sein oller Fischkahn einfach kommen und sagen, jetzt verkauf ich mal meinen Fang hier neben Oehlers »Swantje«. Das geht nicht, dafür braucht man eine entsprechende Genehmigung, eine Konzession! Und daran hakt's dann. Fast immer. Meistens jedenfalls. Zu neunundneunzig Prozent ist sich der Oberkommissar sicher, dass »Störtebekers Futterkutter« keine Konzession hat. Als er nämlich mal ganz amtlich nebenan vorbeigeschaut hat, um Einsicht in die entsprechenden Papiere zu nehmen, war da nur so eine kleine Chinesin und verstand kein Wort. Wollte ihm aber sofort »Läuchelaal« verkaufen und »Bismalckheling«.

Heiliger Klabautermann! Die sind inzwischen überall, diese Chinesen! Die Volkswerft in Stralsund haben sie auch schon aufgekauft. Da kann man nur hoffen, dass sie dort nicht anfangen, Futterkutter in Serie zu bauen, um die ganze Küste mit ihren schwimmenden Garküchen zuzupflastern. Das ist hier schließlich nicht der Hafen von Shanghai, nicht wahr. Das ist die Vinetastadt Barth, und hier herrscht Ordnung. Jedenfalls solange Oberkommissar Björn Oehler höchstpersönlich über die Einhaltung der Gesetze wacht. *»I'm the sheriff from Barth, you know?«*

Aber Englisch konnte die kleine Chinesin auch nicht. Stattdessen: »Ich haben auch Klabben ganz flisch. Du hunglig auf Klabben?«

Irgendwie drollig. Oehler musste jedenfalls grinsen. Und die kleine Chinesin lächelte aus ihren hübschen Mandelaugen zurück. Da wurde ihm ganz warm ums Herz.

Na, und deshalb hat er dann doch ein »Klabbenblötchen« gegessen und der Chinesin die Bedeutung des »R« für die deutsche Sprache erklärt. Denn beim Grillen und Braten entsteht Rauch, nicht Lauch. Mit Lauch kann man später den gebratenen Fisch eventuell anrichten, aber da ist dann der Rauch schon zum Schornstein raus, *»you know?«*.

Verstand sie natürlich nicht. Wie auch? Das Chinesische ist

von unseren zivilisierten europäischen Sprachen Lichtjahre entfernt. Das speichert man nicht von heute auf morgen. Da muss man Geduld haben. Jedenfalls ist Oehler dann gegangen und war irgendwie mit der Situation versöhnt. Die Chinesin kann ja auch nichts dafür, dass sie hier Fisch verkaufen muss. Müssen ja alle von irgendwas leben, nicht wahr. Auch die Chinesen. Nur dass sie es direkt neben seiner »Swantje« tun müssen, das schmeckt ihm gar nicht. Da sollte eine andere Lösung her.

Doch im Amt Stralsund, wo Oehler als Nächstes vorsprach, konnte man ihm auch nicht helfen. Obwohl er extra einen halben Tag mit der Wartemarke in der Hand dafür verplempert hatte. Die Konzession für den Futterkutter konnten sie ihm jedenfalls nicht zeigen. Was Oehlers Verdacht weiter dahingehend erhärtete, dass es gar keine gab. Hartnäckig insistierte er: Nach welchen Kriterien werden derartige Verkaufsgenehmigungen erteilt? – Wer ist für die Konzessionsvergabe zuständig? – Gilt das auch für Chinesen? – Und so weiter und so fort, doch spätestens als das Wort Chinese fiel, wurden die Beamten nervös. Dafür sei der Herr Matthiesen zuständig, der stellvertretende Amtsleiter, und der sei derzeit leider, leider krankgeschrieben. Da könne man nichts machen.

Krankgeschrieben? Da könne man nichts machen? – Ha, diese Amtsschimmel kennen Oberkommissar Björn Oehler nicht! Der hat sich noch nie von Krankheitsfällen abhalten lassen. Schon gar nicht, wenn er illegalen Machenschaften auf der Spur ist. Na, diesen Amtsleiter wird er sich noch vornehmen, selbst wenn der die Cholera hat. Gleich morgen wird er den Mann in die Mangel nehmen, und wenn der dann nicht klipp und klar erklären kann, wie diese Chinesin auf »Störtebekers Futterkutter« zu ihrer Konzession gekommen ist, wird er umgehend an die Kette gelegt. Also der Futterkutter, nicht der Amtsleiter. Das kann ja so nicht weitergehen.

Selbst in seiner gemütlichen Kajüte unter Deck hat Oehler schon den Geruch von Frittenöl und Bratfisch in der Nase, obwohl die Chinesin nebenan längst Feierabend gemacht hat. Aber den kriegt man ja so schnell nicht raus, diesen Geruch. Wenn sich der erst mal festgesetzt hat, in Oehlers maritimen

Polstern zum Beispiel, dunkelblau mit kleinen goldenen Ankern drauf, oder in den weißen Gardinen vor den Bullaugen, die mit den hübschen aufgestickten Rettungsringen – ein Geschenk zu seinem dreißigsten Dienstjubiläum –, also wenn dieser fettige Frittengeruch da erst mal überall drin ist, hilft nur noch waschen. Und zwar mehrmals täglich. Himmel, Arsch und Zwirn, der Oberkommissar wird ein Abo für Melittas Waschsalon brauchen, sollte »Störtebekers Futterkutter« zu einer dauerhaften Institution werden. Nee, das gilt es unbedingt zu verhindern.

Natürlich könnte sich Oehler auch einen anderen Liegeplatz für seine »Swantje« suchen. Aber sollte er wirklich zu den arroganten Freizeitkapitänen in den Nautischen Yachtclub ziehen? Zu den feinen Herren mit ihren Clubsakkos und den herausgeputzten Yachten? Das ist kein Zuckerschlecken dort, diese Hobbysegler sind Zicken, total hysterisch und viel schlimmer als Weiber. Das meint jedenfalls Jann Giehrling, und der muss es wissen. Ist schließlich inzwischen schon lange Yachtwart an der Happy-Charter-Basis da drüben bei den Nautikern …

Moment mal!

Oehler schnuppert und atmet tief durch. Das ist doch kein normaler Frittengeruch mehr. Hat diese Chinesin etwa einen Brathering auf dem Grill vergessen? Das stinkt total verbrannt.

Mensch, da muss er mal nachschauen gehen. Oehler springt auf und tappt, buchstäblich immer der Nase nach, an Deck.

Draußen glüht dramatisches Abendrot. Das denkt Oehler im ersten Augenblick. Im zweiten bemerkt er dichten Rauch. Und dann stellt er fest, dass nicht eine viel zu späte Sonne den Nachthimmel erhellt – es ist immerhin schon bald Mitternacht –, sondern hoch auflodernde Flammen. Der Futterkutter nebenan brennt lichterloh, und das Feuer droht bereits auf seine geliebte »Swantje« überzuspringen.

Verflucht noch mal! Hastig springt der Oberkommissar ins Ruderhaus und glüht den Diesel vor. Der Motor ist gut fünfzig Jahre alt, sehr zuverlässig, ein robuster Marinediesel aus den sechziger Jahren. Aber es dauert immer einen Moment, bis er anspringt. Endlich tuckert er los. Oehler stürmt wieder an Deck, löst die Festmacherleinen und spürt die Hitze des Feuers vom Futterkutter. Die Flammen fressen sich schon an den Masten hoch, nee, da ist nichts mehr zu retten. Jeder Löschversuch sinnlos. Wichtig ist jetzt allein, seine »Swantje« aus der Gefahrenzone zu bringen.

Schweißgebadet hantiert Oehler mit dem Bootshaken, um das Schiff von der Kaikante wegzukriegen. Gott, ist das heiß hier! Die vorderen Fender schmelzen schon weg, das ist nicht zu fassen. Oehler verbrennt sich die Finger, rennt fluchend wieder zurück ins Ruderhaus und lässt die Maschine kurz rückwärtslaufen. Dann legt er das Ruder hart Steuerbord und gibt etwas Schub voraus. Langsam dreht die »Swantje« von der Kaikante weg, kommt aber dem brennenden Futterkutter erneut gefährlich nahe.

Das knistert und kracht überall, ein Höllenfeuer, und die Funken stieben herum. Weg hier, nur weg! Nicht dass ihm der Futterkutter noch um die Ohren fliegt, weil die Petroleumtanks explodieren.

Oehler hantiert fluchend mit dem Maschinenhebel, vor, zurück, wieder vor, bis die »Swantje« weit genug gedreht ist, um auf den Bodden hinauszulaufen. Vollen Schub jetzt. Der alte Marinediesel wummert auf, dass das ganze Schiff vibriert. Der Propeller hinten produziert ordentlich Schraubenwasser. Na endlich: Die »Swantje« läuft zwischen den Fahrwassertonnen auf den Bodden hinaus.

Gerettet, denkt Oehler erleichtert und greift nach dem Funkgerät, um das Feuer im Hafen zu melden. Meine Güte, das hätte auch in die Hose gehen können. Brände auf Schiffen sind immer eine Katastrophe. Aber seine »Swantje« ist davongekommen, und den Futterkutter ist er jetzt wohl los.

Nur um die kleine Chinesin tut es ihm leid. Aber die wird auch einen neuen Job finden.

Der Oberkommissar sucht sich einen geeigneten, vor Wind und Schwell geschützten Platz vor dem Zingster Ufer und geht dort vor Anker. Er ist völlig erschöpft, aber an Schlaf ist nicht zu denken. Von der Barther Boddenseite her hört man die Sirenen der Feuerwehr. Na, die kommen jetzt auch zu spät.

Oehler köpft sich ein Bier und schaltet dann das Decklicht an, um nach etwaigen Brandschäden auf seiner »Swantje« zu suchen. Wer nicht schlafen kann, muss sich beschäftigen. Da kann kommen, was will.

2   DEN REST DES TAGES verbrachte ich in einer Flaute. Kein Wind mehr, nirgends. Aber so war das beim Segeln, es gab nie perfektes Wetter. Entweder man hatte zu wenig Wind oder zu viel, und er wehte grundsätzlich von der falschen Seite. Man musste viel Demut haben, um trotzdem vorwärtszukommen, guten Scotch und einen Motor.

Ich warf meinen Fünf-PS-Yamaha-Außenborder am späten Nachmittag an, weil ich hungrig geworden und der Whisky ausgetrunken war. Nachschub gab es nur an Land, und deshalb ertrug ich das lärmende Geröhre des Außenborders, auch wenn ich nicht verstand, dass man im zweiten Jahrzehnt des dritten Jahrtausends noch immer nicht in der Lage war, leise, ja lautlose Verbrennungsmotoren zu bauen. Wir konnten mit Drohnen die Araber ins Jenseits bomben, aus der Atomkraft aussteigen und Forschungsroboter zum Mars schießen, während unsere Kinder drahtlos per Smartphone in alle Welt kommunizierten – aber unsere Außenbordmotoren klangen immer noch wie zu Zeiten von Carl Benz.

Wer ein Boot besitzt, braucht auch einen Liegeplatz dafür. Zwar war ich stolzer Pächter eines direkt am Bodden gelegenen Grundstücks, und dort gab es sogar einen Steg. Für den Angelkahn hatte der immer gereicht, doch nun war ich Besitzer eines Folkebootes mit einem Meter zwanzig Tiefgang. Und das war zu viel. An alles hatte ich gedacht beim Kauf des Bootes, nur an den Tiefgang nicht. Wieso auch? Es gab einen Steg, und es gab ein Boot – das sollte doch passen! Tat es aber nicht, denn als ich an meinem Steg zum ersten Mal anlegen wollte, blieb ich gut dreißig Meter davor im Schlick stecken. Näher kam ich nicht heran, da half alles nichts. Der Bodden ist berühmt für seinen modrigen Schlick. Man kann darin nicht stehen, aber eben auch nicht schwimmen.

Tja, Pech gehabt. Aus der Traum vom eigenen Boot vorm Haus. Ich brauchte einen anderen Liegeplatz. In Barth gab es dafür zwei Möglichkeiten. Entweder man ging in die Marina am »Vinetablick«, doch dort zahlte man fast zweitausend Euro pro Saison. Günstiger wäre ein Liegeplatz in einem der vielen Segelvereine von Barth, doch dafür musste man Vereinsmitglied werden. Zwar boten viele Vereine auch Gastliegeplätze an, doch die waren dann wieder teurer – da könnte man sich dann auch gleich in die Marina einmieten.

Nun war ich noch nie der große Vereinstyp. Zu meiner Zeit in Berlin hatte ich es mal in einem Poolbillard-Club versucht und war dort grandios gescheitert, weil ich mich nur bedingt an diverse Satzungen halten wollte und den Sinn des Beitragssystems nicht verstand. Zudem gingen mir die Vereinsoberen mit ihrer Wichtigtuerei auf den Sack – ja, wenn wenigstens passable Billardspieler darunter gewesen wären. Aber die wirklich spannenden Typen fand man vor allem in dunklen, rauchigen Kneipen weit außerhalb des Clubs. Echte Zocker, die ihren Gegner in einem Durchlauf über die Bande in den totalen Ruin spielen konnten. Ein paar von denen hätte ich gerne in unserem Club untergebracht, doch daraus wurde nichts. Im Gegenteil, ich wurde gleich mit rausgeschmissen. Im Berliner Poolbillard-Club wollten sie nicht zocken, sondern spielen.

Jetzt war ich drauf und dran, wieder Vereinsmitglied zu werden. Obwohl man mich gewarnt hatte: »Segler sind schlimmer als Kleingärtner!«

Aber mit derlei Sprüchen konnte ich nichts anfangen. Weder war ich jemals Kleingärtner, noch kannte ich welche. Ich fing gleich mit den Seglern an.

Nennenswerte Wirtschaft gab es in Barth seit der Wende nicht mehr, weshalb ich den alten Wirtschaftshafen ansteuerte, wo zwischen den alten Ziegelspeichern neben der Bootswerft Rammin und der Happy-Charter-Basis der Nautische Yachtclub seinen Sitz hatte. Ein gemeinnütziger Verein, der sich der Tradition des

Segelsports verpflichtet fühlte und daher besonders stolz auf seine Jugendabteilung zur Förderung des Nachwuchses war.

Schon weit vor der Hafeneinfahrt sah ich die Optis der Jüngsten auf dem Wasser, streng beaufsichtigt von Paula, einer stets braun gebrannten, drahtigen Mittzwanzigerin mit wippendem Pferdeschwanz, die in Greifswald Sportmedizin studierte und mit einem Megafon bewaffnet in ihrem Motorschlauchboot die kleinen weißen »Optimisten-Jollen«, wie die Kindersegelbötchen genannt wurden, umkreiste wie ein Schäferhund seine Herde.

Aufgabe der Jüngsten war, diverse Bojen in einem zuvor festgelegten Kurs zu umfahren, was aber wegen des schwachen Windes nur bedingt möglich war. Die meisten der Kinder, allesamt zwischen sechs und zwölf Jahre alt, flachsten herum, übten Kenterungen und bespritzten sich mit Wasser, ohne sich groß um Paulas knarzende Lautsprecherbefehle zu kümmern.

»Willy: auf die Ruderstellung achten! – Caja: das Segel dichter! – Luca: Wenn du deinen Kurs so beibehältst, musst du an der Tonne Malte ausweichen und verlierst wertvolle Sekunden!«

Ich drosselte den Motor etwas und winkte Paula mit weit ausladenden Armbewegungen zu. Das war wichtig, denn als ich meinen Antrag auf Mitgliedsanwartschaft im Nautischen Yachtclub stellte, wurde mir ein längerer Vortrag gehalten, in dem Kameradschaft, Hilfsbereitschaft und sportliches Verhalten gleich mehrfach angemahnt wurden.

»Wie damals die Likedeeler, haben Sie das verstanden?«

Aber waren das nicht Piraten?

Wie auch immer, ein betont maritimer Gruß an die Jugendtrainerin konnte nicht schaden: »Moinsen, Paula! Und immer eine Handbreit Wasser unterm Kiel, was?«

»Schwarzer Kegel, Spitze nach unten«, brüllte sie zurück.

Bitte? Ich verstand nicht gleich.

»Wenn Sie die Segel oben haben und trotzdem motoren, müssen Sie den Kegel setzen.« Sie fuhr mit ihrem Schlauchboot heran. »Sonst erkennt man nicht, dass Sie ein Motorfahrzeug sind.«

»Ich denke, man hört es. Der Motor macht ja so einen Lärm, dass ...«

»Das tut nichts zur Sache«, unterbrach sie mich streng, »so sind nun mal die Schifffahrtsregeln.«

»Vielen Dank.« Ich lächelte freundlich. »Beim nächsten Mal denke ich dran.«

»Und setzen Sie Ihr Segel richtig durch, die Falten im Vorliek müssen raus.« Sie hob die Hand zum Gruß und gab wieder Gas.

»Wiederschaun.«

»Wiederschaun.« Ich starrte aufs Segel. Was war jetzt noch mal das Vorliek? – Egal! Ich nahm die Pinne wieder in die Hand und konzentrierte mich aufs Anlegemanöver.

Der Nächste war Jann Giehrling. Den kannte ich schon. Der Yachtwart und Hafenmeister saß immer auf seiner Bank vorn an der Pier vor der Charterbasis und wartete auf einlaufende Boote. Dann rannte er wie der Blitz los und half beim Anlegen. Was mir völlig recht war, allein hätte ich so meine Schwierigkeiten damit.

»Kein Wind draußen, was?«, erkundigte er sich.

»Entweder nichts oder echte Hammerböen«, erwiderte ich, »ich hatte manches Mal gut zu kämpfen.«

»Das ist gar nichts.« Jann Giehrling setzte sich mit abgeklärter Seemannsmiene zu mir an Bord. »Das ist ein Fliegenschiss gegen das, was ich da draußen schon mitgemacht hab. In meinen aktiven Jahren, meine ich.«

Ich wusste gar nicht, dass Jann Giehrling auch mal aktiv gewesen war. »Was haben Sie denn gemacht?«

»Na, ich bin zur See gefahren«, er steckte sich eine Zigarette an, »Hochseefischerei, zu DDR-Zeiten damals. Und da sind wir vor den Färöern mal in eine weiße Böe geraten ... Die Hölle, sag ich Ihnen! Wellen wie Hochhäuser. Unser Kahn lag minutenlang auf der Backbordseite. Neunzig Grad, der Wasserdruck hat uns drei Luken weggesprengt. Da fing sogar unser kommunistischer Parteisekretär wieder an, gen Himmel zu beten. Ja, wer so was mal erlebt hat, der weiß, was eine Hammerböe ist.« Er sah neugierig in meine Kajüte. »Sagen Sie mal, haben Sie kein Bier da?«

»Nee«, bedauerte ich. »Ich hatte Whisky. Aber der ist alle.«

»Na, so geht das aber nicht.« Giehrling rang um Fassung. »Man muss immer ein Anlegebier an Bord haben. Grundsätzlich!

Das ist so 'ne Art Gesetz unter Seeleuten. Alles andere wäre unanständig.«

Das wollte ich auf keinen Fall sein. »Ich spendiere uns eins. An Ihrem Kiosk, okay?«

»Das ist kein Kiosk«, belehrte er mich, »das ist mein Hafenbüro, in dem ich auch Bier verkaufe, weil so Landratten wie Sie ständig vergessen, was nach dem Anlegen zu tun ist.«

Bier trinken. Ich verstand und erhob mich. »Na denn: Auf geht's!«

»Da kann ich Ihnen gleich noch die Geschichte von den drei Kaventsmännern vor Island erzählen.« Giehrling stand ebenfalls auf. Prüfend sah er mich an. »Sie wissen, was Kaventsmänner sind?«

Ich überlegte. »Große Wellen?«

»Wellen?« Er lachte dröhnend auf. »Brecher sind das, riesengroß! Die können Ihnen den Frachter komplett zertrümmern. Vor Schottland hat so 'n Ding mal eine ganze Bohrplattform versenkt. Mit Mann und Maus. Die haben es noch nicht mal geschafft, rechtzeitig ihren Hubschrauber zu starten. Das Einzige, was von denen übrig geblieben ist, waren ein paar Rettungswesten, die später an die norwegische Küste getrieben sind.«

»Und Sie hatten gleich drei von diesen ...?«

»Drei gewaltige Kaventsmänner.« Giehrling nickte bedeutungsvoll. »Der erste zerschmetterte das Ruderhaus und knickte die Masten wie Streichhölzer. Nach dem zweiten fiel der Motor aus. Wir waren manövrierunfähig und schlugen sofort quer. Dann kam der dritte, so ein Monstrum hatte ich noch nie gesehen. Bestimmt vierzig Meter hoch, und das Ding machte einen Lärm, dass wir unsere eigenen Angstschreie nicht mehr hören konnten. Denn wir hatten die Hosen tüchtig voll, das können Sie sich ja vorstellen ...«

Lieber nicht. Ich hörte ohnehin nicht mehr zu, denn ich hatte ein paar Stege weiter die »Batavia« entdeckt. Und den rotgesichtigen Herrn, der mir die Eier in den Großbaum hängen wollte. – Na warte!

»Hey«, rief Giehrling mir nach, »wollen Sie nicht hören, wie wir die dritte Welle überstanden haben?«

»Gleich«, ich marschierte auf die »Batavia« zu, »ich muss nur kurz was klären.«

Der Eier-Mann wirkte durchtrainiert, war aber nicht besonders groß. Klein von Wuchs oder ein Dreikäsehoch, wie man früher bei uns zu Hause sagte. Er trug einen altmodischen Strohhut und sportliche Segelkleidung. Gut sichtbar prangte ein Henri-Lloyd-Logo auf der Brust seines marineblauen Polohemds, dessen Kragen er, wie es in den achtziger Jahren des vorigen Jahrhunderts cool war, hochgeschlagen hatte. Ansonsten war der Typ eher blass, mit teigiger Haut, die die Sonne schlecht vertrug. Er stand im Cockpit seiner Yacht hinter dem Großbaum und versuchte, sein Segel zusammenzulegen. Eine Falte links, eine Falte rechts. Dabei half ihm eine kleine Frau, die ich auf dem Wasser gar nicht bemerkt hatte. Sie war schwarzhaarig, ein asiatischer Typ, Thailänderin oder so, und schien sich an Bord der »Batavia« nicht so recht wohlzufühlen. Was damit zusammenhängen konnte, dass sie permanent zusammengebrüllt wurde.

»Rechts! Links! Rechts! Ist das so schwer zu begreifen?«, regte sich der kleine Mann auf, mit schon wieder sehr rotem Kopf. »Rechts, habe ich gesagt, RECHTS, verdammt noch mal!«

Das Problem war, dass sich die zwei gegenüberstanden. Er im Cockpit, sie vorn am Großmast, und daher rechts und links jeweils zwei Paar Schuhe waren. Im Augenblick hatten beide die Falte des zusammenzulegenden Segels in der rechten Hand – das konnte so nicht funktionieren.

»Entschuldigen Sie!« Ich trat an das Boot heran und wandte mich an den Herrn: »Ich wollte Sie auf Ihr Verhalten mir gegenüber auf dem Bodden ansprechen. Aber offenbar brüllen Sie alle Leute so an. Ich finde das – gelinde gesagt – ziemlich unsportlich.«

Er starrte mich aus seinen blassgrauen Augen an, sagte aber nichts. Entweder er wusste nicht, wovon ich redete, oder er verstand mich nicht. Vielleicht war der Kerl Russe, denn irgendwie erinnerte mich der Dreikäsehoch an Wladimir Putin. Da es aber unwahrscheinlich war, dass der russische Präsident hier segelte, und der Kerl die kleine Thailänderin akzentfrei auf Deutsch anschrie, machte ich ebenfalls auf Deutsch weiter.

»Haben Sie nichts dazu zu sagen?«

Offenbar nicht. Er wandte sich schweigend ab und wieder seinem Großsegel zu. So, als wolle er mich ignorieren. Die Thailänderin lächelte mich eingeschüchtert an, sagte aber ebenfalls nichts.

Allmählich spürte ich eine leichte Wut in mir hochsteigen. Für wen hielt dieser laufende Meter sich eigentlich? Captain Cook? Admiral Nelson? Napoleon? Früher hätte man Satisfaktion verlangen können und so einen Typen einfach zum Duell herausgefordert. Natürlich könnte man ihm eins auf die Fresse geben und gut. Aber das kam auch nicht in Frage, denn ich wollte in diesem Verein ja noch Mitglied werden. Also blieb mir nur die Gelassenheit. Es würde sich schon noch eine Gelegenheit ergeben, dem Kerl mal die Meinung zu geigen. Kommt Zeit, kommt Rat. Ich atmete tief durch und wollte schon gehen, als er plötzlich doch etwas sagte. Sehr leise und ohne sich mir zuzuwenden.

»Unsportlich ist die Missachtung der Ausweichregeln.«

»Bitte?« Ich drehte mich wieder zu ihm um. »Was haben Sie gesagt?«

»Lee vor Luv«, der Dreikäsehoch nestelte an seinem halb zusammengelegten Großsegel herum, »Sie waren vor mir am Wind und hätten ausweichen müssen.«

»Entschuldigen Sie, aber da war doch genug Platz.« Ich lachte künstlich auf. »Ich meine, wir waren die einzigen Boote da draußen.«

»Darum geht es aber nicht.« Er entschied sich endlich, mir ins Gesicht zu schauen, wenn er mit mir sprach. »Ich nehme an, Sie sind ein vollwertiges Mitglied unserer Gesellschaft. Sie sehen jedenfalls so aus, ich vermute mal: Beamter?«

»Pensionär.«

»Na, sehen Sie.« Seine blassgrauen Augen blieben seltsam ausdruckslos. »Und wie überall in unserer zivilisierten Gesellschaft gibt es eben auch auf dem Wasser Gesetze und verbindliche Regeln, deren Einhaltung den reibungslosen – na, Sie wissen schon – gewährleisten sollen. Genau wie im Autoverkehr. Sie haben praktisch eine rote Ampel überfahren.«

»Kein Grund, mir die Eier in den Großbaum zu hängen.« Auch ich konnte amtlich werden. »Juristisch ist damit der Straftatbestand der Bedrohung erfüllt. Sie haben Glück, dass ich das nur als Beleidigung auffasse.«

»Wollen Sie mich anzeigen?« Seine Augen funkelten mich an. »Sind Sie ein Mädchen? Heulen Sie gleich?«

Der Typ wollte offenbar wirklich eins aufs Maul. Unwillkürlich ging ich in Kampfstellung über. *Schaun wir mal, wer als Erstes heult.*

»Ich will Ihnen nur ausdrücklich und unmissverständlich klarmachen, dass auf See ein rauerer Ton herrscht, als Sie es aus Ihrem Amtszimmer offenbar gewohnt sind.« Er zerrte an seinem Segel herum. »Und trotzdem gehen wir kameradschaftlich miteinander um. Was halten Sie davon, wenn ich Sie mit den Ausweichregeln auf See vertraut mache? Zum Beispiel bei einem gemeinsamen Segeltörn.«

»Mit Ihnen?« Ich konnte es nicht fassen.

»Warum nicht? Sie könnten einiges lernen.« Er ließ sein Segel los und kletterte in die niedrige Kajüte, um kurz darauf mit zwei großen Anderthalb-Liter-Magnumflaschen wieder herauszukommen. »Nehmen Sie die!« Er drückte mir die Flaschen in die Hand. »Sie sind dem Yachtwart noch das Anlegebier schuldig. Wir sehen uns später.« Damit wandte er sich wieder seinem Segel und der Thailänderin zu. »Wissen wir jetzt, wo rechts ist? Oder soll ich es dir aufmalen?« Offenbar war das Gespräch mit mir für ihn beendet.

»Pyraser Landbier«, stellte Jann Giehrling wenig später auf seiner Bank vor der Charterbasis anerkennend fest. »Nie gehört. Wahrscheinlich aus so einer kleinen Privatbrauerei, was? Nobel geht die Welt zugrunde.«

»Ich hab's nicht bezahlt«, gab ich zu. »Hat mir der Mann von der ›Batavia‹ gegeben.«

»Na, von dem halten Sie sich mal besser fern. Ist ein Zugereister. Aus Bayern.«

Was Giehrling nicht davon abhielt, das Bier zu probieren. Er ließ seine Flasche aufploppen und trank in großen Schlucken. »Normalerweise haben wir ja hier immer unser Barther. Aber das gibt's nicht in Anderthalb-Liter-Flaschen.«

»Ich bin auch ein Zugereister«, erklärte ich entschieden. »Aus Berlin.«

»Aber Sie haben kein Hotel hochgezogen«, erwiderte Giehrling. »Ohne Baugenehmigung. Im Naturschutzgebiet. Damit hat er sich nicht nur bei Umweltschützern unbeliebt gemacht.«

Verstehe. Der laufende Meter ist beruflich ein Immobilienhai. So eine Art Provinz-Donald-Trump. »Ohne Baugenehmigung? Geht das denn?«

Giehrling machte eine Handbewegung, die Geldzählen signalisierte. »Wenn man die richtigen Leute schmiert, schon. Da soll in ein paar Tagen feierliche Eröffnung sein.«

Er setzte die Flasche an und nahm wieder einen ausgiebigen Schluck. Ich tat es ihm nach. Die Magnumpulle hatte ein Gewicht, dass ich sie mit beiden Händen zum Mund führen musste wie ein Baby seine Nuckelflasche. Aber sie wurde schnell leichter, denn das Bier war gut. Ziemlich kräftig, wie ich fand. Dazu noch ein guter Malt Whisky, und der Abend wäre perfekt geworden.

»Also, der dritte Brecher war der größte.« Giehrling kam auf sein Seeabenteuer zurück. »So was hatte ich noch nicht gesehen. Wir lagen manövrierunfähig quer, und das gewaltige Ding rollte von der Steuerbordseite auf uns zu. Wir hatten eigentlich keine Chance, und es sah aus, als würde uns dieser Kaventsmann einfach verschlingen, doch dann …«

»Runter vom Deck«, hörte man den Dreikäsehoch seine Thailänderin anschreien, »wer zu dämlich ist, ein Segel zusammenzulegen, hat auf meinem Schiff nichts zu suchen!«

»… doch dann geschah so etwas wie ein Wunder.« Giehrling machte eine Kunstpause und trank noch ein paar Schlucke. »Da wir das Schleppnetz draußen hatten, drehte sich das Heck unseres Kahns im Sog auf die Monsterwelle zu. Und das war unsere Rettung.«

»Geh mir aus den Augen, Weib«, gellte es von der »Batavia« herüber, »ich mach das allein. Weg! Weg! Geh mir aus den Augen!«

»Ist so 'n physikalisches Ding. Ich kenne mich damit nicht aus, aber das Heck konnte sich nun mit der Welle anheben und ganz einfach darüber hinweggleiten.« Giehrling sah mich versonnen an. »Fast sanft, kann man sagen. Also, was man unter diesen Umständen sanft nennen darf. – Das Bier ist gut, was?«

»Sehr gut.«

»Wenn der Schreihals das Zeug in seinem Hotel auch anbietet, werd ich wohl mal hingehen.« Giehrling seufzte. »Aber nur, wenn es nicht so teuer ist. Soll ich Ihnen noch die Geschichte von dem Riesenkalmar erzählen?«

Das Seemannsgarn ging ihm offenbar nicht aus.

»Ein Riesenkalmar?«

»Ein Krake. Mit Armen wie Baumstämme. So dick!« Er zeigte es mir. »Diese Viecher können jedes Schiff in die Tiefe reißen.«

Ja, das Meer ist voller Gefahren. Aber Jann Giehrling schien sie alle überlebt zu haben. Ich hob meine Bierflasche und prostete ihm zu. »Dann erzählen Sie mal!«

3   VERDAMMT, DIE »SWANTJE« hat doch was abbekommen.

Seit Stunden hockt Oehler auf den Knien und schleift vorsichtig kleinere Brandspuren aus seinem Deck. Überall haben sich Funken ins Teakholz gebrannt, die offenbar beim Feuer auf dem Futterkutter entstanden waren: kleine braune Flecken, die nun mühsam mit Schmirgelpapier entfernt werden müssen, ohne dass es Dellen gibt, in denen sich später Regenwasser oder Dreck sammeln kann. Anschließend behandelt der Oberkommissar die geschliffenen Stellen vorsichtig mit Teak-Öl. Ein Mist, das alles! Keine große Katastrophe, aber mühsam.

»Wette, diese Chinesin ist nicht mal anständig versichert. Das kennen diese Asiaten doch gar nicht, ein ordentliches Assekuranzwesen, so was ist denen völlig unbekannt. Verdammte Globalisierung, nee, nee, das kann nicht gut gehen. Niemals kann es das!«

Während er so vor sich hin moniert, nähert sich dem Kutter ein schnelles Motorboot. Da braucht er gar nicht aufzusehen, das hört er am Klang, dass das die Lütte ist. Anfang des Jahres wurde dem Kommissariat eine Glastron spendiert, ein schneller Gleiter – für Einsätze auf dem Wasser. Finanziert aus EU-Mitteln, wie es hieß.

Auch so eine Superidee! Jedenfalls kann sich der Kriminaloberkommissar nicht an einen Fall in seiner langen Dienstzeit erinnern, wo er einen derartigen Flitzer gebraucht hätte. Aber die Lütte, die hat damit ihren Spaß, das ist ohnehin mehr was für junge Leute.

Schon turnt Kriminalhauptmeisterin Maike Hansen an Deck. Fit wie immer, in engen Jeans, T-Shirt, Bikerlederjacke, das blonde Haar verwühlt vom Wind. »Moin, Chef!«

»Holen Sie mir mal das Sikaflex«, gibt Oehler zurück, denn er hat einen Schaden in einer Fuge entdeckt. »Steht auf der Backskiste hinterm Ruderhaus.«

Und zack, hat er die Dose auch schon in der Hand. Fix ist sie ja, die Lütte. Immer voller Elan. Und hübsch, früher hätte man so ein Mädel einen flotten Feger genannt. Aber das ist vorbei. Oehler ist mit seinen achtundfünfzig Jahren mehr als doppelt so alt, und meistens fühlt er sich auch so, ob er das nun will oder nicht.

»Was ist denn mit Ihren Händen?« Maike Hansen hat Oehlers notdürftig bandagierte Finger entdeckt.

»Verbrannt«, erklärt er. »Als ich ablegen wollte.«

»Schlimm?«

»Geht so. Ich hab Kühlgel raufgetan.«

»Mhm.« Interessiert schaut Maike Hansen über das Deck und streicht sich eine lange Haarlocke aus der Stirn. »Sonst hat Ihr Kahn aber nicht so viel abgekriegt, was?«

»Es reicht.« Oehler kratzt mit einem feinen Messer die beschädigte Fugenmasse heraus. »Bin noch rechtzeitig weggekommen.«

»Und?« Die Lütte hockt sich gespannt neben ihn. »Schon einen Verdacht?«

»Nö. Wieso?«

»Na, da hat doch einer gezündelt.«

»Ach!« Vorsichtig drückt Oehler Sikaflex in die Fuge. »Wer sagt das?«

»Ist doch klar.« Bevor er danach greifen kann, reicht ihm die

Lütte den kleinen Spachtel. »So ein Fischbrötchenkutter brennt ja nicht einfach so ab.«

»Das wird ein Kurzschluss gewesen sein.« Er streicht die Fugenmasse mit dem Spachtel glatt.

»Sie glauben an einen technischen Defekt?«

»Oder Fahrlässigkeit. Herd nicht ausgemacht, vielleicht wurde ein Hering auf dem Grill vergessen. So was in der Art. Nichts Vorsätzliches jedenfalls.«

»Die Staatsanwaltschaft geht aber genau davon aus.«

»Tut sie das?« Oehler wischt sich die Hände an einem Putzlappen ab. »Haben wohl Langeweile in Stralsund.«

»Angeblich soll es anonyme Drohungen gegeben haben.«

»Angeblich versteckt der Osterhase Eier.« Oehler erhebt sich ächzend. »Das hätte mir die Chinesin doch erzählt.«

»Welche Chinesin?«

»Na, diese Fischbrötchenverkäuferin!« Manchmal ist die Lütte wirklich schwer von Begriff. »Das war doch eine Chinesin oder so. Eine Asiatin, das muss Ihnen doch aufgefallen sein, Hansen.«

»Nee.«

»Nee? Gucken Sie die Leute nicht an, wenn Sie Fisch kaufen?«

»Ich kaufe keinen Fisch«, erklärt Maike Hansen entschieden. »Ich ernähre mich ausschließlich vegetarisch.«

»Ach was!« Das muss ja ein ganz neuer Spleen sein. »Meine Bratkartoffeln haben Sie letztens noch begeistert gefeiert!«

»Ihre Bratkartoffeln sind ja auch lecker, Chef!«

»Die sind vor allem mit Speck!«

»Den habe ich aussortiert.«

Stimmt. Das war Oehler aufgefallen. Hat er sich noch gewundert, aber nicht weiter nachgefragt. Trotzdem, von wegen vegetarisch: »Zum Frühstück haben Sie immer Käsebrötchen dabei und trinken ein großes Glas Milch! Alles tierische Produkte, Hansen.«

»Für Milch und Käse muss auch niemand sterben.«

»Für Fisch auch nicht.«

»Doch! Der Fisch.«

»Das gilt doch nicht.« Oehler öffnet sich ein Bier. »Fisch ist ein Nahrungsmittel wie Milch auch. Und sehr gesund. Wegen der Elektrolyte, verstehen Sie? Gut für den Wasserhaushalt, genau wie Bier.«

»Das ist bestimmt nicht gesund.« Maike Hansen rümpft die Nase. »Nicht morgens um neun.«

»Bei mir ist es sehr spät abends«, erklärt Oehler gelassen, »denn ich habe die ganze Nacht an meinem Deck gewerkelt. Und nach getaner Arbeit«, er hebt seine Flasche, »tut so ein Bierchen besonders gut.«

»Na denn, prost!«

»Wollen Sie auch eins?«

»Nein.«

»Ich frag ja nur.« Er trinkt in gierigen Schlucken.

Maike Hansen zieht ihr Smartphone aus der Tasche und tippt geschäftig darauf herum. »Wann haben Sie denn mit der Fischverkäuferin gesprochen?«

»Vor ein paar Tagen.« Oehler unterdrückt einen Rülpser. »Wegen der Konzession, Sie wissen schon.«

»Stimmt.« Die Lütte kratzt sich nachdenklich am Kinn. »Sie mochten den Kutter ja nicht besonders.« Fragend sieht sie ihn an. »Dann sind Sie ja jetzt sicher froh, dass er weg ist, oder?«

»Ich bin nicht traurig darüber«, gibt Oehler zu und stellt die leere Bierflasche weg. »So! Wenn es Ihnen nichts ausmacht, würde ich jetzt gerne zurück an meine Kaikante fahren und mich in die Koje legen.«

»Daraus wird nichts, Chef.« Maike Hansen steckt ihr Smartphone wieder weg. »Die Kaikante ist jetzt ein Tatort und für Schiffe aller Art gesperrt. Auch für die ›Swantje‹.«

»Und wo soll ich hin?« Tatort – so ein Quatsch. Dem Staatsanwalt müssen sie ins Hirn geschissen haben. »Das gibt's doch nicht.«

»Suchen Sie sich einen anderen Liegeplatz. In der Marina ist sicher noch ein Gastlieger frei.«

Na, die Lütte ist gut. Und wer soll das bezahlen?

»Nun lichten Sie mal den Anker, Chef.« Ungeduldig sieht sie auf die Uhr. »Die Staatsanwältin erwartet uns.«

»Was?« Oehler schrickt auf. »Eine Frau?«

»Frau Dr. Annetta Kilius«, antwortet die Lütte.

»Kilius? Nie gehört.« Oehler wackelt verwundert mit dem Kopf. Und dann auch noch eine Frau. Nee, das kann nichts werden. Frauen in Führungspositionen, ohgottogottogott! Die wollen dann immer sein wie Männer. Aber das sind sie eben nicht, verdammich noch mal!

»Was ist mit Joost?« Mit dem alten Oberstaatsanwalt kam Oehler immer gut zurecht.

»Zur Kur in Bad Oeynhausen«, weiß Maike Hansen. »Drei Wochen noch. Die Kilius vertritt ihn bis dahin. Kommt aus Lübeck und soll sehr ehrgeizig sein.«

Na klar, das sind Frauen immer. Sieht man ja an der Lütten.

Ach, das klingt alles nicht gut: Oehler allein unter Frauen. Dabei ist er so übermüdet von der durchwachten Nacht. Aber Schlaf kann er unter diesen Umständen wohl vergessen.

Eine knappe halbe Stunde später liegt die »Swantje« für ein Heidengeld sicher vertäut am Kopfsteg der Marina am »Vinetablick«, und Oehler sieht sich unvermittelt zwei Frauen gegenüber, die mit einem riesigen schwarz-weißen Hund an einem Volvo Kombi auf dem Parkplatz warten.

»Sie hatten mir nur eine Dame angekündigt, Hansen«, zischt er die Lütte nervös an, »und was wollen die mit der Kuh an der Leine?«

»Die Kuh ist eine Deutsche Dogge«, erwidert Maike Hansen gelassen. »Und die andere Frau wird eine Praktikantin sein oder so.«

Na prima, ein Weiberteekränzchen mit Wauwau.

Oehler zwingt sich zu einem grimmigen Grinsen und stiefelt auf die drei los. »Einer von Ihnen ist der Staatsanwalt, nehme ich an!« Demonstrativ wendet er sich der Dogge zu. »Ich darf mich vorstellen: Kriminaloberkommissar Björn Oehler, ich leite die Barther Dienststelle hier. Na, gib Pfötchen!«

Er hält dem Hund die Hand hin, und die Dogge legt auch brav die Tatze drauf.

»Na, so ist's fein«, freut sich Oehler und stellt die Lütte auch gleich mit vor. »Kriminalhauptmeisterin Hansen wird es ein Vergnügen sein, Ihnen bei einer Gassirunde unsere Ermittlungsergebnisse mitzuteilen.« Er richtet sich wieder auf und wendet sich nun kühl den beiden Frauen zu. »Sofern es etwas zu ermitteln gibt. – Sind Sie die Assistenten des Hundchens?«

Die junge Frau kichert albern, und die ältere lächelt. »Ja, das spiegelt die Realität ziemlich genau wider.« Sie reicht Oehler die Hand. »Kilius mein Name, die Vertretung von Oberstaatsanwalt Joost. Und das ist meine Tochter Leonie.«

»Der Hund heißt übrigens Gonzo«, setzt Leonie, noch immer kichernd, hinzu.

»Gonzo, aha.« Oehler starrt die beiden Frauen an. Scheint hier so was wie ein Familientreffen zu sein. Dabei sieht die Jüngere gar nicht aus wie eine Tochter. Jedenfalls nicht wie die Tochter der Älteren.

Leonie wirkt irgendwie südländisch brünett mit dunkelbraunen langen Locken und fast schwarzen Augen. Ein hübsches Mädchen, aber ganz anders als die Mutter, die eher so der nordische Typ ist. Blond und hellhäutig.

»Nehmen Sie Tochter und Hund immer zur Arbeit mit?«

»Leonie hat heute ihren sechzehnten Geburtstag«, erklärt Frau Dr. Kilius feierlich. »Den soll sie nicht allein verbringen. Außerdem interessiert sie sich für Kriminologie. Und Gonzo freut sich über jeden Auslauf.«

»Gratuliere«, knurrt Oehler.

Frau Dr. Kilius sieht sich geschäftig um. »Ja, wir würden uns dann gerne mal den Tatort ansehen!«

»Sofern der Tatort ein Tatort ist«, entgegnet Oehler, »denn momentan deutet noch nichts auf ein Verbrechen hin.«

»Der Kriminaloberkommissar glaubt grundsätzlich an das Gute im Menschen«, setzt die Lütte fast entschuldigend hinzu. Als sei er ein bisschen mall in der Birne. »Und geht daher immer erst mal von einem Unfall aus.«

»Es gibt keinen einzigen Hinweis auf Brandstiftung, Hansen«, entgegnet er scharf, bekommt aber sofort Widerspruch von der Staatsanwältin.

»Es soll Drohungen gegen ›Störtebekers Futterkutter‹ gegeben haben.«

»Soll oder hat es?«

»Anonyme Anrufe«, präzisiert die Staatsanwältin. »Man hat uns entsprechende Tonbandaufzeichnungen zugespielt. Sonst wären wir nicht so schnell aktiv geworden.«

»Na denn!« Oehler deutet missmutig in eine Richtung. »Wollen wir mal. Ist nicht weit.«

4 NUR DIE VERKOHLTEN MASTEN des Futterkutters ragen noch aus dem Wasser. Der Rest ist im Hafenbecken versunken. Am Ufer ziehen Streifenpolizisten mit Flatterbändern weiträumige Absperrungen, und die Lütte spielt schon wieder mit ihrem Smartphone herum.

Diese jungen Leute, was würden die nur machen ohne ihre elektronischen Spielzeuge?

»Wer hat Ihnen denn die Aufzeichnungen zugeschickt?« Oehler sieht die Staatsanwältin an.

»Es gab keinen Absender«, erklärt Frau Dr. Kilius. »Wir hätten dem auch nicht so viel Bedeutung beigemessen, wenn jetzt nicht prompt was passiert wäre.«

»Prompt?« Oehler schaut zu, wie Leonie mit dem Hund herumtollt. »Wieso prompt?«

»Na, es gibt eine Ankündigung, und zwei Tage später passiert genau das.«

Oehler will gerade sagen, dass er sich diese Tonbänder gerne einmal anhören würde, als ein ohrenbetäubender dumpfer Ton vom Bodden herüberdröhnt. Es ist die Sirene des Bergungsschleppers »Lukas«, der mit Volldampf auf den Hafen zuläuft und einen gewaltigen Schwimmkran hinter sich herzieht.

»Na endlich!« Die Lütte steckt ihr Smartphone wieder weg. »Das wurde ja Zeit.«

»Mensch, Hansen«, knurrt Oehler missmutig. »Ging's nicht ein paar Nummern kleiner?«

»Die ›Herkules Zwo‹ war am schnellsten«, antwortet die Lütte. »Der Schwimmkran gehört einer Stralsunder Bergungsfirma, die sich auf das Heben von Wracks spezialisiert hat. Die haben auch erstklassige Taucher an Bord und arbeiten viel für Versicherungen. Insofern dürfte sich die Frage Vorsatz oder nicht rasch klären.«

»Für dieses ganze Bohei muss jetzt der Steuerzahler aufkommen.«

»Oder der Verursacher. Mal schauen, was die herauskriegen.« Sie ruft die Tochter der Staatsanwältin heran. »Leonie, schon mal Polizeiboot gefahren?«

Natürlich nicht. Begeistert kommt das Mädchen mit dem Hund angerannt. »Wollen die den Kutter heben?«

»Ja, damit wir ihn untersuchen können. Komm, wir schauen uns das vom Boot aus näher an.« Und schon hüpft sie mit der jungen Leonie und dem Hund in die Glastron, schaltet das Blaulicht ein und rast über das Wasser auf den Schlepper zu.

»Na, die haben jetzt ihren Spaß«, freut sich Frau Dr. Kilius.

»Könnten Schwestern sein, was?« Das immerhin hat Oehler mit der Staatsanwältin gemein. »Meine Lütte ist ja auch noch nicht so lange volljährig.«

»Ach, das ist Ihre Tochter?«

»Nein«, erwidert Oehler rasch. »Ich habe keine Kinder, na, das hätte mir noch gefehlt! Aber man fühlt sich ja doch verantwortlich für die jungen Kollegen, nicht wahr? Die haben noch keine Erfahrung, wollen immer mit dem Kopp durch die Wand. Und dann sorgt man sich natürlich.« Er seufzt und sieht der Glastron nach. Maike Hansen hat das Boot aufgestoppt und weist aufgeregt gestikulierend den Bergungsschlepper ein.

»Ja«, nickt die Staatsanwältin nachdenklich. »Die Sorgen sind am schlimmsten.«

»Wieso? Macht sie viel Ärger?«

»Leonie?« Die Anwältin winkt lachend ab. »Nein, eigentlich nicht.« Dann wird sie wieder ernst. »Aber als Kind wurde sie mal entführt, und seitdem bin ich …«

»Was, Ihre Tochter wurde entführt?« Oehler reißt entsetzt die Augen auf. »Von wem denn?«

»Von ihrem Vater. Er ist Pakistaner.« Die Staatsanwältin lacht nervös. »Ein gut aussehender Mann, und ich war jung und verliebt. Aber er wollte halt immer unbedingt in sein Heimatland zurück.« Sie wird wieder ernst. »Ich war mal mit ihm dort, aber das wäre nichts für mich gewesen.« Sie seufzt. »Ja, irgendwann haben wir uns getrennt. Und dann hat er Leonie aus dem Kinderladen abgeholt und nach Islamabad gebracht. Ich habe vier Jahre gebraucht, um das Mädchen zurückzubekommen.«

Jetzt versteht Oehler. »Deshalb nehmen Sie sie überallhin mit. Damit sie Ihnen keiner mehr wegnehmen kann.«

»Sie wird flügge«, entgegnet die Staatsanwältin. »Und sie fragt oft nach ihrem Vater. Ewig werde ich sie nicht festhalten können.«

Am Kai ist der graue Bulli der Kriminaltechnik aufgetaucht. Und ein Wagen der Brandermittler von der Feuerwehr. Offenbar hat die Lütte das ganze Programm geordert.

Maike Hansen steuert das Boot zurück an die Kaikante und springt behände an Land. »Moin, die Herren! Wie ich Ihnen schon telefonisch mitgeteilt habe, ist hier im Hafen ein Fischbrötchenkutter nach Feuer an Bord gesunken. Ein vorsätzlicher Anschlag ist nicht ausgeschlossen, es besteht der begründete Verdacht auf Brandstiftung …«

»Björn, na so was«, unterbricht einer der Kriminaltechniker den Redefluss der Lütten, als er den Oberkommissar mit der Staatsanwältin herankommen sieht. »Lange Nacht gehabt?«

»Kann man so sagen.« Oehler schüttelt entschuldigend Hände. »Tut mir leid, aber die Lütte war wieder einmal etwas übereifrig. Ich hätte euch nicht aus den Betten geholt.«

»Wer leitet die Ermittlungen?«

»Frau Dr. Kilius von der Staatsanwaltschaft in Stralsund.« Oehler gähnt. »Sofern es was zu ermitteln gibt.«

»Uns sind vor ein paar Tagen anonyme Drohungen gegen den Kutter zugespielt worden«, mischt sich die Staatsanwältin ein. »Deshalb sollten wir genauer hinschauen.«

»Wenn es Brandstiftung war, kriegen wir das raus«, versprechen die Brandermittler. »Wie lange wird die Bergungsfirma brauchen?«

»Ein, zwei Stunden.« Maike Hansen hat einen knallroten Kopf bekommen. »Ich klär das gleich genauer ab.«

»Sie ermitteln erst mal die Betreiber von dem Kutter«, widerspricht Oehler und schiebt die Lütte entschieden in Richtung Absperrungen. »Die müssen ja im Gewerbeamt von Stralsund registriert sein. Falls nicht, gibt's auch keine Konzession, und dann befragen Sie dazu gleich mal den stellvertretenden Amtsleiter. Der soll krankheitsbedingt zu Hause sein, aber fassen Sie den trotzdem nicht mit Samthandschuhen an. Um den Rest hier kümmere ich mich. – Danke, Hansen. Abtreten!«

Maike Hansen will empört etwas erwidern, doch Oehler hat sich schon von ihr abgewendet und lächelt Frau Dr. Kilius an.

»Lust auf einen Kaffee? Bis die hier alle so weit sind, könnten wir schön was frühstücken, nicht wahr? Und bei Moppi gibt's frischen Fisch und richtig guten Kaffee.«

Die Staatsanwältin sieht ihre Tochter an. »Klingt gut, oder, Schatz?«

»Was ist mit Maike?«

»Die muss jetzt arbeiten, Leonie«, antwortet Oehler. »Und Geld für ihre Miete verdienen. Aber ihr könnt euch ja privat mal verabreden. – Auf geht's«, fügt er aufmunternd hinzu. »Ich lade Sie beide ein. Aber nur, weil Leonie heute Geburtstag hat.«

Maike Hansen bleibt allein zurück. Sie ist noch roter geworden. Und mächtig sauer.

5   GELD FÜR DIE MIETE, so ein Quatsch. Ich wohn noch bei meinen Eltern, du Blödmann, denkt sie wütend, als sie mit Vollgas und ohne Helm auf ihrer alten Zündapp der Hansestadt Stralsund entgegenrast.

Da war die Lütte übereifrig – der hat sie doch nicht mehr alle! Wie will er denn sonst rausfinden, ob das ein Anschlag war oder nicht? Da muss man doch Kriminaltechnik und Brandermittler rufen.

Vorn an der Kreuzung steht eine Polizeistreife. Mist! Das fehlt noch, dass die sie wegen des fehlenden Helms drankriegen. Dabei hat Maike extra die L 21 über Bartelshagen genommen, weil hier nie Bullen sind. Normalerweise.

Sie macht eine Vollbremsung, dreht auf der Stelle und brettert dann den alten Feldweg nach Altenpleen hoch. Ein unbefestigter, von lila und weißen Fliedersträuchern gesäumter Sandweg unter azurblauem Himmel zwischen saftig grünen Feldern hindurch. Sehr idyllisch, doch Maike hat jetzt keinen Blick dafür. Sie hofft nur, dass den Bullen die riesige Staubfahne nicht auffällt, die sie mit ihrer Karre produziert. Aber die rühren sich nicht. Wahrscheinlich denken sie, es ist ein Trecker.

So weit ist es nun schon gekommen, dass sie als Kriminalhauptmeisterin die Kollegen von der Streife Bullen nennt. Dabei ist es noch gar nicht so lange her, dass sie selbst Streife gefahren ist. Und sie war unbarmherzig bei Motorradfahrern ohne Helm. Doch jetzt braucht sie einen freien Kopf. Unter einem Helm würde ihr Schädel vor Wut implodieren.

Danke, Hansen. Abtreten! Na warte, Chef, das kriegste zurück. Das werden wir ja sehen, wer hier irgendwann abtreten muss.

Wütend tritt sie das Gas bis zum Anschlag durch. Die alte Beiwagenmaschine heult auf wie ein Sturzkampfbomber im freien Fall und orgelt über die weiten Felder davon.

Inmitten der denkmalgeschützten Stralsunder Altstadt, zwischen romantischen spätmittelalterlichen Patrizierhäusern in der Schillstraße, steht ein wuchtiger Backsteinbau mit gotischer Giebelfassade. Maike parkt ihre Zündapp unter der Gedenktafel neben dem Eingang. Die Tafel erinnert an das Kloster Sankt Annen und Brigitten, das jahrhundertelang die Geschicke der Hansestadt mitprägte, bis es in den Wirren der Reformation zerstört wurde. Nur eine kleine Kapelle im Hof überstand das sogenannte Stralsunder Kirchenbrechen von 1525, das sich Maike immer als wildes Gemetzel eines wütenden Mobs aus betrunkenen Knechten, Seeleuten und Tagelöhnern vorstellt, als klassisches mittelalterliches Blutbad. Die hatten ja damals weder Fernsehen noch Internet und holten sich auf der Straße ihren Kick.

War sicher nicht einfach, in diesem Fall zu ermitteln. Das ist ja heute noch total schwierig, Verbrechen, die aus einer Menge heraus begangen werden, lückenlos aufzuklären. Zu viele Zeugen, die alle etwas anderes gesehen haben und sich gegenseitig decken. Und alles muss protokolliert werden, ohne dass man hinterher schlauer ist. Nee, auf so einen Fall kann Maike gerne verzichten, obwohl sie schon mal interessieren würde, ob diese Kirchenbrecher alle gestellt werden konnten. Aber darauf gibt die Gedenktafel keinen Hinweis. Egal, heute dient das alte klösterliche Anwesen ohnehin nur rein weltlichen Zwecken, hier befindet sich der Sitz des Ordnungsamtes, zu dem auch die Abteilungen Pass- und Meldewesen sowie Verkehrs- und Gewerbeangelegenheiten gehören.

»Was sagten Sie?« Eine rundgesichtige Dame mittleren Alters mit leichter Grautönung in der Dauerwelle tippt auf ihrer Computertastatur herum. »Wie hieß dieses Unternehmen noch mal?«

»Störtebekers Futterkutter«, antwortet Maike Hansen und fügt hinzu, dass es sich dabei um einen schwimmenden Fischbrötchenverkaufsstand handelte. »Ich muss wissen, wer den Laden betrieben hat.«

»Hat?« Die rundgesichtige Dame sieht fragend auf. »Wenn das bedeutet, dass dieses Unternehmen nicht mehr existiert, müssen Sie sich ans Archiv wenden.«

»Ich nehme an, dass es die Unterlagen noch nicht bis ins Archiv geschafft haben.« Maike lächelt zuversichtlich. »Denn bis gestern gab es den Futterkutter ja noch.«

»Aber heute nicht mehr?«

»Nein. Heute nicht mehr.«

»Dann müsste das in den Abmeldungen ...«

»Glaube ich nicht«, unterbricht Maike die konzentriert auf den Monitor starrende Dame für die Gewerbeangelegenheiten, »der Laden wurde ganz sicher noch nicht abgemeldet. Sehen Sie, deshalb frage ich ja nach den Betreibern des Futterkutters. Um denen mitteilen zu können, dass ihr Geschäft leider abgebrannt ist.«

»Abgebrannt?«

»Ja«, nickt Maike, »durch ein Feuer. Ich ermittle in dem Fall.«

»Verstehe. Sie sind von der Versicherung.«

»Aber nein, dann wüsste ich doch, wer die Betreiber sind«, Maike klingt belehrender, als sie will, »und müsste Sie hier nicht behelligen. Vielleicht schauen Sie einfach nach und beantworten meine Frage.«

»Jaah …« Die Dame unterdrückt ein Gähnen. »›Störtebekers Futterkutter‹, mhm …« Sie scrollt auf dem Bildschirm eine lange Liste herunter und schüttelt dann den Kopf. »Dazu gibt es hier nichts.« Wieder sieht sie auf. »Vielleicht lief das Geschäft unter dem Namen einer Gesellschaft, einer GmbH etwa?«

»Das weiß ich nicht.« Maike hebt die Schultern. »Wäre das möglich?«

»Durchaus. Könnte es sich auch um eine Filiale handeln?« Die Rundgesichtige schaut fragend auf.

Maike guckt genauso fragend zurück. »Eine Filiale?«

»Nun ja, eine Zweigstelle, wenn Sie so wollen. Möglicherweise betreiben die Geschäftsinhaber ja noch andere Fischbrötchenkutter, die alle in einem Unternehmen zusammengefasst sind, verstehen Sie?«

»Mhm«, macht Maike nachdenklich. Sie will sich gerade erkundigen, ob es denn in Barth und Umgebung eine Gesellschaft gibt, die mehrere Kutter unterhält, als plötzlich eine schrille elektronische Sirene losheult, deren Ton einem fast die Trommelfelle zerreißt.

Erschrocken hält sich Maike die Ohren zu. »Was ist das?«

»Ich weiß nicht. Feueralarm?« Die rundgesichtige Dame ist aufgesprungen. »Das haben wir hier nicht so oft, ich meine …«

Irgendwer reißt die Tür auf und brüllt, ohne dass Maike ihn sehen kann: »Das ist keine Übung! Wir müssen das Gebäude evakuieren. Sammelpunkt zwo, Sie wissen, wo …«

»Nein!« Die rundgesichtige Dame ist bleich geworden. »Nicht wirklich.«

»Folgen Sie mir!«

Die Rundgesichtige stürmt zur Tür. Dort dreht sie sich zu Maike um. »Sie auch! Na, los!«

Kurz darauf stehen sie auf der Treppe zwischen den Beamten und Kunden des Amtes im Stau. Es geht weder vor noch zurück, und die Sirene heult ohne Unterlass. Gott sei Dank gibt es keine Rauchbildung hier. Auch sonst spürt man nichts von einem Brand. Gar nichts.

»Vielleicht doch nur eine Übung«, mutmaßt Maike.

»Ja, eine Übung, in der nichts klappt«, erwidert die Rundgesichtige spitz. »Das war zu DDR-Zeiten noch ganz anders.«

Dann wird es eng auf der Treppe, denn von hinten drängen immer mehr Leute nach, und von unten aus dem Foyer wollen sie wieder hinauf. Irgendwer ruft hektisch etwas wie »Sammelpunkt zwo ist gesperrt«, ein paar andere schreien aufgeregt durcheinander: »Alle zum Hinterausgang! Im Foyer liegt ein Sprengsatz! Kann jeden Moment hochgehen. – Zurück! Wir müssen raus aus dem Gebäude, so schnell wie möglich!«

Tumult bricht aus. Alle rennen durcheinander. Maike spürt, wie die Angst in ihr hochkriecht. Oh Gott, ein Sprengsatz! Wer macht denn so was? Ist jetzt der internationale Terror auch in Stralsund angekommen?

Nachrichtenmeldungen schwirren ihr durch den Kopf: Al Qaida. Nationalsozialistischer Untergrund. Sauerlandgruppe. IS.

Im Gedränge verliert sie die Rundgesichtige aus den Augen und wird durch einen schmalen Gang in ein zweites Treppenhaus gequetscht, wo es wieder nicht weitergeht. Und jeden Moment kann diese Bombe vielleicht hochgehen! Immerhin ist das Ordnungsamt ja auch für die Flüchtlinge zuständig, und man weiß man ja nie, welcher Nazi jetzt gerade wieder spinnt. Allerdings weiß man auch nicht, wen sie da alles an den Grenzen durchgewinkt haben. Nachher rächen sich hier irgendwelche durchgeknallten traumatisierten Daesh-Typen für das Drohnen-Bombardement in ihrem Land. Aber das hier ist Stralsund, verdammt noch mal! Hier gibt es keine US Airbase, versteckt eure Sprengsätze lieber in Rammstein …

»Bitte das Gebäude räumen«, knarzt es metallisch aus irgendwelchen Lautsprechern, während die Sirene weiterheult. »Das Gebäude umgehend räumen! Das ist keine Übung.« Und dann noch mal auf Englisch, weil wir ja in Stralsund so international sind. Selbst in den Behörden: »Abandon building! Please leave the building now!«

Maike würde ja nur zu gerne das Gebäude verlassen, steckt aber eingekeilt zwischen verzweifelten Menschen fest und gerät zunehmend in Panik.

»Ich will hier raus«, schreit sie entnervt, jeden Moment die alles auslöschende Explosion erwartend.

Ein Sog aus Menschen zieht sie in die Tiefe. Die Treppen hinunter, drei Absätze. Dann steht sie auf dem Hof. Draußen heulen Polizeisirenen. Irgendwer packt sie am Arm und zerrt sie hinter die Kapelle. »Alle hier rüber! Hier sind Sie sicher!«

»Sind Sie sicher?« Es klingt wie ein Echo, und Maike zittert am ganzen Körper. »Gibt es wirklich eine Bombe oder nur eine Drohung?«

»Beides. Es gab wohl einen anonymen Anruf beim Pförtner, und dann haben sie auch eine Bombe vorn im Foyer gefunden. Jede Menge Plastiksprengstoff in einer Reisetasche. Genug, um das ganze Haus in die Luft zu jagen, aber hier draußen sollte uns nichts passieren.«

Jetzt erst bemerkt Maike, dass es eine Polizistin ist, die mit ihr spricht. In Uniform, vermutlich aus einer Streifenwagenbesatzung. Kaum älter als sie, aber sehr routiniert.

Ganz im Gegensatz zu mir, schilt sie sich. Ich benehme mich wie ein kleines Mädchen. »Also, reiß dich zusammen, Hansen!«

»Bitte?« Die Polizistin sieht sie fragend an.

»Ist das Sprengstoffkommando verständigt?« Maike bemüht sich um einen amtlichen Ton und zeigt ihren Dienstausweis. »Entschuldigung, aber ...«

»Kein Problem.« Die Polizistin lächelt. »Wir haben alle Schiss. Was das Sprengstoffkommando angeht: Die kommen aus Schwerin, das kann dauern. Wir versuchen jetzt erst mal, die Zivilisten hier rechtzeitig herauszuholen.« Ihr Funkgerät meldet sich.

»Straße geräumt auf hundert Meter. Wo seid ihr?«

»Im Hof«, erklärt die Polizistin. »Circa zwanzig, dreißig Leute. Können wir durchs Tor?«

»Negativ. Habt ihr Schutz?«

»Einigermaßen. Hinter der Kapelle.«

»Okay. Bleibt, wo ihr seid. Ich melde mich wieder.«

Die Polizistin lässt das Funkgerät sinken. Über dem Haus knattern Hubschrauber. Im Haus heult der Alarm. Und im Hof kauern sich lauter verängstigte Menschen hinter die Kapelle, manche von ihnen heulen ebenfalls.

»Hier sind wir sicher«, wiederholt die Polizistin wie ein Mantra. »Wir müssen abwarten, bis die Situation übersichtlicher ist. Aber hier kann uns nichts passieren.«

Hoffentlich hat sie recht, denkt Maike, hoffentlich ...

Sie sieht mit zusammengekniffenen Augen in den Himmel. Ein Tornado-Abfangjäger der Luftwaffe rauscht im Tiefflug vorbei. Na super! Was der hier wohl ausrichten soll? – Oder geht es um mehr? Drehen jetzt alle durch, oder sind tatsächlich noch weitere Terroristen in der Stadt?

Dann gibt es einen ohrenbetäubenden Knall.

Von wegen, wir sind hier sicher! Der ganze Boden gibt unter Maike nach, und sie hört ihren eigenen entsetzten Schrei. Dann wird ihr schwarz vor Augen. Und dann ist gar nichts mehr.

Nichts.

6 NATÜRLICH WAR ES NICHT bei den zwei Magnumflaschen Pyraser Landbier geblieben. Giehrling holte ein Sixpack Barther Küstenbier als Nachschub und spann weiter sein Seemannsgarn dazu. Später stand noch eine Flasche Captain Morgan auf dem Tisch. Zweiundfünfzigprozentiger Seemannsrum von Aldi, damit die Stimmbänder geölt blieben, denn irgendwann fingen wir an zu singen. Von der Caprisonne, die rot im Meer versank, und einem Schiff, das irgendwann kommen sollte. Von Inseln, die aus Träumen geboren wurden, und vom Wein von Samos, der es, Mannomann, mächtig in sich hatte, kurz: Es war ein sehr schöner Ausklang eines harten Segeltages.

Mit entsprechender Schlagseite lief ich dann auch zu meinem Wagen. Das ist der Nachteil, wenn man auf dem Lande wohnt, man braucht immer ein Auto. Spätabends fuhren die ohnehin nur sehr spärlich verkehrenden Busse gar nicht, und ein Taxi bekam man nur nach anderthalbstündiger Vorbestellung, sodass man quasi gezwungen war, auch nach feuchtfröhlichen Abenden noch ins Auto zu steigen.

Schon das Anlassen des Motors bereitete mir Probleme. Ich

fand das Zündschloss einfach nicht. Nach minutenlangen vergeblichen Versuchen kniete ich im Fußraum, stieß mir dauernd den Kopf am Lenkrad und bemühte mich, den Schlüssel hoch konzentriert und mit beiden Händen in etwas zu würgen, das wie ein passendes Schloss aussah.

»Na, na, na!« Jemand stand plötzlich neben dem Auto und klopfte mir energisch auf den Rücken. »Sie wollen doch in Ihrem Zustand nicht mehr Auto fahren.«

Von wollen konnte keine Rede sein. Mühsam schraubte ich mich aus dem Fußraum hoch und sah in das Gesicht von D'Artagnan. Zumindest bartmäßig. Ansonsten war der Musketier eher klein, trug Brille, Segeljacke und Basecap und hatte eine laute, aber recht hohe Stimme. Noch so ein laufender Meter, dachte ich.

»Oder«, krähte er, »wollten Sie den Wagen etwa kurzschließen? Ich meine, es könnte ja auch gut sein, dass das gar nicht Ihrer ist.«

Dann hätte ich ihn wohl kaum mit der Funkfernbedienung aufschließen können. Doch bevor ich etwas Entsprechendes erwidern konnte, mischte sich jemand anderes ein.

»Lass mal, der holt nur seinen Hausschlüssel aus dem Auto. Ich fahre ihn nach Hause.«

Es war der Dreikäsehoch, der mir die Eier in den Großbaum hängen wollte. Ich erkannte ihn an seiner leisen, tiefen Stimme. Sanft zog er den anderen Kurzen beiseite und lächelte mich vielsagend an.

»Hatten wir so ausgemacht.«

Ach, hatten wir das? – Aha. Ich richtete mich umständlich auf und musste mich an meiner Wagentür festhalten. »Hab ihn«, sagte ich und klapperte mit dem Schlüsselbund.

Zwerg eins schien nicht überzeugt. »Das sah aber ganz so aus, als ...«

»Die Dinge sind nicht immer so, wie sie scheinen«, unterbrach ihn Zwerg zwei und klopfte mit der flachen Hand auf die Motorhaube. »Das ist ein nagelneuer VW Passat, der hat kein Zündschloss mehr. Den startet man per Knopfdruck.«

Stimmt, dachte ich erleichtert. Das erklärt, warum ich mich

mit dem Zündschloss so schwergetan habe. Ich besaß den Wagen noch nicht so lange, und …

»Fährst du meine Frau nach Hause?« Fragend sah mein Südseefreund von der »Batavia« den anderen Kleinen an. »Ist noch auf dem Klo und schminkt sich.«

»Für dich?«

»Nur für mich. Hast was gut bei mir, okay?«

Ich staunte nicht schlecht über das Mann-zu-Mann-Getue. Wie sich die beiden in die Seite knufften und einen auf dicke Hose machten, als müssten sie ihre Körpergröße kompensieren. Ich kam mir vor wie im Land der Kobolde.

Der Kleine mit dem Musketierbart sah mich streng an. »Da wir hier so schön lauschig beieinanderstehen, Herr Knoop«, schnarrte er mit hoher Stimme, »achten Sie bitte mehr auf Ihren Stromverbrauch?«

Auf meinen Stromverbrauch, wieso?

»Sie liegen seit drei Wochen in unserem Hafen.« Er bekam einen mahnenden Blick. »Und seit drei Wochen beobachte ich im Zähler einen erhöhten Verbrauch. Irgendwas dazu zu sagen?«

»Ich hab nur meine Bootsbatterien geladen«, verteidigte ich mich, bemüht, dabei nicht zu lallen.

»Sehen Sie, und das bekommt dann der Verein zu spüren«, entgegnete der D'Artagnan-Bart, jetzt belehrend wie ein Grundschulrektor, »indem er irgendwann für Ihren Stromverbrauch aufkommen muss. Warum laden Sie Ihre Batterien nicht zu Hause?«

Weil ich die Batterien dazu erst mühsam aus dem Boot ausbauen müsste und ich nicht weiß, wie das geht. Und weil ich die Batterien dann über die Stege zum Auto schleppen müsste und dazu absolut keinen Bock habe. Wozu gibt es denn direkt auf dem Steg Stromanschlüsse? Wofür zahle ich Liegegebühren? Und außerdem: »Ich besitze zu Hause kein Ladegerät. Ich habe nur ein fest installiertes auf dem Boot.«

»Der Verein kann Ihnen ein mobiles Ladegerät leihen. Gegen einen kleinen Obolus, selbstverständlich. Damit können Sie Ihre Batterien bequem zu Hause auf eigene Rechnung«, das betonte er, als sei ich ein übler Schmarotzer, »verstehen Sie, *eigene Rechnung*, laden. Und dann dürfen Sie, sofern Sie nüchtern genug sind, mit Ihrem Auto das Ladegerät und die vollen Batterien wieder zurück in den Nautischen Yachtclub bringen. Ist das so weit angekommen?«

»Ist angekommen«, antwortete der Mann von der »Batavia« für mich und legte D'Artagnan beruhigend die bleiche Hand auf die Schulter. »Ich verdeutliche ihm das auf der Fahrt noch mal nachdrücklich. Bring jetzt mal meine Frau nach Hause. – Da kommt sie schon angewackelt.«

Tatsächlich kam die Thailänderin auf hohen Absätzen über den Parkplatz des Nautischen Yachtclubs getippelt und winkte unsicher. »Huhuuh!«

»Mai Ling!« Schon spazierte D'Artagnan galant auf sie zu. »Warst du schon wieder unartig auf dem Boot? So unartig, dass dein Mann lieber betrunkene Rentner nach Hause fährt?«

Mai Ling kicherte. »Ich nicht lichtig Segel falte. Und ich Angst, wenn Boot so schief, hahaha!«

Im Dunkeln sah sie ganz bezaubernd aus in ihrem figurbetonten Segeldress, doch der »Batavia«-Fahrer gönnte mir keinen näheren Blick. »Vergebliche Liebesmüh, außer mir lässt meine Frau keinen ran!«

»Mich«, erwiderte ich.

»Sie?«

»Mich«, wiederholte ich, »das heißt: Außer mich lässt meine Frau keinen ran.« Was allerdings auf einen Versuch ankäme. Doch ich wollte den Mann nicht unnötig herausfordern und erkundigte mich stattdessen nach dem anderen. »Hat der hier irgendeine Funktion?«

»Aber wie. Ich nehme an, Sie werden Ihren Antrag auf Mitgliedsanwartschaft an ihn gerichtet haben, denn das war der Likedeeler. Unser Vorstandsvorsitzender. Ich nenne ihn nur ›The Brain‹.«

»The Brain?«

»Ja. Das Hirn. Ist ironisch gemeint, denn eigentlich hat er keins.« Er führte mich zu einem kleinen Roadster, und jetzt verstand ich, warum er seine Frau nicht mitnahm. Das Auto, ein schnittiger BMW Z4, war ein Zweisitzer. Wenn ich neben dem Fahrer Platz nahm, blieb für die Thailänderin nur noch der Kofferraum. Insofern musste der Likedeeler beziehungsweise The Brain sie fahren. Es sei denn ...

»Sie müssen das nicht tun«, sagte ich, »ich kann auch ein Taxi nehmen.«

»Ich mach das gern.« Er öffnete mir die Beifahrertür. »Kein Problem. Wo wohnen Sie?«

»Im Fahrenkamp.« Ich lächelte schief. »Nicht unbedingt auf Ihrer Strecke, was?«

»Ich sagte doch, kein Problem. Vereinskameraden müssen zusammenhalten. Und nun schnallen Sie sich mal an!«

Er gab Gas, dass ich in den Sitz gedrückt wurde. Der Wagen zog ordentlich an. Aber er bestand ja auch zum größten Teil aus Motor. Die lange Haube reichte bis fast zur Mitte des Wagens.

»Wie viel PS?«

»Genug«, erwiderte der Jetzt-BMW-Fahrer lässig und nahm sportlich die Kurven. Weniger sportlich war, dass er keine Gänge schaltete.

»So was fährt man aber nicht mit Automatik«, mokierte ich mich, »das ist ein Sportwagen, den muss man schalten.«

»Den schalten Sie nicht mehr.« Er nahm jetzt die Straße zum Fahrenkamp hoch. »Dann fliegt Ihnen das Getriebe um die Ohren.«

Angeber, dachte ich. Es kommt immer drauf an, wie man schaltet. Ich ersparte mir jedoch einen weiteren Kommentar, denn ich war momentan überhaupt nicht fahrtauglich. Und dann sieht das auch noch der Likedeeler persönlich, der Vereinsvorsitzende des Nautischen Yachtclubs. The Brain. Peinlich, peinlich. Besonders für meine Mitgliedsanwartschaft. Nur gut, dass mich der kleine Südseefreund da so elegant herausgeholt hat.

Dankbar sah ich ihn an. »Wann segeln wir zusammen? Sie wollten mir doch noch was zeigen.«

»Gleich morgen früh, wenn Sie wollen.« Er freute sich sichtlich. »Soll guter Wind sein. Können wir Ausweichregeln üben.« Er klatschte mir begeistert auf die Schulter. »Hey, das wird gut! Endlich mal keine Weiber aufm Schiff, was?«

Verstehe, er lässt seine Thailänderin zu Hause. Schade eigentlich, denn ich hatte noch nie *Weiber* aufm Schiff.

7 PUNKT NEUN UHR stand ich am nächsten Morgen auf dem Steg, doch mein Südseefreund war überpünktlich, hatte schon die Persenninge von den Segeln genommen und Kaffee gekocht.

Am Abend zuvor hatten wir noch ausgemacht, mit seinem Schiff zu segeln, weil es bei dem Wind sicherer sei. Jetzt war aber gar kein Wind.

»Der kommt schon noch. Setzen Sie sich, wir trinken erst mal einen Kaffee zusammen.«

Dabei trank ich üblicherweise keinen Kaffee vor dem Segeln, weil der so harntreibend ist und man da draußen meistens so beschäftigt ist, dass man nie zum Pissen kommt. Außerdem hatte ich auf meinem Boot kein Klo. Anders die »Batavia«. Die hatte ein echtes Marine-WC unter Deck. Und weil wir zu zweit waren, würde sich nachher sicher Gelegenheit für einen Toilettengang ergeben. Dankend nahm ich die Tasse Kaffee an.

»Heute soll es leicht bewölkt sein, mit Werten um achtzehn Grad.« Der Kurze konzentrierte sich aufs Smartphone. Vermutlich hatte er eine Wetter-App. »Wind Nordwest vier bis fünf, in Böen sechs. Später auf Südwest drehend und abflauend.«

Ich wunderte mich einmal mehr, dass so wenig Betrieb im Nautischen Yachtclub war. Seit drei Wochen war ich nun hier und vormittags immer allein. Nicht mal Yachtwart Jann Giehrling war zu sehen. Vermutlich schlief er seinen Rausch aus.

»Morgens arbeiten alle. Da ist nie jemand hier«, knurrte der »Batavia«-Fahrer, als hätte er meine Gedanken gelesen. »Und genau das macht sie sich zunutze. Schauen Sie mal!« Er drückte mir das Smartphone in die Hand.

Die Kamerafunktion war aktiviert, sogar mit Zoom. Was diese Dinger heutzutage alles können! Nur mit dem Telefonieren ist es manchmal schwierig.

»Sehen Sie?«

Was? Ich wusste nicht, was ich sehen sollte.

»Unsere Paula hat einen Stecher.« Er hielt mir das Smartphone vor die Augen und drehte meinen Kopf in eine bestimmte Richtung.

Ah, jetzt verstand ich. Er benutzte das Smartphone als Fernglas. Und mit der Zoom-Funktion konnte man sich die Paula auch ganz nah heranholen. Die junge Segellehrerin lief in kurzen Shorts, die ihre braun gebrannten langen Beine betonten, und einer Softshelljacke über den Steg gegenüber. Gefolgt von einem smarten jungen Mann in Bermudahosen und Collegehemd. Er trug eine Picknicktasche.

Das Smartphone wurde mir wieder abgenommen, denn der Kurze wollte die beiden natürlich selbst beobachten. »Der Macker wird die ordentlich rannehmen, was meinen Sie?«

»Oder sie ihn.« Langsam reichte es mir mit dem Machokram. – Zwei junge Leute, sie ist hübsch, er auch. Natürlich werden die ihren Spaß miteinander haben. Warum auch nicht?

»Ich habe mich immer gefragt, warum die Paula keinen Freund hat.«

»Jetzt hat sie wohl einen.« Ich hatte meinen Kaffee ausgetrunken und erhob mich. »Wollen wir los?«

»Gleich.«

Gebannt beobachtete er, wie die Segellehrerin und ihr Freund in eines der Trainingsmotorboote stiegen. Man hörte ihn etwas sagen und Paula lachen. Dann grummelte der Motor auf, die Leinen wurden losgeworfen.

»Dachte ich's mir doch!«

Der Auslöser der Fotofunktion des Smartphones machte ein Geräusch wie bei einer alten analogen Spiegelreflexkamera mit automatischem Filmtransport. Immer wieder machte es *klack ssst, klack ssst, klack ssst*.

»Dachte ich's mir doch«, sagte er noch einmal und ließ das Smartphone endlich sinken. »Die fahren Motorboot.«

»Wahrscheinlich weil kein Wind ist«, mutmaßte ich.

»Interessiert Sie das?« Auffordernd sah er mich an. »Unsere Vereinsboote? Soll ich sie Ihnen mal zeigen?«

»Ich dachte, wir wollten jetzt segeln.«

»Das können wir immer noch. Kommen Sie!« Hastig schloss er den Niedergang zu seiner Kajüte und sprang von Deck. »Na, kommen Sie schon!«

Der Kerl schien ein sprunghafter Typ zu sein. Und vergaß dabei offenbar, dass ältere Herren mit so viel Flexibilität durchaus überfordert sein können.

Aber ich war ja noch nicht einmal siebzig. Und für Neues ist man nie zu alt. Also folgte ich dem »Batavia«-Fahrer zu den Vereinsbooten. Schnittige Schlauchboote mit Mittelkonsole und PS-starken Außenbordern, wie man sie von Greenpeace-Einsätzen auf hoher See kennt.

»Sind Sie mit so was schon mal gefahren?«

»Nein«, bekannte ich.

»Na denn.« Er entriegelte einen mit Zahlenkombination gesicherten Kasten am Stegende und holte einen Zündschlüssel heraus, den er mir sportlich zuwarf. »Hier! Auf geht's!«

Na, Gott sei Dank konnte ich den Schlüssel fangen. Nicht auszudenken, wenn das Ding im Wasser gelandet wäre. Er war zwar mit einem Schwimmer gesichert, einem etwa golfballgroßen Korkklumpen, der verhindern sollte, dass der Schlüssel unterging, falls er mal ins Wasser fiel, aber trotzdem. »Welches Boot?«

»Das dickste von allen«, grinste der kleine Südseefreund lässig, »Mercury, zweihundert PS, wie es sich gehört. Wir wollen doch auch unseren Spaß haben.«

Wenig später bretterten wir über den Bodden, als ob es kein Morgen gäbe. Das Boot flog über das spiegelglatte Wasser und zog eine meterlange schneeweiße Gischtfahne hinter sich her. Und während ich mich etwas verkrampft an den Haltegriffen festklammerte, stand der Kurze breitbeinig am Steuer und jauchzte begeistert in den Fahrtwind hinein.

»Wow! – Oh fuck, ist das geil!«

Na ja, dachte ich. Zu laut und zu windig. Aber ich war ja auch nie begeistert Motorrad gefahren.

»Wollen Sie auch mal?«

Eigentlich nicht.

»Na, kommen Sie schon! Ist ganz einfach.« Er drosselte den

Motor und zog mich am Arm zu sich heran. »Beide Hände ans Steuer! Drehen Sie links, fährt die Kiste auch nach links. Drehen Sie rechts, geht es rechtsherum. Und das hier«, er deutete auf den mächtigen Griff neben dem Steuer, »ist der Fahrhebel. Vor geht's vorwärts, zurück zurück. Aber weil echte Männer grundsätzlich vorausschauen, drücken Sie ihn langsam nach vorn.«

Ich drückte, und das Boot machte einen Sprung, dass der schon wieder sehr rotgesichtige Südseefreund das Gleichgewicht verlor und rücklings hinfiel.

»Mit ein bisschen mehr Gefühl, wenn ich bitten darf.« Hastig rappelte er sich wieder auf und unterdrückte ein Fluchen. »Sie haben hier zweihundert PS unterm Arsch.«

Ist ja gut. Ich wollte ohnehin lieber segeln.

»Jetzt legen Sie mal den Hebel auf den Tisch.«

»Stehen Sie sicher?«

»Bestens.« Er hielt sich an den Haltegriffen fest. »Und nun los!«

Ich tat wie mir geheißen. Das Boot hob sich steil aus dem Wasser, kippte dann langsam nach vorn und schoss los wie ein Torpedo.

»Shit«, schrie der Kurze begeistert, »oh shit, ist das abgefahren!« Dabei brüllte er jede einzelne Silbe in den Wind. »Ab-ge-fah-ren!«

Ich dagegen hatte Angst. Mit feuchten Händen hielt ich das Steuer umklammert und fürchtete jeden Augenblick, die Kontrolle über das Boot zu verlieren. Es schien, als hätte es gar keine Berührung mehr mit dem Wasser. Als würde es fliegen, aber es hatte ja keine Flügel. Unheimlich! Vorsichtshalber nahm ich das Gas wieder etwas zurück.

»Was, schon genug?« Verblüfft sah er mich an.

»Ich entspanne mich gern auf See«, erklärte ich entschuldigend, »und gehöre wohl eher zu den gemächlichen Fahrern.«

»Na, dann drehen Sie mal ganz gemächlich nach Backbord rüber.« Er zeigte in Richtung Fischland, wo auch das Boot von Paula und ihrem Freund hinstrebte.

»Was wollen Sie denn von denen?«

»Nichts.« Er hob die Schultern. »Wieso?«

»Mich verwundert ein wenig Ihr gesteigertes Interesse an

der Segellehrerin. Seit sie mit ihrem Freund im Yachtclub aufgetaucht ist, wirken Sie geradezu …«, ich suchte nach einem geeigneten Wort, »… aufgekratzt.« Plötzlich hatte ich Lust, ihn zu provozieren. »Wollen Sie die beiden noch ein bisschen fotografieren? Heimlich? Beim Sex?«

Er starrte mich an. »Wie meinen Sie das?«

»Na, vielleicht sind Sie ein Spanner.«

Er stand kurz vor der Detonation. Ich ging davon aus, dass er mich anbrüllen würde. Oder er schlug mir gleich eins in die Fresse. Aber dann würde er einen Haken zurückbekommen, der es in sich hatte. Nicht umsonst bin ich über fünfundvierzig Jahre bei der Berliner Polizei gewesen. Nicht mehr ganz so fit wie früher, aber für den Dreikäsehoch würde es reichen.

»Weg vom Steuer«, zischte er kaum hörbar, aber sehr scharf.

Nur zu gern. Ich trat einen Schritt beiseite und sah zu, wie er sich wieder an die Mittelkonsole stellte.

»Festhalten!«

Aber klar. Mit beiden Armen hielt ich die Haltegriffe umschlungen.

Er wendete, gab Vollgas und rauschte Richtung Hafen zurück. Jetzt brüllte er nicht mehr vor Begeisterung, sondern starrte verkniffen nach vorn. Kurz vor dem Nautischen Yachtclub stoppte er und sah mich prüfend an.

»Spanner, ja?«

Ich hob die Schultern. Was weiß ich?

»Sie legen an!«

Ich?

»Sie wollten doch was lernen.« Er deutete einladend zum Steuer. »Nur Mut, der Spanner ist ja bei Ihnen.«

»Hören Sie, so war das doch nicht gemeint …«

»Ich weiß schon, wie das gemeint war. Aber ich nehme es Ihnen nicht übel, weil ich Sie nicht nur wegen Ihres Alters respektiere.«

Ach! Wegen was *respektierte* er mich denn noch? Er kannte mich doch gar nicht.

»Beide Hände ans Steuer!«

Schon gut. Folgsam tat ich, was er sagte.

»Halbe Kraft voraus. Sehen Sie unseren Liegeplatz?«

»Sehe ich.« Ich war vielleicht alt, aber nicht blind.

»Steuern Sie ihn in einem Winkel von fünfundvierzig Grad an. – Ja, so ist es gut. Bei einer Bootslänge Abstand gehen Sie in den Leerlauf und geben Gegenruder. – Leerlauf und Gegenruder, habe ich gesagt!«

Bin ja schon dabei.

»Und jetzt den Rückwärtsgang. Hebel nach hinten! – Gas! Nicht so viel, Mann!«

Etwas unsanft legten wir am Steg an. Aber es war ja ein Schlauchboot, die aufgepumpten Gummischläuche federten den Aufprall am Steg etwas ab. Trotzdem fiel der Kleine fast vom Boot, als er die Leinen über die Poller werfen wollte.

»Leerlauf!«, brüllte er. »Leerlauf!«

Dabei hatte ich den Motor schon abgeschaltet. Was offenbar auch wieder falsch war.

»Solange das Schiff nicht festgemacht ist, den Motor immer laufen lassen, klar? Damit Sie noch korrigieren können und so weiter. Motorboote lassen sich nur unter Schub steuern. Also brauchen Sie den Motor bis zum Schluss.«

Fein, dachte ich. Endlich was gelernt.

Der »Batavia«-Fahrer zog den Zündschlüssel ab und hielt ihn bedeutungsvoll in die Höhe. »Sechs, drei, vier, acht.«

Was?

»Der Zahlencode«, erklärte er mir. »Für den Schlüsselkasten. Falls Sie das Motorboot einmal brauchen. – So.« Er kletterte vom Boot. »Und jetzt wird gesegelt.«

Erstaunlich, überlegte ich. Offenbar hatte er mir den Spanner nicht übel genommen. Oder er ließ es sich nicht anmerken. Komischer Typ. Na, vielleicht beeindruckte ihn wirklich mein Alter. Ich hätte immerhin sein Vater sein können. Tja, schon interessant, wozu so viele Jahre alles gut sind ...

8   SEIT FAST DREISSIG JAHREN war Giehrling nun schon Yachtwart und Hafenmeister im Barther Osthafen. Das hatte

damals, nachdem die staatliche DDR-Fischfangflotte abgewickelt worden war und er deswegen in die Arbeitslosigkeit rutschte, als ABM angefangen und war trotz aller Reformen zwischendurch, Schröders Hartz-IV-Unsinn und dergleichen, immer so weitergegangen. Ein Fünfhundert-Euro-Job, mehr nicht.

Bis der Likedeeler die Happy-Charter-Basis aufbaute, damit auch Leute, die sich kein eigenes Boot leisten wollen oder können, von Zeit zu Zeit Wassersportler spielen dürfen. Während damals, in den Anfangszeiten, Boote nur stundenweise oder ganztägig verchartert wurden, gab es heute eine ganze Flotte von großen Segel- und Motoryachten, die man, nicht eben billig, für ganze Urlaubs- und Ferienreisen mieten konnte. Und irgendwann war der Cashflow, wie es der Likedeeler neudeutsch nannte, erreicht.

Da er in Stralsund hauptberuflich irgendein hoher Beamter war – so genau wusste das der Yachtwart nicht –, hätte er ganz gesetzeskonform das Gewerbe seiner Behörde melden müssen. Was unweigerlich Gewinneinbußen zur Folge gehabt hätte. Happy Charter war zu einer wirtschaftlichen Größe geworden, die nicht mehr als Nebenverdienst durchgegangen wäre. Der Likedeeler hätte einen Großteil seiner Einnahmen an den Staat abgeben oder aber die krisenfeste Existenz als gehobener städtischer Kommunalbeamter an den Nagel hängen müssen. Beides war für ihn anscheinend keine Option.

»Was sind das für bescheuerte Bestimmungen?«, schimpfte er. »Deswegen geht es auch nicht wirklich voran in den neuen Bundesländern. Weil jeder unternehmerische Ehrgeiz von vornherein unterbunden wird.«

Und so kam Jann Giehrling ins Spiel.

Der Yachtwart betrieb die Charterbasis nun schon seit Jahren offiziell. Inoffiziell kassierte der Likedeeler ordentlich mit. Sämtliche Einnahmen flossen auf ein Konto, auf das Jann Giehrling keinen Zugriff hatte. Stattdessen gab es jeden Monat einen schönen Gehaltsscheck von anderthalbtausend Euro, und der Yachtwart war zufrieden. Er hatte seinen Platz an der Sonne und ein kühles Bier. Mehr brauchte kein Mensch zum Glücklichsein.

Eines Tages erschien ein Schweizer Ehepaar in der Happy-Charter-Basis, sehr auffällig und elegant. Er sprach diesen typischen Kurt-Felix-Akzent und trug ein marineblaues Sakko zu einem hellblauen Lacoste-Hemd. Dazu weiße Hosen und teure Segelschuhe. Seine Frau war in ein aufreizend enges Matrosenkleid gehüllt, hatte einen cremefarbenen Seidenschal um den Hals und einen breitkrempigen weißen Sonnenhut auf dem blondierten Haar.

Jann Giehrling war sofort klar, dass diese zwei keine normalen Chartergäste waren. Unauffällig stellte er seine Flasche beiseite, nahm ein Fisherman's Friend gegen den Biergeruch und übte seinen kundeninteressierten Blick, auf den der Likedeeler immer so viel Wert legte. Er sollte Kompetenz und Gelassenheit zugleich ausstrahlen sowie das ehrliche Bemühen, den Kunden jederzeit vollumfänglich zufriedenzustellen. Der Charterer sollte stets das Gefühl haben, bei Jann Giehrling bestens aufgehoben zu sein.

Und das war er ja auch, selbst ohne den eingeübten Blick, der dem Yachtwart sowieso immer misslang.

»Einen wunderschönen guten Morgen!« Mit schiefem Lächeln ging er auf die beiden zu. »Meine Dame, mein Herr, was kann ich für Sie tun?«

»Das wissen wir nicht, ob Sie was für uns tun können, nicht wahr, Cherie?« Der Mann sah seine Frau fragend an. »Aber«, setzte er dann, sich wieder Jann Giehrling zuwendend, hinzu, »vielleicht finden wir ja ein Arrangement, was meinen Sie?« Er machte eine dramatische Pause und ein amüsiert gespanntes Gesicht.

Unwillkürlich sah sich Giehrling um. Vielleicht sprang ja hier doch gleich irgendwo ein Spaßvogel mit versteckter Kamera herum.

»Sehr gern«, sagte er dann etwas verunsichert. Abwarten und Tee trinken, dachte er nervös. Diese Reichen reden manchmal so absurdes Zeug. Und es gab auch immer wieder Gäste, die erst unglaubliche Wellen schlugen, bevor sie eine Yacht charterten. »Darf es ein besonderes Schiff sein?«

»Die ›Likedeeler's Ghost‹«, jauchzte die Schweizerin. Um mit betrübtem Augenaufschlag und sehr enttäuschter Stimme hinzuzufügen: »Wir wollten sie uns anschauen, aber jetzt ist er nicht da.«

Ah. Jetzt wusste Giehrling, worum es ging. Die »Likedeeler's Ghost« war die schöne Zwölf-Meter-Yacht vom, wie der Name des Schiffes schon suggerierte, Likedeeler. Oder andersherum. Der Likedeeler hieß Likedeeler, weil sein Schiff die »Likedeeler's Ghost« war. Er wollte das Schiff verkaufen, um mit dem Geld den Ausbau seines Hauses in Karpin zu finanzieren.

»Dabei hatten wir diesbezüglich bereits mehrfach fernmündlich konferiert und auf den heutigen Tag punkto siebzehn Uhr die Besichtigung terminiert.«

»Kein Problem.« Giehrling lockerte sich wieder. »Dann sind Sie die Meissners, nicht wahr?«

»Raoul und Cherie Meissner aus dem schönen Bern.« Jetzt jauchzte sie wieder.

»Sie wurden mir bereits angekündigt«, erklärte Jann Giehrling würdevoll. »Sie werden in dieser Sache ausschließlich mit mir zu tun haben.«

»Verstehe, das leidige Steuerthema.« Raoul Meissner war offenbar im Bilde. »Wir haben angeboten, für den Eigner ein anonymes Nummernkonto in der Schweiz einzurichten, damit es hier in Deutschland keine Probleme mit dem Finanzamt gibt.« Er lachte. »Natürlich hoffen wir, für diese Dienstleistung auch einen kleinen Preisnachlass zu erhalten.«

»Alles zu seiner Zeit«, sagte Jann Giehrling und lachte etwas verkrampft zurück. »Sehen wir uns das Schiff erst einmal an. Ich hole nur kurz die Schlüssel.« Er verschwand eilfertig in seinem Hafenbüro.

»Siehst du, Cherie, ich habe es doch gewusst«, sagte Raoul mit seiner Kurt-Felix-Stimme zufrieden. »Es wendet sich immer alles zum Guten.«

Wenig später standen sie an Bord.

»Ein Hingucker in jedem Hafen.« Giehrling fühlte sich ein wenig wie ein Gebrauchtwagenverkäufer. »Sie war nie im Chartergeschäft und wurde ausschließlich vom Eigner in seiner Freizeit bei schönem Wetter auf der Ostsee gesegelt.«

In der Tat war die zwölf Meter lange Ketsch aus dem Hause

Sparkman & Stephens eine Augenweide. Ein klassischer Riss mit Spiegelheck und Klippersteven.

»Zeitlos elegant, findest du nicht, Cherie?«

»Der Motor hat erst achtzig Meilen auf der Logge«, sagte Giehrling, »und wurde immer perfekt gewartet.«

»Und die Segeleigenschaften?« Raoul sah an den schlanken Masten hoch.

»Ein bisschen Wind braucht sie schon«, erwiderte Giehrling. »Aber dann legt sie sich ins Zeug und bleibt durch die geteilte Segelfläche auch für eine kleine Crew immer gut händelbar. Da können Sie Stürme nur mit Fock und Besan abwettern.«

»Also hat das Schiff doch schon schweres Wetter erlebt?«

»Das Schiff ist für schweres Wetter gemacht«, betonte Giehrling. »Das ist keiner von diesen neumodischen Plastikbechern. Hier wurde noch auf Stabilität geachtet.« Langsam redete er sich warm. Seemännische Themen waren sein Ding. »Letzten Sommer ist der Eigner mit dem Kahn an Schwedens Schärenküste bei sieben Windstärken und gut neuneinhalb Knoten auf einen Felsen gebrummt.«

Raoul hob fragend die Augenbrauen.

»Jede andere Yacht hätte es zerrissen«, erzählte der Yachtwart begeistert weiter, »aber hier: Noch nicht mal einen Wassereinbruch hat es gegeben. Das Schiffchen ist unversehrt nach Hause gesegelt. Als wäre nichts gewesen.«

»Hat man den Kiel nach der Kollision prüfen lassen?«

»Das war völlig unnötig.« Giehrling schüttelte den Kopf. »Die Aufhängungen haben sich ein wenig verzogen, aber ansonsten ist das Ding fest. Die Stabilität des Riggs könnte man noch überprüfen, wenn man auf Nummer sicher gehen will. Damit Sie«, er lachte keckernd auf, »bei Ihrem ersten Törn nicht gleich einen Mastbruch erleben, nicht wahr? So viel Stress ist im Urlaub dann doch nicht angesagt.«

Cherie Meissner interessierte sich mehr für die Inneneinrichtung der Yacht und jauchzte begeistert in der Pantry: »Nein, wie pittoresk! Der Herd kann schaukeln.«

»Damit Sie auch bei Seegang kochen können«, erklärte Giehrling aufgeräumt. »Allerdings muss die Gasanlage regelmäßig durch einen Fachmann gewartet werden. Nicht dass Ihnen der Kahn um die Ohren fliegt, wenn Sie Ihre Bouillabaisse zubereiten.«

Cherie guckte erschrocken. »Ist so was schon mal passiert?«

»Was?«

»Dass so ein Gasherd explodiert ist?«

»Es explodiert ja nie der Gasherd«, dozierte Giehrling wie ein Unfallgutachter, »sondern das Gas, das durch irgendwelche Leitungslecks ins Schiff strömt.« Er zeigte ihr die Anschlüsse am Herd. »Durch die kardanische Aufhängung – sehen Sie?« Er schaukelte den Herd hin und her. »Also durch diese Aufhängung kann das bei Seegang schon mal scheuern. Und dann ist da, schwups, ein Leck drin, und Gas strömt aus. Wenn Sie dann das Licht einschalten, fliegt Ihnen der ganze Kladderadatsch um die Ohren. Und dann war's das mit dem gemütlichen Segeltörn. Tja!« Giehrling machte ein tragisches Gesicht. »Letztens ist die Yacht vom Jörges brennend vor Rügen gesunken. War auch 'ne Gasexplosion. Von Jörges und seiner Frau konnte man nur noch die Leichen bergen. Ihren kleinen Sohn, so acht, neun Jahre alt, hat man nie wieder gefunden. Na, den werden wohl die Fische gefressen haben ...«

Er unterbrach sich und schaute sich verwundert um. Eigentlich wollte er noch erzählen, dass der Likedeeler höchstselbst mit seiner »Ghost« an der aufwendigen Suche nach dem Jungen beteiligt gewesen war.

Doch Raoul und Cherie Meissner waren nicht mehr da.

»Hallo?« Giehrling stieg den Niedergang hinauf und sah über das Deck und auf den Anleger, wo die Meissners fast fluchtartig das Weite suchten. Merkwürdig. Komische Leute, diese Schweizer. Sehr seltsam.

9 MENSCH, DIE LÜTTE!

Oehler rast mit hundertsiebzig Stundenkilometern die Landstraße nach Stralsund hoch und ist schon dreimal geblitzt worden. Scheißegal jetzt! In Stralsund hat es eine Bombendrohung gegeben, und seine Lütte liegt in der Unfallstation. Als einzige Verletzte dieses heimtückischen Anschlags. Nicht zu fassen! Aber typisch Hansen. Wahrscheinlich hat sie in ihrem jugendlichen Übereifer und gnadenloser Selbstüberschätzung versucht, die Bombe selbst zu entschärfen.

Der Oberkommissar stoppt seinen Wagen mit kreischender Vollbremsung direkt von dem Krankenhaus, springt heraus, ohne die Fahrertür zu schließen, und eilt durch die Gänge bis zur Notaufnahme, wo er sich den erstbesten Weißkittel schnappt.

»Wo ist sie?«

Der Arzt, vielleicht ist es auch nur ein Pfleger, guckt irritiert. »Wo ist wer?«

»Hansen, Maike«, schnarrt Oehler ungeduldig, »Kriminalhauptmeisterin aus Barth, ist bei der Bombenexplosion im Ordnungsamt schwer verletzt worden und soll hier gerade eingeliefert worden sein.« Jedes seiner Worte klingt wie: Nu mach hinne, ich muss zu ihr!

Der Pfleger oder doch eher Arzt zeigt mit einer knappen Handbewegung zu einem gläsernen Kasten, über dem in Leuchtschrift »Aufnahme« steht. »Dort wird Ihnen geholfen, mein Herr. Sie entschuldigen mich?«

Und schon ist er weg. Obwohl Oehler ihn gar nicht entschuldigt hat. Schnaufend stiefelt er zum Aufnahmekasten und knurrt: »Ich suche Hansen, Maike. Muss hier eben eingeliefert worden sein.«

Eine blutjunge Schwester, die sich mit Hingabe die Fingernägel lackiert, blickt auf. »Sind Sie ein Angehöriger?«

»Nein, ich bin der Vorgesetzte!« Oehler schreit es fast. »Und nun lassen Sie mich endlich zu meiner Kollegin!«

»Ach, dann handelt es sich um einen Arbeitsunfall?«

So kann man es auch nennen.

»Hansen, sagten Sie, Maike?«

»Ja.«

»Aha.« Die Schwester hat Schwierigkeiten, mit ihren frisch lackierten Nägeln den Computer zu bedienen. Schließlich lässt sie es und greift vorsichtig zu einem Telefonhörer, den sie sich zwischen Ohr und Schulter klemmt. »Ja, die Ulli hier. Sag mal, habt ihr eine Maike Hansen reinbekommen?« Während sie auf Antwort wartet, fächelt sie mit ihren Händen in der Luft herum, wohl um die Nägel zu trocknen. »Muss ein Arbeitsunfall sein, hier steht der Vorgesetzte ...« Sie sieht Oehler an und flüstert: »Wie war noch mal Ihr Name?«

»Oehler. Oberkommissar Björn Oehler.«

»Ein Oberhäuptling Köhler oder so.«

Häuptling? Wieso Häuptling? Macht sich diese blöde Schwester über ihn lustig? Und Oehler, das heißt Oehler, nicht Köhler! Er will korrigierend eingreifen, doch die Schwester hat den Hörer schon wieder aufgelegt.

»Zimmer zwo null neun«, erklärt sie ihm, »Sie können gleich rauf. Treppe links, zweiter Stock.«

Na also. Geht doch. Oehler schraubt sich kurzatmig die Treppe hinauf. Mann, Mann, Mann, ausgerechnet die Hansen! Er stellt sie sich völlig entstellt vor, mit abgerissenen Gliedmaßen und zerfetztem Leib, wie durch ein Wunder noch am Leben, aber furchtbar zugerichtet von der Explosion. Mensch, Mensch, Mädel, was machst du nur für Sachen ...

Umso erleichterter ist er, als er in Zimmer 209 die Lütte auf der Bettkante sitzen sieht. Etwas bleich um die Nase, aber sonst völlig intakt.

»Mensch, Hansen, so ein Glück!« Er bleibt wie angewurzelt in der Tür stehen. »Ich dachte schon, ich mein – wie haben Sie das so heil überstanden?«

»Machen Sie sich nur lustig, Chef«, erklärt die Lütte matt, »ich weiß schon, dass ich keine Heldin bin.«

»Das hoffe ich!« Oehler kommt vorsichtig näher und besieht sie sich. »Und Sie sind sicher, dass Sie keinen Splitter abbekommen haben?«

»Splitter?« Sie sieht ihn verständnislos an.

»Na, von der Bombe. So was splittert doch.« Er streicht ihr über die Lederjacke. Aber auch die hat offenbar nichts abgekriegt. »Und manchmal packen sie da auch Nägel oder so was rein. Hört man immer wieder.«

»Ich hatte total Schiss. Ich hab die Nerven verloren und bin einfach umgefallen.« Sie ist noch immer entsetzt über sich selbst. »Einfach weggekippt, als es geknallt hat.«

»Richtig so«, lobt Oehler, »immer hübsch flach auf den Boden, wenn einem die Kugeln um die Ohren fliegen. Keine Angriffsfläche bieten, nicht wahr?«

»Sie verarschen mich!«

»Nein. Wieso?« Oehler starrt sie an. Und dann kann er nicht anders. Er muss die Lütte einfach umarmen. Die begreift gar nicht, was in ihren Chef gefahren ist, und wird ganz starr. Als er sich wieder von ihr löst, hat er feuchte Augen.

»Chef?«

»Nichts.« Verstohlen holt er ein schmuddeliges Taschentuch hervor. »Alles gut.« Er schnaubt lautstark ins Taschentuch und steckt es wieder weg. »Sie sind in Ordnung. Das ist die Hauptsache.« Und nur darauf kommt es an. Keine Sentimentalitäten.

»Mein Ohr piept noch von dem Knall«, beklagt sie sich.

»Das geht vorbei«, beruhigt er sie. »Sie hätten ja auch von den Trümmern getroffen werden können.«

»Von welchen Trümmern?« Sie guckt ihn fragend an. »Das Flugzeug ist ja nicht abgestürzt.«

»Wieso Flugzeug?« Jetzt ist es Oehler, der fragend guckt. »Ich denke, die Bombe war im Haus? In diesem Ordnungsamt?«

»Ja, aber das Flugzeug hat geknallt«, erwidert Maike Hansen und betastet sich die Ohren. »Ein Tornado der Luftwaffe oder so. Der ist so tief über uns hinweggedonnert!« Sie zeigt eine Handbreit über ihrem Kopf an, was sicher übertrieben ist. »Und dann macht's peng, aber wie!«

Allmählich versteht Oehler. Na klar, die Lütte redet wirr. Was sonst, nach so einem Erlebnis.

»Ich bin einfach umgefallen«, wiederholt sie kopfschüttelnd. »Ohnmächtig weggeklappt. Weil ich Schiss hatte. Da gibt es eine Bombe im Haus, und dieser Idiot von Kampfpilot durchbricht mit seinem Flieger im Tiefflug die Schallmauer. Direkt über dem Stadtgebiet, na, ich glaube nicht, dass das erlaubt ist.«

Ist es auch nicht. Das weiß Oehler aus der Zeitung. Und trotzdem donnern die immer viel zu tief auf die Ostsee hinaus. Zu Übungszwecken. Könnte ja der Russe kommen. Obwohl das unlogisch ist, denn der Russe war ja schon da. Über vierzig Jahre lang. Und dann ist er freiwillig abgezogen, 1992, also warum sollte er jetzt mit Gewalt wiederkommen? Er hätte ja damals nicht gehen müssen.

»So!« Der Pfleger oder Arzt von vorhin stürmt geschäftig ins Zimmer und nestelt einen Notizblock aus seinem Kittel. »Wen haben wir denn hier?«

»Hansen, Maike«, knurrt Oehler und will noch Dienstgrad und Funktion hinzufügen, aber die kennt der Weißkittel offenbar schon.

»Stimmt ja, unsere süße Hauptmeisterin von der Polizei. Machen Sie mal den Arm frei.«

»Ich bin nicht süß.« Die Lütte schiebt sich den Ärmel der Lederjacke hoch, und der Weißkittel legt ihr die Manschette eines Messgerätes an.

»Nichts für ungut, das war nur ein Kompliment. Wollen wir doch mal sehen, was der Blutdruck macht.« Er pumpt die Manschette auf und sieht dann auf eine kleine Messuhr. »Na, bestens. Da hat sich der Besuch Ihres Häuptlings ja gelohnt.«

Oehler platzt gleich der Kragen. »Was haben Sie hier alle mit Häuptling? Ich bin Oberkommissar. Und der direkte Vorgesetzte meiner …«, er will schon »Lütten« sagen, verbessert sich aber, »… meiner jungen Kollegin. – Ich war in Sorge. Haben Sie schon mal einen Bombenanschlag überlebt?«

»Ach, das war doch nur eine Attrappe«, winkt der Weißkittel ab, »echter Sprengstoff, aber kein Zünder, wie ich gehört habe. Das konnte nicht explodieren. Da wollte Ihnen jemand nur einen Schrecken einjagen.«

Was durchaus gelungen ist. Oehler kämpft gegen den Impuls, die Lütte noch mal zu umarmen. Er kann sich vorstellen, was sie durchgemacht hat. Ist ja noch jung, die Hansen, ihre Phantasie entsprechend groß. Und eine Bombenattrappe gibt es auch nicht jeden Tag. Da bekommen sogar gestandene Männer Herzrasen. Insofern …

»Warum legt jemand im Ordnungsamt eine Bombenattrappe ab?«, werden Oehlers Gedanken von Maike Hansen unterbrochen. »Ist das eine Drohung? Und wenn ja, gegen wen?«

Sieh an, sie kommt wieder zu sich. »Wie lange müssen Sie denn noch hierbleiben?«

»Gar nicht.« Der Weißkittel notiert etwas in seinen Notizblock und nimmt der Hansen die Manschette ab. »Sie kann gehen.«

»Ehrlich?«

»Ehrlich.« Der Arzt oder Pfleger weist zur Tür. »Ich erlaube es Ihnen.«

Die Lütte lächelt schwach. »Wir haben ja auch zu tun, oder?«

Na ja, denkt Oehler. Wie man's nimmt. »Die haben den Kutter inzwischen gehoben. Ihre Spurensicherer sind jetzt drin. Und Ihre Brandermittler auch.«

»Das sind weder *meine* Spurensicherer noch *meine* Brandermittler.«

»Ich glaub jedenfalls nicht, dass die was finden.« Oehler sieht zu, wie die Lütte vom Bett rutscht. »So ein Feuer hat es in sich. Selbst wenn es da mal Spuren gegeben haben *sollte* ...«, er betont das »soll-te« mit einer Pause zwischen den beiden Silben und sieht sie bedeutungsvoll an, »... sind die jetzt nicht mehr zu finden. Glauben Sie mir, wir werden die Akte schließen müssen, bevor wir sie anlegen konnten.«

»Das macht keinen Sinn, Chef!«

»Das ist nun mal die Realität.«

»Man kann eine Akte nicht schließen, wenn man sie vorher nicht angelegt hat.«

Oehler grinst. »Na, umso besser.«

»Also werden wir eine Akte anlegen müssen.«

Um sie schließen zu können? – Bestimmt nicht.

»Na, Ihr Verband sollte auch mal erneuert werden.« Der Weißkittel hat Oehlers notdürftig bandagierte Hände entdeckt. »Was haben Sie denn da gemacht?«

»Verbrannt«, knurrt Oehler, »nichts Dramatisches.«

»Das sollten Sie desinfizieren«, mahnt der Arzt oder Pfleger, »sonst wird es nachher doch dramatisch. Darf ich mal sehen?«

»Von mir aus.« Oehler streckt ihm die Hände hin.

»Chef, es gab eine Bombendrohung im Ordnungsamt«, gibt Maike Hansen zu bedenken. »Da sind wir gefordert.«

»Nö. Da können sich die Stralsunder Kollegen mit beschäftigen.« Er sieht zu, wie der Weißkittel die verbrannten Finger auspackt. »Vielleicht der Staatsschutz, wenn es was Terroristisches war. Unser Zuständigkeitsbereich ist Barth, und dort gibt es keine Bomben. Bislang jedenfalls nicht.«

»Haben Sie da eine Salbe draufgetan?«

»Kühlgel. Aus der Bordapotheke.«

»Iih, das sieht ja schlimm aus!« Die Lütte schaut neugierig auf Oehlers Hände und verzieht angewidert das Gesicht. »Das muss doch wehtun.«

»Das sieht schlimmer aus, als es ist.«

»Trotzdem.« Der Weißkittel erhebt sich, um einen neuen Verband zu holen. »Mit Verbrennungen kann man nicht vorsichtig genug sein. Wir machen das einmal sauber, geben eine heilende und zugleich desinfizierende Salbe dazu und wechseln den Verband. Bin gleich zurück.«

Nachdenklich sieht ihm die Lütte nach. »Und wenn es einen Zusammenhang gibt?«

Oehler kann nicht folgen. Wovon redet sie? »Was für ein Zusammenhang?«

»Zwischen unserem abgebrannten Kutter und der Bombe im Ordnungsamt.«

Unsinn! »Hansen, das ist abwegig.« Dafür gibt es doch überhaupt keinen Anhaltspunkt.

»Das sehe ich anders.« Sie geht zur Tür.

»Wo wollen Sie denn hin?«

»Meine Zündapp steht noch in der Schillstraße.« Sie lächelt geheimnisvoll. »Bis nachher.« Und schon ist sie weg.

Tja. Hat sich ja schnell erholt, die Lütte. Gott sei Dank. Da kann er, wenn er hier raus ist, eigentlich ein Bier drauf trinken.

»So.« Der Weißkittel ist zurück und beginnt, Oehlers Brandblasen zu behandeln. »Im Prinzip haben Sie alles richtig gemacht. Gleich gekühlt und bandagiert, damit kein Dreck in die Wunde gelangt. Aber es ist trotzdem besser, wenn wir das noch mal professionell ...« Er unterbricht sich und lässt den Blick durch den Raum schweifen. »Wo ist denn Ihre niedliche Hauptmeisterin hin?«

»Die niedliche Hauptmeisterin holt ihr süßes Motorrad aus

der schnuckeligen Schillstraße.« Oehler sieht den Weißkittel an.
»Muss ich als Häuptling noch irgendwas unterschreiben? Von wegen Entlassungspapiere oder so?«
»Nein, Ihre Kollegin wurde ja nicht stationär behandelt. Das regeln wir mit der Krankenkasse.« Der Weißkittel ist fertig mit Oehlers Händen. »So, das hätten wir! Schönen Tag noch.«
»Ihnen auch.« Oehler sieht dem Mann nach.

War das jetzt ein Pfleger oder ein Arzt? Früher hätte man das sofort erkannt. Aber heute? Der Kerl könnte auch ein Gert Postel sein. Irgend so ein Hochstapler, der sich das Doktordiplom am heimischen Drucker selbst ausgedruckt hat. Hört man ja immer wieder von solchen Fällen.

Kein Wunder, wenn die Leute niemandem mehr trauen.

10 »LÄUFT'S?«

»Läuft.« Die beiden jungen Männer nicken einträchtig. Sie sind zwischen achtzehn und zwanzig Jahre alt, so was um den Dreh. Thea kann sich nicht genau erinnern, wann die Kirsten damit schwanger war. Irgendwann Ende der Neunziger muss das gewesen sein. Vielleicht sind die Jungs auch schon zwanzig und zweiundzwanzig. Sie kamen im Abstand von zwei Jahren auf die Welt, und sie waren beide furchtbar hässlich. Missgeburten fast, erstaunlich, dass daraus heute so ansehnliche junge Männer geworden sind. Echte Charakterköpfe, nur leider nichts dahinter. Alles muss man ihnen genau erklären, sonst machen sie es falsch.

En détail, wie Kirsten gerne sagt, »erklär's ihnen *en détail, ma chère sœur,* und lass das ganze Drumherum weg, das verwirrt sie nur.«

Kirsten war nie besonders stolz auf ihre Söhne. Sie war überhaupt nicht gern Mutter. Beide Schwangerschaften seien Unfälle gewesen, behauptet sie immer, das Ergebnis einer heißen, knapp zweieinhalb Jahre währenden Liaison mit einem russischen Seemann, der sich als französischer Adeliger ausgab. »*Il était une canaille. Mais une belle.*« Dabei konnte der Russe nicht mal

Französisch. Was Kirsten nicht oder erst viel zu spät bemerkte, weil sie selbst kaum Französisch spricht. Obwohl sie unglaublich frankophil ist und immer lieber Französin gewesen wäre statt so ein pommersches Landei. Weshalb sie, kaum dass die Jungs den Kinderschuhen entwachsen waren, nach Paris gegangen ist. Jetzt arbeitet sie dort Vollzeit als Mickey Mouse im Disneyland – na, so was hätte sie auch im Freizeitpark von Ueckermünde machen können.

Die Jungs wollten sie mal besuchen, mit dem Auto, haben sich auf dem Weg nach Paris aber verfahren und sind unverrichteter Dinge zurückgekommen. Die Unternehmung war wohl zu komplex.

Aber für die groben Dinge taugen sie. Schon äußerlich machen sie was her in ihren Bomberjacken und mit den kahl geschorenen Köpfen. Dazu die familientypischen Hakennasen und das vorstechende Kinn. Beeindruckend. Wahrscheinlich wählen sie NPD. »Oder?«

»Was?«

»Was ihr wählen wollt bei der Landtagswahl, habe ich gefragt!«

»Ist das wichtig?«

Nee. Ist es nicht. Aber es interessiert Thea trotzdem. »Und?«

»Wir wählen nicht«, erklärt der Ältere, und der Jüngere setzt grinsend hinzu: »Wir machen.«

Thea lächelt. Gute Antwort, gute Jungs. Nicht viel im Kopp, aber immer geradeheraus. So ist's recht. »Wie lief es?«

»Alles paletti. Matthiesen rührt sich nicht mehr.« Der Ältere macht eine Bewegung, als würde er eine Fliege verscheuchen. »Und Schwenzl ist auch bald aus dem Geschäft.«

»Die Kleine packt er jedenfalls nicht mehr an«, sekundiert der Jüngere.

Der packt hoffentlich seine Siebensachen, wünscht sich Thea, und verschwindet dorthin, wo er hergekommen ist.

Ab sofort wird nur noch mit Bekannten gearbeitet. Mit anständigen Fischern, wie früher. Vertrauenswürdigen Leuten aus demselben Stall. Draußen warten schon Walter, Henning und Sörensen, der mit Vornamen Adolf heißt, was ihm peinlich ist. Deshalb nennen ihn alle nur beim Nachnamen. Sörensen.

»Wieso?« Das hat der Jüngere nie begriffen. »Adolf ist doch ein geiler Name für einen Deutschen.«

»Adolf war Österreicher«, weist ihn der Ältere zurecht, »und hat das Deutsche Reich zerstört. Schlimmer als der Kaiser. Man sollte Sörensen besser Otto nennen.«

Na gut, alles ist besser als Adolf, denkt Thea. Aber Otto? »Wie der Komiker?«

»Otto wie der Kanzler.«

»Ich denke, die heißt Angela.« Das sagt der Jüngere.

»Die Merkel ist *Kanzlerin* und eine blöde Kuh. Hat das ganze Gesocks reingelassen. Otto war der Einheitskanzler.« Das sagt der Ältere.

Was, der Einheitskanzler hieß Otto? Wieso Otto? Jetzt ist Thea verwirrt. »War das nicht unser Helmut? Der große Helmut Kohl?«

»Nein, das war der große Otto von Bismarck«, erklärt der Ältere mit Nachdruck, »unser Reichsgründer, weißt du? Der, nach dem die Bismarckheringe benannt sind. Weil er die so gern gegessen hat. 1871 in Versailles. Das war noch was. Kohl war dagegen nur ein billiger Abklatsch.«

Der hat gut reden. Ist zwar der Ältere, hat Kohl aber trotzdem nicht erlebt. Also nicht wirklich, sondern nur als hässliches Baby. Thea dagegen hat den Kohl immer geliebt. Das waren noch Zeiten, damals. Was für ein gewaltiger Mann. Der Dicke, haben sie immer gesagt. Dabei war er nicht dick, sondern … überwältigend!

Und statt Hering gab es Saumagen. Auch lecker! Thea hat das mal probiert, als sie als eine der ersten Ostdeutschen in der Jungen Union nach Bonn reisen durfte. Und dann hat sie ihn gesehen. Unseren Kanzler! Helmut Kohl persönlich. Und für alle gab es hinterher Saumagen. Da wurde ein ganzer Schweinestall für die Junge Union geopfert. Bismarck ist ein Scheißdreck dagegen. Obwohl sein Hering sehr gut schmeckt und sich noch besser verkauft. Aber Kohl ist unerreicht. Alles, was danach kam, ist für den Müll. Erst dieser Schröder. Was hat der eigentlich gegessen? Und jetzt die doofe Merkel mit ihrer Kartoffelsuppe. Die Welt geht unweigerlich zugrunde. Da muss man gegensteuern. Sonst wird das nichts mehr. Nachher wird noch ein Veganer Kanzler, und dann ist alles aus! War Hitler nicht auch Vegetarier? – Siehste! Schlimmer als der Kaiser, hat der Ältere gesagt.

»Also, was ist jetzt mit Sörensen?«

Thea schreckt aus ihren Gedanken. Richtig, Sörensen.

»Ich hatte ihm die Rumänin vorgestellt, aber die will er nicht«, erklärt sie den Jungs. »Rumänen sind alle Zigeuner, hat er gesagt, und Zigeuner klauen dir die falschen Zähne aus dem Mund. Dabei hat die Rumänin noch nie was gestohlen. Ist mir jedenfalls nichts bekannt von.«

»Geben wir ihm eben die Russin.«

»Die Russin ist Kasachin, und die möchte der Henning haben«, antwortet Thea. »Die mögen sich wohl gegenseitig. Kennen sich schon aus dem ›Black Heart‹ in Lütten Klein. Da war der Henning Stammgast.«

»Verstehe«, nickt der Jüngere anerkennend. »Geiler Schuppen, das ›Black Heart‹.«

»Das Problem ist Hennings Vater«, sagt Thea. »Der möchte nicht, dass Henning den Kutter stilllegt. Von wegen Familientradition. Da brauchen wir eine Lösung.«

»Geht klar.«

»Wir können Sörensen das Mädchen aus Afghanistan anbieten und geben Walter die Rumänin. Walter ist das egal, der kriegt ohnehin keinen mehr hoch.«

»Okay.« Die Jungs nicken.

»Gut.« Thea erhebt sich. »Dann fangen wir mal an.«

11   ES IST IMMER DIESELBE PROZEDUR. Ein bisschen wie bei »Herzblatt«, nur weniger bonbonfarben und ohne Moderator. Die Männer warten im alten Kontor links, die Frauen in der eigens dafür hergerichteten ehemaligen Seilmacherwerkstatt rechts vom unteren Lagerraum.

Und dann wird es ernst. Wer unterschrieben hat, ist vertraglich gebunden. Da kommt man nur raus, wenn man eine saftige Abfindung zahlt.

»Scheidung gibt's nicht. Also überlegt es euch gut, Männer! Noch seid ihr freie Fischer.«

Henning, Sörensen und Walter blicken betreten zu Boden. Was sollen sie auch machen? Sie haben ihr Leben lang nichts anderes getan, als aufs Meer zu fahren und zu fischen. Vielleicht sind sie gar nicht familientauglich. Aber haben sie eine Wahl? Inzwischen sind die Fangquoten von der EU-Kommission so niedrig angesetzt worden, dass man davon als Fischer nicht mehr leben kann. Heute gibt's Fisch im Supermarkt. Der kommt aus afrikanischen Gewässern oder aus Fernost und ist viel billiger.

»Also?« Thea bemüht sich um eine aufmunternde Stimme. »Wer will zuerst?«

Durch Henning geht ein Ruck. Er ist der Jüngste von den dreien, gerade einmal Mitte dreißig, und er ist schwer verliebt. »Krieg ich denn die Tanja?«

»Wir wollen euch nicht im Weg stehen«, lächelt Thea und steckt sich eine Zigarette an, die sie wie immer mit Spitze raucht. »Das tut eher dein Vater, stimmt's?«

»Der olle Sturkopp«, faucht Henning. »Hundertmal hab ich mit dem geredet. Von wegen Wirtschaftlichkeit und so. Aber er ...« Er schüttelt resignierend den Kopf.

»Wenn du dich heute entscheidest«, Thea bläst ein paar kunstvolle Rauchringe Richtung Lagerraumdecke, »kümmern wir uns um deinen Vater.«

»Aber tut ihm nicht weh!«

»Keine Sorge, Henning.« Das sagt der Ältere. »Deinem Alten passiert nichts.«

»Bereite ihn lieber auf einen Motorschaden vor«, grinst der Jüngere, »und halte bei deinen nächsten Fahrten einen Schlepper bereit. Denn du wirst Schlepphilfe brauchen, Henning, bei deiner letzten Fahrt.«

»Verstehe.« In Hennings Augen glitzert ein Leuchten auf. »Gute Idee, Leute.«

»Gute Ideen sind unser Markenzeichen.« Thea schlägt eine Mappe auf. »Dann musst du nur hier unterschreiben, Henning. Bis die Tanja abbezahlt ist, kriegen wir fünfzig Prozent vom Gewinn. Wenn es gut läuft, bist du damit in zwei Jahren durch. Danach kriegen wir noch zwanzig, solange du im Geschäft bist. Der Rest ist für dich.« Sie schaut ihn prüfend an. »Alles verstanden?«

Henning nickt und schaut sich die Unterlagen an. »Ich liege in Ahrenshoop?«

»An der Boddenkante«, nickt Thea. »Sei unbesorgt, da hast du keine Konkurrenz, und die Touristen lieben Ahrenshoop.«

»Vor allem die invaliden Urlauber«, ergänzt der Jüngere, wird aber vom Älteren sofort verbessert: »Individualurlauber! Das sind Lehrer und so. Akademiker.«

»Lehrer?« Henning guckt erschrocken.

»Keine Angst, du musst nicht zum Unterricht«, beruhigt ihn Thea, »du verkaufst nur Fischbrötchen.« Sie deutet auf die Seilmacherwerkstatt. »Bereit für Tanja?«

»Ja, klar.« Henning strafft sich.

»Rein mit ihr!«

Der Jüngere verschwindet in der Seilmacherwerkstatt und kommt kurz darauf mit einer kurvenreichen Rothaarigen heraus. Sie ist ganz in Schwarz gekleidet und hat sich ein keckes Matrosenmützchen aufs Haupt gesetzt. Als sie Henning sieht, umarmt sie ihn erst stürmisch, dann sieht sie ihn an.

»Verkaufen wir Fischerbrotchen jetzt?«, fragt sie mit slawischem Akzent. »Falscher Kaviar für Feriengäste?«

»Echten werden die sich nicht leisten können.«

»Wer weiß?« Thea legt beiden ein Papier zur Unterschrift vor. »Kommt auf die Feriengäste an.«

Henning und Tanja unterschreiben nacheinander und sehen sich feierlich an.

»Ich mir kommen vor wie Hochzeit«, jauchzt Tanja.

»Ist es ja auch fast«, nickt Henning. »So ähnlich jedenfalls.«

»Den Termin beim Standesamt bekommt ihr per Post.« Thea wird wieder geschäftlich. »So, und jetzt raus mit euch! Geht was trinken und feiert!«

Das lassen sich Tanja und Henning nicht zweimal sagen. Und schon sind sie zur Tür hinaus.

Thea seufzt und sieht die Jungs an. »Der Nächste ist Sörensen. Holt schon mal die Afghanin rein!«

Der gut fünfzigjährige Adolf Sörensen ist etwas perplex, als ihm die fast völlig verschleierte Frau im knöchellangen Kaftan vorgeführt wird.

»War das auch eine ... Ich meine ...«

»Vlad und Igor haben sie in ihren Clubs auftreten lassen«, antwortet Thea. »Ist wohl eine ganz passable Bauchtänzerin, aber mehr als Striptease war nicht drin. Muslimin halt, deswegen wurde sie aussortiert. Vorteil: Sie ist jung. Also behandle sie gut. Dann wird sie dir auch eine gute Ehefrau sein.«

»Aha.« Sörensen schluckt schwer. »Wie sieht sie denn aus? Ich meine, kann ich mal ihr Gesicht ...?«

»Klar!« Der Ältere reißt der Afghanin den Schleier herunter, dass sie zusammenzuckt. »Reg dich ab, Süße, das ist dein zukünftiger Ehemann!«

Sörensen blickt in ein sehr junges, sehr erschrockenes Gesicht mit großen dunklen Augen. »Hallo, meine Kleine! Was meinst du, wird das was mit uns?«

»Bestimmt«, nickt Thea und bereitet die Papiere vor. »Sie spricht noch kein Deutsch. Am besten, du meldest sie gleich in der Volkshochschule an. Sie hat einen Duldungsstatus bis Ende Oktober. Bis dahin muss die Ehe vollzogen sein. Termin beim Standesamt kommt per Post. Alles klar?«

»Klar!« Sörensen strahlt.

»Dann unterschreib!«

Sörensen tut es und stutzt, da die Afghanin ihren Daumen in Tinte drücken muss und dann per Fingerabdruck den Kontrakt besiegelt. »Schreiben kann sie auch nicht?«

»Analphabetin«, sagt Thea. »Deswegen Volkshochschule, sonst weiß sie nicht, was sie verkauft, und verrechnet sich dauernd bei den Preisen. Aber das wird schon.«

»Gut. Dann komm mal mit nach Hause.« Sörensen fasst die Afghanin behutsam am Arm und führt sie hinaus. »Ich hab auch ein Auto. Du weißt, was ein Auto ist? Wie die Eselskarren bei euch am Hindukusch, nur ohne Esel. Ist eine deutsche Erfindung, denn hier in Deutschland sind die Menschen sehr klug und erfinden viele neue Dinge. Das Fernsehen ist auch eine deutsche Erfindung, genau wie der Film. Gehst du gerne ins Kino? Ich schaue mir am liebsten Bruce-Willis-Filme an.« Derart vor sich hin plappernd, verschwindet er mit seiner zukünftigen Frau aus der Lagerhalle.

Walter ist alles egal. Er will nur nicht mehr fischen mit seinen fast sechzig Jahren, und Rente wird er auch nie kriegen. Deswegen Fischbrötchenverkauf. Als Altersvorsorge und lieber gleich als morgen.

»Wen muss ich ehelichen?« Fragend blickt er sich um.

»Das ist Mirela Ionescu!« Hereingeführt wird eine rassige Mittvierzigerin mit langer schwarzer Lockenmähne und klugen, wachen Augen. »War über zwanzig Jahre die Attraktion in der ›Roten Laterne‹. Sie hat ein Recht auf Ruhestand und ordentlich was gespart.«

»Ja, Walterchen«, bekräftigt sie mit rauchiger Stimme. »Du hast das große Los gezogen. Ich hab meine Auslöse selbst bezahlt, insofern müssen wir von unseren Einnahmen nur zehn Prozent abgeben. Klingt das gut?«

Walter bleibt ernst. »Können Sie auch kochen?«

»Aber wie. Und nicht nur Fischgerichte.«

»Dann essen wir abends zusammen in der Küche«, erklärt Walter. »Sie bekommen ein eigenes Zimmer. Musik nicht zu laut und fernsehen nur bis elf.« Er beugt sich über das Papier. »Wo muss ich unterschreiben?«

»Na, über das Fernsehen reden wir aber noch«, protestiert Mirela, »ich hab ein Netflix-Abonnement.« Dann unterschreibt sie ebenfalls, und Thea hat drei neue Fischbrötchenverkaufskutter »in der Pipeline«, wie sie das nennt.

»Tja! Planung ist das halbe Leben.«

Thea sieht die Jungs an und legt ihnen eine Zeitung vor. »Schon gelesen? Ist die Hauptmeldung im Lokalteil!«

»»Barth: Futterkutter brennend gesunken!««, liest der Ältere. »»Die Kriminalpolizei hat erste Ermittlungen aufgenommen. Den Verdacht, dass es sich um einen vorsätzlichen Anschlag auf den Futterkutter, der erst seit März im Barther Hafen lag, handeln könnte, wollte die Stralsunder Staatsanwältin Dr. Annetta Kilius vorerst nicht bestätigen. Dennoch dauern die Untersuchungen an.«« Dazu gibt es ein Foto von Annetta Kilius, wie sie in ein Mikrofon spricht.

Unbeeindruckt legt der Ältere die Zeitung weg.

»Und?« Thea sieht die Jungs fragend an. »Haben wir etwas damit zu tun?«

»Keine Sorge.« Der Ältere schüttelt beruhigend den Kopf. »Das werden Vlad und Igor erledigt haben, Thea.«

Na toll, denkt Thea, und wir können schauen, wie wir damit klarkommen. Es ist wie beim Fischen auf hoher See. Alles hängt mit allem zusammen. Wenn du das Wetter nicht im Auge behältst, die Küsten und den Wellengang, wirst du irgendwann baden gehen. »Diese Ermittlungen können unsere Pläne empfindlich stören.«

»Es wird keine Ermittlungen geben«, versichert der Jüngere. »Wir beschäftigen sie mit anderen Sachen.«

»Ich verlass mich auf euch.« Thea seufzt und steigt wieder die Stiege hinauf in ihr Apartment. Um elf kommt die Fußmassage, anschließend die Pediküre. Und zum Friseur will Thea auch noch, bevor sie sich mit dem Bürgermeister und dem Leiter des Finanzamtes zum Abendessen trifft. Beide Herren sind recht amüsant, und sie kann nebenher ein paar leidige Amtshindernisse aus dem Weg räumen.

Nein, nicht Planung ist das halbe Leben. Kontakte sind es. Die richtigen Kontakte.

12 DIE »BATAVIA« WAR EINE acht Meter lange Slup im Retrostil. Dunkelblauer GfK-Rumpf, ein helles Teakdeck und Aufbauten aus mehrfach lackierten tropischen Edelhölzern. Sämtliche Winschen und Luken sowie die Einfassungen der Bullaugen waren aus poliertem Messing, sodass das Schiff sehr edel und stilvoll anmutete. Eine echte Gentlemen's-Yacht, fast wie ein kostbares Möbelstück aus der Designermanufaktur. Trotzdem war sie kein Klassiker, sondern hochmodern. Ein gut abgestimmtes Sechs-Achtel-Rigg und das flache Unterwasserschiff mit schwenkbarem Kurzkiel machten sie auch bei Leichtwind sehr agil.

»Damit habe ich schon echte Rennziegen geschlagen«, erklärte der Kurze stolz. »Denen habe ich den Arsch gezeigt.«

Auch innen setzte sich das perfekte Ambiente fort. Weiß lackierte Flächen wechselten mit dunklen Holzeinlagen, sämtliche Polster, Kissen und Vorhänge waren sorgsam farblich aufeinander abgestimmt, und die Pantry wirkte so makellos, als sei sie noch nie benutzt worden.

»Schön«, lobte ich. »Sehr schön!«

»Hat auch ein ordentliches Sümmchen verschlungen. Aber es traf ja keinen armen Mann.« Er schob sich lässig die dunkle und sicher sehr teure Pilotenbrille auf die Nase. »Holen Sie mal die Vorschot dichter.«

Dabei hatten wir Leichtwind. Meiner unmaßgeblichen Erfahrung nach wären ein bauchiger getrimmtes Segel und etwas mehr Spiel in der Schot effektiver gewesen. Doch der Kurze ließ alles so dicht holen, als führen wir hart am Wind bei Sturmstärke sechs.

»Wollen Sie auch mal steuern?«

»Nein, nein«, winkte ich ab. »Machen Sie nur.«

»Keine Ausflüchte.« Er stand vom Ruder auf und kletterte demonstrativ in die Kajüte. »Sie steuern.«

Jetzt musste ich ja, wenn wir nicht gleich mit knatternden Tüchern im Wind stehen wollten. Hastig griff ich zur Pinne und gab etwas Gegenruder. Mal schauen. Mit einem kleinen Schrick in der Vorschot und leicht geöffnetem Großsegel sollte doch noch ein bisschen mehr Fahrt drin sein. Bei dem Angeber musste man Ehrgeiz entwickeln. Wäre doch gelacht, wenn man aus dem schicken Schiffchen nicht noch was rausholen könnte.

Tatsächlich, so hatte ich jedenfalls nach einer Weile das Gefühl, nahm die Geschwindigkeit zu. Ich spürte es am Rauschen der Bugwelle, ich sah es am Kielwasser. Und auch die Logge über dem Niedergang zeigte gut einen Knoten mehr an.

Trotzdem monierte der Kurze, kaum dass er wieder zu mir ins Cockpit kam, die Segelstellung. »Wollen Sie Schmetterlinge fangen? Wie sehen denn Ihre Segel aus? Das muss alles viel dichter, verdammt noch mal! Sehen Sie das nicht?« Und schon hatte er alles wieder rangeholt.

»Die Anzeige zeigt einen Knoten weniger«, bemerkte ich.

»Ja, weil Sie hier mit total offenen Tüchern fahren«, regte er sich auf, »kein Wunder, wenn wir nicht vorankommen. – Sehen Sie den Segler da vorn? Elf Uhr voraus?«

Ich sah ihn. Ein älterer Anderthalbmaster, der mir schon ein paarmal im Hafen aufgefallen war. Gehörte angeblich einem ehemaligen Kommandeur der Volksmarine.

»Das ist die Yawl vom Petersen«, erklärte der Kurze abfällig, »so ein alter Zonenbonze und Marxist. Den sollten wir überholen. Schon aus ideologischen Gründen müssen wir schneller sein als der.«

Wird schwierig, dachte ich. Die Yawl war mindestens vierzehn Meter lang. Die konnte eine viel höhere Rumpfgeschwindigkeit fahren, auch wenn sie sicher schwerfälliger war und weniger modern.

»Lassen Sie mich ans Steuer!« Der Kurze kam in den Regattamodus. »Beide Hände an die Winsch! Und dann holen Sie das Vorsegel so dicht es geht!«

Super, da können wir ja gleich parken.

»Warten Sie's ab. Dem hängen wir die Eier in den Großbaum.«

Wollte er das nicht schon bei mir? Bislang wurde der Abstand zur Yawl eher größer.

»Die Segel dichter!«

»Die sind am Anschlag. Das geht nicht dichter.«

»Mensch, verlegen Sie die Holepunkte!«

Die was?

»An den Genua-Schienen, Mann!« Jetzt brüllte er schon fast wie mit seiner Frau. »Die Holepunkte müssen weiter nach achtern.«

Junge, Junge. Es war herrliches Wetter, der Bodden so einsam, und der Kerl schrie herum, dass es von den Ufern widerhallte. Dabei soll Segeln doch so entspannend sein. Ich beschloss, das Krakeelen des Skippers zu ignorieren, und öffnete wieder das Vorsegel. Gleichzeitig löste ich den Niederholer vom Großbaum und schob den Traveller nach Backbord.

»Was treiben Sie da?« Der Kurze war hochrot im Gesicht. »Wir verlieren Fahrt!«

»Im Gegenteil«, knurrte ich wütend. »Jetzt geht's gleich los. Achten Sie auf die Anzeige der Logge! Und das Ruder zwei Strich nach Backbord!« Das mit den zwei Strich hatte ich mal bei Joseph Conrad gelesen. Und es machte Eindruck, denn mein kleiner Südseefreund protestierte nicht.

»Zwei Strich«, fragte er verunsichert, »so etwa?«

»Bestens«, lobte ich. »Schauen Sie auf die Logge.«

»Sechs Knoten! Unfassbar!« Er entspannte sich merklich und fing an zu lachen. »Sieben! Mein Gott, ist das geil!«

Jetzt nahmen wir die Verfolgung auf. Die Yawl kam langsam näher. Schon konnte man ihren Namen am Rumpf lesen: »Iron Lady«. Seltsamer Name für eine Yacht, die einem Altkommunisten gehörte.

»Ja, wir kriegen diesen ollen Zonendampfer«, rief der Kurze schon wieder sehr kämpferisch. »Der hat zwar mehr Länge, wir aber das modernere Unterwasserschiff und das bessere Rigg. Es ist halt wie immer im Kampf der Systeme: Der Westen hat das bessere Know-how!«

Vorsicht, dachte ich, denn da drüben sitzt ein alter Seebär an Bord. Der wird schon wissen, was er tut. »Und das bessere Know-how nutzt uns nur bei Leichtwind. Bei schwerem Wetter hat die Lady die Nase vorn.«

Wir holten weiter auf und hatten die Yawl jetzt querab. Am Steuer stand ein Salzbuckel mit grauem Rauschebart. Er tat, als bemerke er uns gar nicht.

Was meinen Skipper natürlich sofort reizte. »Hey«, brüllte er zur Yawl hinüber, »mehr Fahrt macht deine Suppenschüssel nicht?«

Der Hochmut rächte sich umgehend. Denn wir kamen in den Windschatten der hochgetakelten Yawl und verloren sofort an Fahrt. Gleichzeitig fegte eine starke Böe heran, und die Lady konnte zeigen, was sie draufhatte. Sie legte sich sanft auf die Seite und rauschte uns davon.

Wir hatten keine Chance. Zumal uns, kaum dass wir aus dem Windschatten heraus waren, die volle Wucht der Böe traf und die »Batavia« sofort heftig und bis über das Süll nach Backbord krängte. Schlammiges Boddenwasser schwappte ins schnieke

Cockpit und den Niedergang hinunter, der Skipper und ich schrien uns mit überschlagenden Stimmen an: »Segel öffnen! Schnell! – Mist, da klemmt was! – Nicht abfallen! Anluven! – Werfen Sie verdammt noch mal die Großschot los!«

Alles vergebens. Die »Batavia« war halt für leichte Winde gebaut. Das breite Unterwasserschiff hob sich immer weiter aus den Fluten. Wir wurden klitschnass und fast von Bord geschwemmt. Dann riss der Ruderdruck ab, und wir machten einen veritablen Sonnenschuss, bevor sich die Yacht wieder aufrichtete. Anschließend hatten wir alle Hände voll zu tun, um die knatternden Segel zu bändigen und das Wasser aus dem Schiff zu kriegen.

»Scheiße«, fluchte mein Skipper, wieder sehr rot im Gesicht, »das war suboptimal, verdammt! Wir hätten die ›Iron Lady‹ an deren Steuerbordseite angreifen sollen. Dann wären wir nicht in den Windschatten gekommen und hätten dem Kerl den Hintern gezeigt.«

Wohl eher nicht. »Dann hätte uns die Böe gleich getroffen und wir wären auch abgeschmiert.«

»Hätte, hätte, Fahrradkette! Das war nur, weil Sie die Segel so bauchig getrimmt haben!« Gott, war der Kerl wütend. »Außerdem geben Sie zu früh auf, alter Mann. Dabei kommt es immer auf einen Versuch an. Immer.«

Tja, dachte ich. So viel zum Kampf der Systeme.

»Segel dicht«, brüllte der Skipper, »wir kehren um!«

Fast fünf Stunden schrubbten wir im Hafen das Schiff. Jeder Tropfen Boddenwasser musste sorgsam aufgesogen werden, da kannte der Kurze keine Gnade. Und hinterher musste alles geputzt, gewienert und neu aufpoliert werden, damit der Kahn wieder wie neu aussah, regelrecht unbenutzt.

Gott, war ich fertig. Schweißgebadet und völlig am Ende. Aber ich brachte es nicht übers Herz, einfach zu gehen. Immerhin waren wir zu zweit gesegelt, und da gehörte es sich, dass wir auch zu zweit Reinschiff machten, selbst wenn mir das jetzt viel zu pingelig wurde. Der Kerl fand einfach kein Ende. Dann musste da noch etwas getrocknet werden und dort etwas auseinandergenommen, weil es ja beim Sonnenschuss Schaden genommen haben könnte. Bis nach neun Uhr am Abend bastelten wir herum, die Dämmerung nahte, und ich hatte den ganzen Tag noch nichts gegessen.

Doch am Ende kam der Kurze auf mich zu, grinste und machte eine bescheuerte Gimme-five-Bewegung. »Hey, das war ein Abenteuer, was? Hat Spaß gemacht.«

»Mir auch.« Ich wusste zwar nicht, ob ich das auch so meinte, aber ich schlug ein. Zumal zwei Anderthalb-Liter-Flaschen Pyraser Landbier lockten, die ich schon in der Kühlbox gesehen hatte.

»Und jetzt stoßen wir an.« Feierlich kam er mit den Flaschen ins Cockpit. »Prost, mein Lieber. Auf die Seefahrt!«

Die Flaschen klirrten aneinander. Wir tranken. Und dann erzählte er mir zum hundertsten Mal, was bei der Verfolgung der Yawl alles schiefgelaufen war. Manöverkritik nannte er das. Wir waren von der falschen Seite an die »Iron Lady« herangefahren und hätten die Segel dichter nehmen müssen, um in der Böe eine Chance zu haben. »Na ja, egal! Oder nicht egal, denn aus Fehlern lernt der Mann. Und beim nächsten Mal schnappen wir uns die Yawl! Das ist das Ziel, verstehen Sie? Die ›Iron Lady‹ schlagen ist wie – Warten Sie mal«, unterbrach er sich und kletterte wieder in die Kajüte, um sein Smartphone zu holen. »Ist das nicht die Paula mit ihrem Macker?«

Jetzt ging das wieder los!

Tatsächlich näherte sich dem Nautischen Yachtclub das Motorschlauchboot, darin Paula und ihr Freund. Die werden einen sehr entspannten Tag auf dem Wasser gehabt haben. »Was geht uns das an?«

»Oh, das geht uns sehr wohl etwas an!« Der Kurze kletterte auf den Steg und brachte sich mit dem Smartphone in Stellung. »Und wie uns das etwas angeht!« Dann fotografierte er drauflos. Paula beim Ansteuern des Steges, Paula beim Festmachen, Paula beim Deponieren des Zündschlüssels im mit Zahlenschloss gesicherten Kasten. *Klack ssst, klack ssst, klack ssst!* Baströckchen kontrollierte, ob die Bilder etwas geworden waren, und kam dann wieder zurück ins Cockpit.

»Was soll das«, fragte ich ihn, »warum fotografieren Sie die beiden dauernd?«

»Na, sicher nicht, weil ich ein Spanner bin.« Er tippte auf seinem Smartphone herum. »Es ist nur so, dass die Paula unsere Vereinsboote offensichtlich für private Fahrten benutzt. Und das kann nicht im Sinne unserer Satzung sein.«

Aha. »Und warum reden Sie nicht mit der Paula darüber?«

Er antwortete nicht, sondern sprach stattdessen mit seinem Smartphone. »Ja, grüß Gott zu später Stund. Ich habe dir gerade ein paar interessante Bilder geschickt. Die Paula auf Liebestour in unseren Vereinsbooten. Das wird die gestiegenen Treibstoffkosten erklären und verstößt eindeutig gegen die Motorbootordnung. Vielleicht klärst du die Paula mal über die Konsequenzen auf? – Nein, mir geht es gut, und ich hatte einen sehr entspannten Segeltag mit dem Neuen – wie heißt der noch? – Knoop, genau. Wir trinken gerade das Anlegebier. – Ja, dir auch. Ciao!« Er legte das Smartphone beiseite und seufzte.

»Mit wem haben Sie gerade telefoniert?«

»Na, mit wem wohl?« Er lächelte fein. »The Brain. Der wird sich die Paula zur Brust nehmen, warten Sie's ab!«

»Und das finden Sie kameradschaftlich?« Immerhin stand Paula keine zwanzig Meter von uns entfernt auf dem gegenüberliegenden Steg. Da hätte er seine Kritik doch direkt anbringen können, anstatt sie hintenrum beim Vereinsvorsitzenden anzuschwärzen. »Ich meine, wir haben doch heute selbst ein Vereinsboot benutzt!«

»Wissen Sie, was ich dem Verein jedes Jahr spende?«

»Kein Grund, die Jugendtrainerin zu denunzieren.«

»Knoop, bei aller Sympathie!« Er sah mich an wie ein ungelehriges Kind. »Hier geht es um interne Dinge. Da stecken Sie nicht drin, klar?« Er prostete mir zu. »Noch nicht, jedenfalls. Zum Wohle!«

»Zum Wohle«, echote ich. Obwohl mir irgendwie der Appetit auf Bier vergangen war.

13 MAN STECKT EBEN NICHT DRIN in der Materie, denkt Oehler, als er völlig übermüdet und mit einer halb vollen Bierflasche in der Hand vor dem ausgebrannten Kutter steht. Und das macht die Sache nicht einfacher.

Der Schwimmkran hat das Wrack auf dem Kai abgesetzt, ein stinkender, verkohlter Trümmerhaufen, der nun von den Brandermittlern und den Kollegen von der Kriminaltechnik genauestens untersucht wird und das Interesse vieler Schaulustiger weckt. In dichten Trauben stehen sie an den Absperrungen und mutmaßen laut über die Ursache des Unglücks.

»Die Frage ist doch, warum das Ding gesunken ist.«

»Weil es gebrannt hat.«

»Dann hätte der Kahn aber nicht sinken müssen. Selbst wenn er total ausbrennt, wird der Rumpf vom Wasser drum herum gekühlt und bleibt in der Regel dicht.«

»Nicht, wenn das brennende Material seine Festigkeit verliert und dann dem Wasserdruck nicht standhalten kann.«

»Brennende Schiffe gehen meist vom vielen Löschwasser unter. Hier wurde aber nichts gelöscht.«

»Die Kunststoffschläuche sind das Problem. Wenn der Kutter Kunststoffschläuche zu den Seeventilen hatte und die im Feuer geschmolzen sind, geht der Kahn auch unter.«

Nee, denkt Oehler erneut, man steckt nicht drin in der Materie. Langsam geht er auf den Chef der Brandermittler zu, der völlig verdreckt und mit vom Ruß geschwärztem Gesicht aus dem Wrack klettert. »Und?«

»Benzin.«

»Benzin?«

»Ja.«

Seltsam. Normalerweise fahren Kutter mit Dieselkraftstoffen. »Für einen Generator?«

»Nee.« Der Brandermittler wischt sich über das Gesicht und setzt seinen Helm ab. »Die hatten keinen Generator. Die haben ihren Strom direkt hier am Hafen gezapft.«

Aha. Oehler gähnt lang anhaltend. »Dann haben die ihre Herde mit Benzin geheizt?«

»Auch nicht. Die laufen mit Gas.« Der Brandermittler deutet

hinter sich. »Die Flaschen sind bei dem Feuer in die Luft geflogen und haben …«, jetzt wendet er sich den Schaulustigen zu und ruft, dass es alle hören können, »… durch die Explosion den Rumpf so beschädigt, dass der Kutter gesunken ist. Noch Fragen?«

Die Schaulustigen stecken die Köpfe zusammen, fragen jedoch nichts.

»Aber wozu brauchten die dann Benzin an Bord?«, überlegt Oehler laut.

»Das ist der Punkt«, nickt der Ermittler. »Die brauchten kein Benzin. Es sei denn als Brandbeschleuniger.«

»Versicherungsbetrug?«

»Tja.« Der Brandermittler klopft Oehler auf die Schultern. »Dein Job, Björn. Finde es raus!«

Mist, denkt Oehler und trinkt seine Bierflasche aus. Dann muss ich ja doch ermitteln. Das Leben wird echt nicht einfacher.

Einer von den Kriminaltechnikern stellt sich zu ihm. »Keine verwertbaren Spuren bis jetzt. Aber eine Leiche an Bord.«

»Eine Leiche?« Verdammt, das ist übel! »Von einer Frau?«

»Du, Björn, das …«, der Kriminaltechniker schüttelt den Kopf, »… das kann man nicht mehr erkennen, fürchte ich. Da ist nicht mehr viel übrig von der Leiche. Da sind nur noch so Fragmente. Knochenteile und so.«

»Von einem Menschen?«

»So sieht das aus.« Der Kriminaltechniker zuckt mit den Schultern. »Wir haben die Rechtsmedizin in Schwerin verständigt. Die sollen da noch mal drübergucken. Aber für mich sind das menschliche Überreste. Jedenfalls keine Gräten. Und Sparerips oder Schweinshaxen haben die auf dem Kutter nicht gegrillt. Die waren mit Fischbrötchen im Geschäft.«

Wer weiß, überlegt Oehler, am Ende hatte diese Chinesin mal die Schnauze voll vom Fisch und sich heimlich ein Kotelett gebraten, nicht wahr. »Wann wollen die denn hier sein von der Rechtsmedizin?«

»Weiß nicht.« Der Kriminaltechniker sieht auf die Uhr. »Stunde etwa.«

Guter Gott im Himmel! Oehler könnte fluchen. Wenn da wirklich menschliche Überreste auf dem Schiff sind, wird das richtig harte Ermittlungsarbeit. Und dann kann es sich eigentlich nur um diese Chinesin handeln. Er hat niemand sonst je auf dem Kutter werkeln sehen. »Wo bleibt denn bloß die Hansen?«

»Stehe direkt hinter Ihnen, Chef.« Sie tippt ihm auf die Schulter. »Schlecht gelaunt?«

Und wie. »Es sind Reste von Brandbeschleuniger gefunden worden. Und Knochenteile. Menschliche Überreste, wie es scheint. Sie wissen, was das bedeutet?«

»Jede Menge Arbeit.«

»Richtig. Sie übernehmen, Hansen!« Und schon stiefelt er davon. Er muss wissen, wer diese Chinesin war.

Mit dem Dienst-Opel des Kriminalkommissariats fährt er nach Karnin, wo der stellvertretende Leiter des Amtes Stralsund aufgrund seiner Krankschreibung zu Hause sein sollte.

»Der darf mir jetzt mal was erzählen, nicht wahr«, knurrt Oehler vor sich hin, als er die Zufahrt zum weitläufigen Anwesen hinauffährt. »Zum Beispiel, wie man als Beamter zu so einem riesigen Grundstück kommt!«

Auch das Wohnhaus selbst ist beeindruckend. Eigentlich mehr eine Villa im toskanischen Landhausstil. Sie muss erst vor Kurzem fertiggestellt worden sein, denn der Garten ist noch nicht angelegt, und es liegen Reste von Baumaterialien herum. Stapel von glasierten Tonziegeln, mit denen auch das Dach eingedeckt ist, Rigipsplatten und jede Menge Bauholz.

Oehler stoppt den Wagen und steigt aus. Niemand ist zu sehen. Und die Sonne brennt heute. Mann, ganz schön heiß für April. Oehler wischt sich den Schweiß von der Stirn und geht langsam zum Haus.

Keine Klingel zu sehen. Aber ein Schild. »Matthiesen«. Na also. Energisch klopft Oehler an die Haustür.

»Hallo?«

Keine Reaktion.

»Hallo!« Oehler klopft noch mal. »Jemand zu Hause?«

»Wer will das wissen?«

Aha, denkt Oehler, eine weibliche Gegenfrage. Und sie kommt von hinter ihm.

Er dreht sich langsam um und erblickt eine etwa dreißigjährige Frau in Jeans und T-Shirt. Offenbar hat sie ihre Tochter aus dem Kindergarten abgeholt, denn an ihrer linken Hand hält sich ein kleines, etwa vierjähriges Mädchen fest. Blond gelockt und auch ganz niedlich.

So weit, so harmlos.

Nur der Trommelrevolver der Traditionsmarke Colt, den die Frau in der rechten Hand und unmissverständlich auf Oehler gerichtet hält, sprengt das ansonsten so friedliche Bild.

Oehler hebt langsam die Hände.

»Ist das ein böser Mann, Mama?«

»Das werden wir gleich wissen, Spatz!« Die Mutter steht unbeweglich und starrt Oehler fragend an. »Also?«

»Alsooo«, wiederholt Oehler gedehnt und unterdrückt ein Gähnen. Gott, er sollte wirklich langsam schlafen gehen, anstatt sich hier von durchgeknallten Müttern über den Haufen schießen zu lassen. »Als Erstes würde ich gern wissen, ob Sie für Ihr Westernspielzeug einen Waffenschein haben.«

»Geht Sie das was an?«

»Schon, denn ich werde ja von ebendieser Waffe bedroht, nicht wahr.«

»Sie befinden sich widerrechtlich auf meinem Grundstück«, entgegnet die Mutter scharf. »Das ist Hausfriedensbruch.«

»Und wie kommt die Post zu Ihnen?«

»Vorn an der Straße ist ein Briefkasten.«

»Na fein.« Oehler werden langsam die erhobenen Hände taub. Sein Kreislauf ist auch nicht mehr der beste. »In Ordnung, ich bin hier widerrechtlich eingedrungen«, bemüht er sich um Deeskalation, »ohne das zu merken und ohne böse Absichten, denn ich gehöre gemeinhin zu den Guten.« Er lächelt das kleine Mädchen an und macht sein freundlichstes Gesicht. »Mein Name ist Oehler, Björn Oehler, und ich bin Oberkommissar der Kripo in Barth. Wenn Sie mir gestatten, die Hände zu gebrauchen, würde ich Ihnen meinen Dienstausweis zeigen.«

»Schon gut.« Die Frau lässt die Waffe sinken. »Ich glaube, ich hab Sie schon mal gesehen.«

»Ach was!« Oehler nimmt erleichtert die Hände herunter. »Wo denn?«

»In der Zeitung. Damals, als es um diesen dubiosen Tierkiller ging.«

»Der Schafsmörder, richtig!« Auf diesen Fall ist Oehler besonders stolz. Den hatte er in Rekordzeit gelöst.

»Und was wollen Sie jetzt von mir?«

»Eigentlich nichts«, bekennt Oehler. »Ich suche Ihren Mann, sofern Sie, was ich annehme, Frau Matthiesen sind.«

»Richtig«, nickt die Mutter, »aber mein Mann ist nicht hier.«

Ach, interessant. »Seltsam, wo er doch krankgeschrieben ist, nicht wahr.«

»Deshalb liegt er ja im Krankenhaus.« Frau Matthiesen schiebt ihre Tochter weg. »Geh spielen, Spatz. Du hast doch gehört, das ist kein böser Mann.« Sie wendet sich wieder Oehler zu. »Seit letztem Dienstag.«

»Was hat er denn?« Oehler holt einen zerfledderten Notizblock hervor, findet aber keinen Stift, um sich etwaige Informationen aufzuschreiben. »Ist es was Ernstes?«

»Na ja. Ihm wurden sämtliche Knochen gebrochen.« Die Frau schüttelt seufzend den Kopf. »Ich weiß nicht, was da passiert ist. Er behauptet, es war ein Unfall. Aber ich mach mir so meine Gedanken.«

»Deshalb der Colt?«

Die Frau nickt schwach. »Keine Sorge, die Waffe ist registriert. Ich bin Schützenkönigin bei uns hier im Verein.«

Da ist Oehler aber heilfroh, dass er keinen Ausbruch gewagt hat. Die Frau trifft sicher auch kleinere Ziele. »Hat Ihr Mann denn Feinde?«

»Er hat ab und zu Drohungen erhalten.« Die Frau schließt die Haustür auf. »Es ging da wohl um irgendwelche Genehmigungen für Fischkutter.«

»Fischbrötchenkutter«, präzisiert Oehler und ist plötzlich hellwach. »Er war da für die Konzessionsvergabe zuständig, nicht wahr?«

»Eigentlich nicht«, widerspricht die Frau. »Deshalb habe ich mich ja so gewundert. – Wollen Sie nicht reinkommen?«

»Gern.« Oehler putzt sich sorgsam die Schuhe ab und sieht sich um. »Nett haben Sie's hier.«

Auch innen setzt sich der toskanische Landhausstil fort. Sandfarbene Wände, Türen und Einfassungen aus meerblau lackiertem Holz, rote Fliesen und das Mobiliar aus gewachster Pinie. Sehr schön.

»Wir sind erst vor vier Wochen eingezogen«, entschuldigt sich die Frau, »es ist noch nicht alles eingerichtet. – Wollen Sie ein Bier?«

»Aber immer!« Sieh an, die Dame des Hauses weiß, was sich gehört. Er setzt sich fröhlich in einen der Korbsessel und blättert die Zeitschriften durch, die auf dem Couchtisch liegen: Zuhause wohnen. Haus und Garten. Landlust. Marie Claire …

»Wofür ist denn Ihr Mann zuständig? Ich meine, als stellvertretender Amtsleiter hat man doch sicher mehrere Aufgaben.«

»Schon, aber die sind eher administrativ. Und ansonsten hat er die Bauaufsicht unter sich.« Frau Matthiesen kommt wieder aus der Küche. »Bitte schön. Ihr Bier.«

»Vielen D…« Oehler stutzt und starrt entgeistert auf die Flasche, die ihm Frau Matthiesen serviert. Das darf doch nicht wahr sein: Clausthaler! Der Vorreiter des Perversesten, was die Braukunst je zu bieten hatte. Die unangefochtene Nummer eins der Dinge, die die Welt nicht braucht. Es ist wirklich nicht zu fassen. »Haben Sie kein richtiges Bier?«

»Ich dachte, Sie sind im Dienst.«

»Schon, aber … Wir sind ja hier nicht im Fernsehen, oder?«

»Tut mir leid, ich hab nur das«, bedauert Frau Matthiesen. »Das trinkt mein Mann so gern, weil er hinterher immer noch Auto fahren kann.«

Tja. Im Augenblick wohl nicht. Oehler erhebt sich missmutig. »Wo liegt denn der werte Gatte?«

»Stralsund. Klinikum West.«

Prima. Da war Oehler heute schon. Als er nach der Lütten sehen wollte. Da hätte man sich einen Weg sparen können.

»Ja, vielen Dank dann«, verabschiedet er sich. »Und falls noch was ist«, er klemmt seine Visitenkarte an den Spiegel im Flur, »einfach durchrufen. – Wiederschaun!«

14 ALKOHOLFREIES BIER!

Oehler ist völlig außer sich: Da führen wir seit Jahrzehnten Krieg gegen den internationalen Terror, aber die Typen, die das alkoholfreie Bier erfunden haben, laufen immer noch frei herum. Und jetzt schwäbelt im Radio auch noch die Nervbacke von der Müsli-Werbung drauflos. *»Mhmmm ... Seitenbacher Urkorn. Des muschd probiere! Seitenbacher! Woisch, des bringsch! Seitenbacher Urkorn!«* Oh Gott, dass dieser Schwachkopp noch nicht kielgeholt, erschossen und geviertelt wurde, ist auch so ein Wunder!

Er stoppt den Wagen reifenquietschend vor dem Krankenhaus und stiefelt diesmal gleich zum Aufnahmekasten, in dem aber nicht die junge Schwester mit den lackierten Nägeln hockt, sondern – der Weißkittel!

»Dann sind Sie also weder Arzt noch Pfleger«, stellt Oehler grimmig fest.

»Entschuldigung?« Der Weißkittel kann nicht so recht folgen. »Hatten wir heute schon mal miteinander zu tun?«

In der Tat. Oehler hebt seine bandagierten Hände.

»Richtig, Sie sind der ...«

Sag jetzt nicht Häuptling!

»... Vorgesetzte von der ...«

Sag jetzt nicht Süße!

»... jungen Polizistin, richtig?«

»Richtig. Und Sie sind offenbar der Pförtner hier.«

»Oberarzt«, lächelt der Weißkittel und kommt hinter dem Kasten hervor. »Oberarzt Dr. Predel, ich leite hier die Station. Stimmt was mit Ihren Händen nicht?«

»Mit meinen Händen? Wieso?«

»Tun sie weh, hat sich was entzündet?«

Ach so. Oehler winkt ab. »Nein, nein. Ich suche einen Herrn

Matthiesen, der hier seit Dienstag stationär behandelt wird. Wegen Knochenbrüchen, soweit ich weiß.«
»Matthiesen? Thies Matthiesen?«
»Möglich. Wenn das der stellvertretende Amtsleiter ist.«
Dr. Predel nickt verständig und kommt vertraulich näher. »Das ist ja gut, dass sich endlich mal die Polizei dafür interessiert.«
»Wieso?«
»Sehen Sie selbst. Folgen Sie mir.« Dr. Predel stürmt schwungvoll die Treppe hinauf, und Oehler muss zusehen, dass er hinterherkommt. Völlig erschöpft erreicht er den vierten Stock, wo der Doktor schon an einer Zimmertür wartet.
»Gibt es hier keinen Fahrstuhl?«
»Doch, aber Treppensteigen hält fit. Und Sie sehen so aus, als könnten Sie etwas mehr Bewegung brauchen.«
»Danke«, keucht Oehler, »für heute ist mein Bedarf gedeckt.« Er sieht zur Tür. »Ist er da drin?«
Dr. Predel nickt. »Ich melde Sie mal an.« Er stößt die Tür auf und ruft begeistert: »Herr Matthiesen, da ist ganz amtlicher Besuch für Sie. Vielleicht entschließen Sie sich doch zu einer Anzeige.« Er kommt wieder heraus und sieht Oehler an. »Sie können rein. Und reden Sie laut mit ihm. Durch den Kopfverband hört er schlecht.«
»Verstehe.« Oehler schiebt sich vorsichtig in das Krankenzimmer – und steht einer Mumie gegenüber. Thies Matthiesen steckt in einem dicken Gipspanzer, es sind nur noch grobe Umrisse erkennbar. Beide Arme ruhen links und rechts im Streckverband auf Schienen, das rechte Bein hängt angewinkelt an einem Galgen in einer Schlaufe, und das linke ist mit komplizierten Stellschrauben in einer Metallkonstruktion am Bettrand fixiert. Der Kopf ist ebenfalls völlig bandagiert und in Gips gegossen, lediglich ein schmales Oval lässt Nase, Mund und Augen frei.
»Herr Matthiesen?« Oehler beugt sich tief über das Gesichtsoval und brüllt: »Hören Sie mich?«
»Laut und deutlich«, wispert Matthiesen mit gebrochen hoher Stimme, »ganz so doll müssen Sie nicht schreien.«
Na, Gott sei Dank. Das wäre auch zu anstrengend geworden.
»Herr Matthiesen, ich bin Oberkommissar Björn Oehler von der

Kripo in Barth, und ich brauche dringend Ihre Hilfe. Es geht um die Betreiber von ›Störtebekers Futterkutter‹ …«

»Was?« So deutlich hört Matthiesen wohl doch nicht.

»›STÖRTEBEKERS FUTTERKUTTER‹!«

»Was hab ich damit zu tun?«

»Im Amt sagte man mir, dass Sie …«

»Was?«

»MAN SAGTE MIR, DASS SIE FÜR DIE KONZESSION ZUSTÄNDIG …«

»Nö, bin ich nicht! Ich mach die Bauaufsicht.«

»Ja, das hat Ihre Frau auch gesagt.«

»Was?«

»DANN KÖNNEN SIE MIR NICHT SAGEN, WER DIE BETREIBER DES FUTTERKUTTERS SIND?«

»Schwenzl. Tom Werner. Aber ich hab nichts damit zu tun.«

»Verstehe.« Das ist ja schon mal ein Ansatz. Klingt zwar nicht sehr chinesisch, aber immerhin. »Schwänzel mit ›ä‹? Oder Schwenzel mit ›e‹?«

»Was?«

»Egal, das krieg ich raus.«

»Ohne ›e‹«, krächzt Matthiesen, »Schwenzl!«

»Also mit ›ä‹.« Oehler hat schon wieder keinen Stift, aber das kann er sich merken. »Was ist eigentlich mit Ihnen passiert?«

»Was?«

»WIE DAS PASSIERT IST!«

»Unfall.«

»MIT DEM AUTO ODER WAS?«

»Treppe runtergefallen.«

»Ach. Ist ja unglaublich.« Oehler schüttelt den Kopf. »Waren Sie betrunken?«

»Was?«

»WAR WOHL EINE SEHR HOHE TREPPE, JA?«

»Nö. Bin nur unglücklich gefallen.«

»Na, dann gute Besserung.«

Oehler erhebt sich wieder und geht zur Tür. Himmel, diese Rumschreierei macht einen aber auch fertig. Ausgelaugt tritt er in den Gang, wo ihm sofort Dr. Predel entgegenspringt.

»Und?«
»Was, und?«
»Hat er endlich Anzeige erstattet?«
»Nee, wieso? Er ist 'ne Treppe runtergefallen. Sagt er.«
»Ja, aber das glauben Sie doch selbst nicht.« Dr. Predel hat eine dicke Aktenmappe in der Hand und schlägt sie auf. »Hören Sie, das darf ich eigentlich nicht, aber das bleibt ja unter uns.« Er sieht sich verstohlen um und fährt mit gedämpfter Stimme fort: »Dem Mann wurden sämtliche Rippen gebrochen. Dazu eine Fraktur des Beckens. Oberschenkelhalsbruch rechts, doppelter Unterschenkelhalsbruch links. Beide Unterarme gebrochen, drei Finger links, zwei rechts. Schädelbasisfraktur, Kinn ausgerenkt, Zähne ausgeschlagen. Außerdem Risse in der Milz, innere Blutungen, Blutergüsse am ganzen Körper. – Das holt man sich nicht alles, wenn man eine Treppe hinunterstürzt. Da bricht man sich vielleicht das Genick, und dann war's das. Aber so eine komplizierte Gemengelage unterschiedlichster Frakturen …« Predel schüttelt entschieden den Kopf. »Nee, das war keine Treppe.«

Oehler schaut ihn interessiert an. »Was meinen Sie?«

»Der Mann wurde böse zusammengeschlagen«, erwidert Predel ernst. »Ich bin zwar kein Forensiker, aber allein die ganzen Blutungen überall. Das waren Tritte und Faustschläge. Der hätte tot sein können.«

Mag sein. »Aber wo keine Anzeige, da keine Ermittlungen.«

»Können Sie sich nicht trotzdem mal umhören?« Predel schaut besorgt aus. »Ich meine, diese Schläger laufen da draußen noch frei herum.«

Da laufen noch ganz andere Verbrecher frei herum, denkt Oehler. Aber okay. »Ich guck mal, was ich machen kann. Wiedersehen, Doktor.« Er hebt die bandagierte rechte Hand und nimmt jetzt den Fahrstuhl.

Wozu gibt es denn die Technik, wenn man sie nicht nutzt?

15 ALS ER WIEDER IM AUTO SITZT, greift er zum Handy und ruft die Staatsanwältin an. »Sind Sie noch im Büro?«
»Nein, in Prerow, wieso?«
»In Prerow?«
»Ja, wir bewohnen hier ein Ferienhaus, solange ich Oberstaatsanwalt Joost vertrete.«
Aha. Fein, fein. »Warum haben Sie sich keine Wohnung in Stralsund genommen?«
»Prerow ist schön. Wir sind hier fast direkt am Strand.« Im Hintergrund hört man Musik. »Wir feiern Leonies Geburtstag. Warum kommen Sie nicht her?«
Eigentlich ist Oehler nicht so der Familientyp. Und: »Eigentlich wollte ich mit Ihnen dienstlich sprechen.«
»Das können wir auch hier tun.« Sie lacht. »Ellernweg 1. Und bringen Sie Ihre Lütte mit. Bis glei-heich!«
»Bis gleich«, knurrt Oehler und gibt Hansens Nummer ein. Aber die geht nicht ran. Beziehungsweise sie geht ran, drückt ihn aber weg.
»Was soll das denn jetzt?« Oehler ist schon wieder genervt. Er versucht es noch zwei-, dreimal und gibt dann auf. Vielleicht ist sie im Gespräch. Die wird schon noch zurückrufen.
Oehler startet den Motor und macht sich auf den Weg. Prerow liegt etwa fünfzig Autominuten entfernt auf dem Darß. Man fährt über die L 21 erst nach Barth und dann über Pruchten auf die Meiningenbrücke, um dort die schmalste Stelle des Stromes zwischen Barther und Bodstedter Bodden zu queren. Im Sommer staut es sich hier gern, vor allem wenn die Brücke wegen der Schiffsdurchfahrten geöffnet ist. Aber jetzt, Ende April, ist Vorsaison und nur an den Wochenenden mehr los. Also schafft er es problemlos durch das Nadelöhr, und danach geht es ebenso flüssig weiter durch den dichten Darßwald, an tiefen Dünentalmooren und Torfsenken vorbei, bis sich die Landschaft wieder öffnet und er weite Felder sieht, dichte Schilfgürtel und den Prerowstrom mit seinen Zeesbooten und Kranichfahrtendampfern.
Kurz darauf stoppt Oehler vor dem hübschen reetgedeckten Ferienhaus am Ellernweg, hört Musik und helles Frauenlachen aus dem Garten und weiß nicht so recht weiter.

Hätte er vielleicht Blumen mitbringen sollen? Oder ein Geschenk? Aber was sollte er der kleinen Leonie groß schenken? Zumindest hätte er sich ein Hemd anziehen sollen und vielleicht eine Krawatte. Ordentliche Schuhe wären auch nicht schlecht.

Ach, was soll's. Er ist schließlich dienstlich hier. Oehler gibt sich einen Ruck, öffnet die Gartenpforte und wird als Erstes freudig von der Dogge Gonzo begrüßt und abgeschleckt. War doch ganz gut, dass er sich nicht umgezogen hat.

»Sieh an, Oberkommissar Oehler!« Schon kommt ihm die Staatsanwältin entgegen. »Wo haben Sie denn Ihre Lütte gelassen?«

»Ich habe sie mehrfach angerufen, Frau Dr. Kilius ...«

»Um Himmels willen, lassen Sie bloß das Frau Doktor weg!« Sie umarmt ihn, was Oehler überhaupt nicht gewohnt ist. »Nennen Sie mich einfach Annetta.«

»Ja, also gut, Frau ... äh, Annetta, ich bin der Björn.« Er winkt zaghaft der Tochter zu. »Hallo, Leonie!«

Ihr ist die Enttäuschung anzusehen, dass Maike nicht mitgekommen ist.

»Die kommt sicher noch«, tröstet Oehler sie. »Wie gesagt, ich hab sie mehrfach angerufen, vermutlich ist sie hinter irgendeiner Sache her. Sie wird aber zurückrufen, und dann kriegt sie umgehend Order, nicht wahr, hier zu erscheinen.«

»Wollen Sie etwas von unserem Geburtstagskuchen?«

Eine Portion Bratkartoffeln wäre Oehler jetzt zwar lieber oder wenigstens ein ordentliches Schwarzbrot mit Plockwurst, aber gut: »Probieren kann man ja mal, nicht?«

Er isst und versucht sich in Small Talk. »Na, Leonie, wie fühlt man sich so fast erwachsen, vermisst du deine Freunde in Lübeck? – Na warte, ich versuch die Lütte noch mal anzurufen.«

Leider vergebens. Es ist zum Mäusemelken. Immer nervt sie rum. Aber wenn man sie mal braucht ...

Die Staatsanwältin nimmt ihn beiseite. »Warum wollten Sie mich sprechen?«

Genau, er ist ja dienstlich hier. »Sagt Ihnen der Name Matthiesen etwas? Thies Matthiesen?«

»Aber ja«, sie lächelt, »das ist der stellvertretende Leiter des Ordnungsamtes. Warum fragen Sie?«

»Matthiesen liegt im Krankenhaus«, erklärt Oehler. »Er behauptet, er wäre von einer Treppe gefallen, aber der Arzt sieht das völlig anders. Seiner Meinung nach wurde Matthiesen böse zusammengeschlagen.«

»Aber er hat niemanden angezeigt?«

Oehler schüttelt den Kopf. »Und zu Hause rennt seine Frau schwer bewaffnet mit einem Colt durch den Garten und fürchtet sich vor unbekannten Drohbriefschreibern.«

Annetta Kilius hebt die schmalen Augenbrauen. »Um was ging es?«

»Angeblich um Genehmigungen für Fischbrötchenkutter.« Oehler steckt sich eine Zigarette an. »Nur war Matthiesen damit überhaupt nicht befasst.«

»Stimmt«, nickt die Staatsanwältin, »das hat immer Rohloff gemacht.«

»Rohloff?«

»Ja. Kai Uwe Rohloff. Der war für die Gewerbegenehmigungen zuständig. Aber zumindest was die stark angestiegenen Anträge auf Zulassung von Fischbrötchenverkaufsstellen anging, wurde wohl zuletzt häufiger von oben entschieden.« Annetta Kilius schaut neugierig auf Oehlers Zigarette. »Darf ich auch mal?«

»Was?«

»Ziehen. An Ihrer Zigarette.«

Na, was für 'n Ding! Endlich mal eine Frau, die nicht so 'n Gesundheitsapostel ist. Begeistert holt Oehler seine Packung hervor. »Sie können eine ganze Zigarette haben.«

»Danke, aber ich möchte wirklich nur einmal ziehen.« Annetta Kilius lächelt entschuldigend. »Eigentlich habe ich es mir abgewöhnt.«

Schade. Oehler hält ihr die angerauchte Zigarette hin.

»Danke.« Sie zieht und inhaliert tief. Dann gibt sie ihm die Zigarette zurück. »Ach, tut gut nach so langer Zeit.«

»Sie können gerne …«

»Nein, danke, das reicht mir schon.«

Oehler starrt auf seine Zigarette. Annetta Kilius hat doch

tatsächlich Lippenstiftspuren auf dem Filter hinterlassen. Wenn er jetzt an der Kippe zieht, ist es, als würde er die Staatsanwältin auf den Mund küssen, oder? Na ja, wenigstens fast. So über Umwege schon. Und das verwirrt ihn. Deshalb ist er froh, dass Annetta Kilius wieder dienstlich wird.

»Rohloff fühlte sich wohl übergangen und hat Anzeige wegen Korruption erstattet.«

»Bitte?«

»Na, er hat vermutet, dass Geld geflossen ist. Geld für Genehmigungen, verstehen Sie? Und dass irgendwer in seinem Amt dafür kassiert hat.«

»Aber nicht er.«

»Nicht er.« Die Staatsanwältin nickt. »Er war nicht Teil des Systems und hat es angezeigt. So kam die Sache zum Staatsanwalt. Joost war an der Sache dran, aber ohne handfeste Indizien ...« Sie hebt abwinkend die Hände. »Die Ermittlungen wurden eingestellt.«

Moment mal! In Oehler arbeitet es. »Könnte es sein, dass dieser Rohloff hinter dem Angriff auf Matthiesen steckt?«

»Unmöglich ist das nicht«, antwortet die Staatsanwältin. »Freunde waren die zum Schluss keine mehr.«

»Den werde ich mir mal vornehmen.«

»Der ist nicht mehr in Stralsund. Rohloff hat nach der Geschichte im Ordnungsamt gekündigt. Er arbeitet jetzt wieder bei seinem Bruder. Die Firma heißt, warten Sie ...«

Während Annetta Kilius überlegt, drückt Oehler die Zigarette aus. Sie ist heruntergebrannt, obwohl Oehler nicht mehr daran gezogen hat, seit die Staatsanwältin ... Schade eigentlich, aber er hat sich irgendwie nicht mehr getraut.

»... Baltic Trawlers Limited.«

»Limited?« Fragend schaut Oehler auf. »Ist das eine englische Firma?«

»Nein, die sitzen in Sassnitz. Gehören aber, glaube ich, inzwischen zu einem holländischen Fischfangunternehmen.« Sie hat plötzlich zwei Sektgläser in der Hand. »Ich weiß, dass Sie noch Auto fahren müssen, aber wollen Sie trotzdem mit mir anstoßen?«

Ein Bier wäre ihm lieber. Oehler schluckt. »Auf den Geburtstag Ihrer Tochter, nehme ich an?«

»Das können Sie uns nicht verwehren.«

Und schon hat er das Sektglas in der Hand. Heiliger Klabautermann, diese Staatsanwältin versteht es schon, einem die Sinne tüchtig durcheinanderzuwirbeln. Und sie ist ja auch alles andere als unattraktiv. Sie erinnert ihn an eine Rettungsschwimmerin, in die er mal als Fünfzehnjähriger verliebt war. In einem Zeltlager am Strand von Dranske. Gott, wie lange ist das her ...

»Prost!« Auch Leonie hat ein Sektglas in der Hand.

»Auf dich, Spatz!« Annetta Kilius strahlt.

»Ja«, Oehler seufzt, »also auf die Jugend dann.«

Und dann wird angestoßen. In das Gläserklirren hinein piept Oehlers Handy.

»Na bitte, die Lütte!« Triumphierend sieht er Leonie an. »Ich sag, sie soll schleunigst herkommen, ja?« Er hält sich das Handy ans Ohr. »Mensch, Hansen, wo haben Sie denn gesteckt? Ich versuch schon die ganze Zeit, Sie zu kriegen. Wir sind hier zu Leonies Geburtstag eingeladen.«

»Chef, ich glaube, ich habe einen schrecklichen Fehler gemacht.« Die Lütte wirkt total aufgelöst, fast klingt es, als ob sie heult. »Oh Gott, das ist so krass, das wollte ich nicht, echt nicht, ich meine, ich wollte doch nur ... Shit!«

»Wieso, was ist denn los?«

»Ach, ich hab gesagt, dass Sie immer gegen den Futterkutter waren, und jetzt kommt so ein Typ vom LKA aus Schwerin. Dabei wollte ich doch nur alles richtig machen. Und jetzt hab ich uns voll in den Schiet geritten. Tut mir total leid, Chef, aber das wollte ich nicht. Das wollte ich echt nicht! – Mist!«

Oehler kann nicht wirklich etwas damit anfangen. Deshalb fragt er, strenger werdend, noch einmal: »Was ist los, Hansen?«

»Ich weiß auch nicht.« Jetzt heult sie wirklich. »Kommen Sie einfach her. So schnell wie möglich!«

»Bin schon unterwegs!« Oehler steckt das Handy in die Tasche und sieht die Staatsanwältin und ihre Tochter bedauernd an.

»Tut mir leid, ich muss dringend weg.«

»Ist was passiert?« Besorgt streicht ihm Annetta Kilius über den Arm. »Kann ich helfen?«

»Ich melde mich. Bis später.« Und dann rennt er. Oehler stürmt zu seinem Auto, wirft sich auf den Fahrersitz und gibt Gas.

Die beiden kahlköpfigen, in Bomberjacken gekleideten Typen mit den Hakennasen und dem markanten Kinn, die um das Ferienhaus herumstreichen und irgendetwas auszubaldowern scheinen, bemerkt er nicht.

Mit rauchenden Reifen brettert er davon.

16 VOR DER KLEINEN AUSSENSTELLE des Stralsunder Kriminalkommissariats in Barth steht ein silbergrauer Mercedes der C-Klasse im Halteverbot. Dabei gibt es hinter dem Haus einen ordentlichen Parkplatz. Das muss dieser Schweriner sein. Nur die parken so dämlich. Oehler greift zum Handy und ruft das Ordnungsamt und eine Abschleppfirma an. Noch ist er hier der Chef, und da parkt man nicht im Halteverbot. Das gilt sogar für das Landeskriminalamt.

Kämpferisch tritt er in seine Dienststelle und findet eine eingeschüchterte Maike Hansen eifrig an der Kaffeemaschine hantierend. Was seltsam genug ist.

»Seit wann kochen Sie nachmittags Kaffee?«

Noch seltsamer ist der bullige Jungspund von nicht mal vierzig Jahren, der im Büro in einem viel zu engen Sakko hinter Oehlers Schreibtisch sitzt und konzentriert auf der Computertastatur herumtippt. Als wäre er hier der Boss.

Oehler hängt erst mal die Dienstwagenschlüssel an ihren Platz. Er braucht die Zeit, um die Situation zu erfassen. Und es ist auch wichtig, dass die Dinge immer da sind, wo sie hingehören. Wenn alles an seinem Platz ist, ist die Welt in Ordnung.

Oehlers Welt ist momentan alles andere als in Ordnung, wie es scheint. Denn da sitzt ein fremder Mann auf seinem Stuhl.

Energisch klopft der Oberkommissar auf die Tischplatte.

»Darf ich fragen, was Sie an meinem Schreibtisch zu suchen haben?«

»Setzen Sie sich irgendwo und halten Sie die Klappe, bis Sie gefragt werden.« Der Jungspund sieht nicht einmal auf.

Oehler verschlägt es die Sprache, und er prallt zurück. Das gibt's ja nicht! Das ist ja ... das ist ...

Verdattert setzt er sich tatsächlich irgendwohin. Fast wäre er in der Topfpalme gelandet, die die Lütte mal angeschafft hat, damit es etwas grüner im Büro wird. Aber dann findet er doch noch die Besuchercouch.

»Der K-kaffee, bitte sehr!« Die Lütte klappert nervös mit einer dampfenden Tasse auf einem Untersetzer heran, ihre Stimme klingt zittrig. Verstohlen schaut sie Oehler an. »Wollen Sie auch einen?«

»Bringen Sie mir ein Bier!«

»Chef!« Sie beugt sich ganz dicht zu ihm herunter und flüstert: »Ich glaube, Bier ist jetzt eine ganz schlechte Idee.«

»Wieso? Wer ist der Kerl?«

»Keil!« Der Jungspund bellt es fast. Er hat sich hinter dem Schreibtisch erhoben, nimmt der Lütten herrisch die Kaffeetasse aus der Hand und kommt auf Oehler zu. »Hauptkommissar Stefan Keil vom LKA in Schwerin. Behalten Sie ruhig Platz, ich bin da nicht so förmlich.« Er rührt in seiner Tasse und baut sich vor Oehler auf. »Sie haben ein Alkoholproblem?«

»Nicht dass ich wüsste.«

»Nichts für ungut. Kam mir nur so vor.« Der Jungspund schlürft vom Kaffee. »Wir sind ja noch im Dienst, oder sehen Sie das anders?«

»Mit Verlaub«, allmählich kommt auch Oehler wieder in Form, »aber ich wollte gerade Feierabend machen. Ich bin seit fast vierzig Stunden ununterbrochen auf den Beinen!«

»Kein Problem, ich entlasse Sie gleich, sobald wir hier fertig sind.« Der Jungspund marschiert wieder um den Schreibtisch herum und lässt sich bräsig in Oehlers Sessel fallen. »Sie ermitteln im Fall«, er schaut in einer schmalen Akte nach, »›Störtebekers Futterkutter‹?«

Oehler nickt. »Ist heute Nacht abgebrannt und gesunken.

Inzwischen wurde das Wrack gehoben und untersucht. Es fanden sich Spuren von Brandbeschleuniger und verkohlte Knochenreste an Bord. Vermutlich von einer Leiche. Die Rechtsmedizin müsste da inzwischen dran sein.«

»Ist sie«, bestätigt der Jungspund und spielt mit Oehlers Kugelschreibern. »Mir ist zu Ohren gekommen, dass Sie so Ihre Probleme mit ›Störtebekers Futterkutter‹ hatten.«

»Ich war nicht begeistert davon«, gibt Oehler zu. »Die hatten direkt neben meinem Liegeplatz im Hafen festgemacht.«

»Und das hat Sie genervt?«

»Na ja.« Oehler atmet tief durch. »Hören Sie, Herr Keil, ich lebe auf meinem Schiff. Das ist mein ständiger Wohnsitz. Und Sie wären auch nicht begeistert, wenn plötzlich direkt neben Ihrer Wohnung eine Bratwurstbude aufmacht. Mit lauten Gesprächen bis in den Abend hinein und ständigem Frittengeruch, sodass Sie nicht mal mehr Ihre Fenster zum Lüften öffnen können.«

»Mag sein.« Der Jungspund beugt sich vor. »Nur hat neben meiner Wohnung weder eine Bratwurstbude aufgemacht, noch ist diese heute Nacht abgebrannt. Verstehen Sie, worauf ich hinauswill?«

Nicht wirklich. Oehler schüttelt den Kopf.

»Gehen Sie konform mit mir, dass dieser Futterkutter vorsätzlich versenkt worden ist?«

»Im Augenblick sieht es wohl danach aus. Deshalb ermitteln wir ja.«

»Und Sie wissen als Ermittler natürlich auch, dass vorsätzliche Taten immer aus einer Motivation heraus entstehen, richtig?«

Natürlich. Oehler ist ja nicht blöd.

»Nun, was meinen Sie, wer hatte denn ein Motiv, diesen Kutter schnellstmöglich loszuwerden?«

»Das werden wir herausfinden.«

»Nun, einen kennen wir bereits!« Der Jungspund steht wieder auf und beugt sich vor, beide Hände auf Oehlers Schreibtisch gestützt. »Sie. Sie hatten ein Motiv. Das haben Sie gerade zugegeben.«

Also, das ist ja lächerlich! »Sie glauben doch nicht im Ernst, dass ich den Futterkutter abgefackelt habe.« Jetzt ist auch Oehler aufgesprungen. »Das ist völlig ... Absurd ist das. Abwegig! Ich hatte alle Hände voll zu tun, um meine ›Swantje‹ da rechtzeitig wegzubringen. Sonst wäre die mit abgebrannt.«

»Natürlich.« Der Jungspund lächelt herablassend. »Hören Sie, Oehler ...«

»Für Sie Oberkommissar!« Auch Oehler kann bissig sein. »So viel Zeit muss sein.«

»Also gut, Oberkommissar Oehler.« Der Spund lächelt immer noch. »Ich behaupte ja gar nicht, dass Sie den Kutter in Brand gesetzt haben, denn dafür gibt es bislang kaum Anhaltspunkte. Von Ihren verbrannten Händen und der überhasteten Flucht nach der Tat mit Ihrer ›Swantje‹ einmal abgesehen.«

»Was unterstellen Sie mir?« Oehler schreit es empört. »Das kann doch wohl nicht wahr sein!«

»Beweisen können wir Ihnen eine Tatbeteiligung noch nicht«, der Jungspund lässt sich nicht aus dem Konzept bringen, »und dennoch, das wissen Sie, lieber Herr Oberkommissar Oehler, müssen wir von einer gewissen Befangenheit bei Ihnen ausgehen. Vielleicht sind Sie es nicht, aber Sie könnten der Täter sein, denn Sie haben ein Motiv. Daher sind Sie für diese Ermittlung denkbar ungeeignet. Wir werden Sie von dem Fall abziehen. Sie sind bis auf Weiteres vom Dienst suspendiert.«

»Ich bin suspendiert?« Oehler platzt gleich.

»Mit sofortiger Wirkung.« Der Jungspund setzt sich erneut und verlangt herrisch Oehlers Dienstmarke und die Waffe. »Erholen Sie sich. Machen Sie Urlaub. Mit der Einschränkung, den Landkreis nicht zu verlassen und sich jederzeit für etwaige Befragungen zur Verfügung zu halten.«

»Das kann nicht Ihr Ernst sein.«

»Doch, das ist mein Ernst.«

»Und wer soll die Ermittlungen leiten?« Wütend knallt Oehler Dienstwaffe und -marke auf den Tisch. »Die Lütte etwa?«

»Ich.« Der Jungspund verschränkt die Arme und sieht Oehler kühl an. »Und das ist für uns alle sicher das Beste, finden Sie nicht? Es gibt vermutlich Gründe dafür, warum Sie es mit Ihren fast sechzig Jahren nicht weiter als bis zum Oberkommissar gebracht haben ...«

»Die gibt es«, faucht Oehler. »Ich war Volkspolizist. Das gilt bis heute als beförderungshemmend! Wir sind hier Menschen zweiter Klasse.«

»… und Ihre junge Hauptmeisterin den Laden weitgehend alleine schmeißt.«

»Wer sagt das?«

»Und es wird auch Gründe dafür geben, warum man ausgerechnet mich auf diesen Fall angesetzt hat.« Der Jungspund macht eine Kunstpause. »Kurz: Sie werden bis auf Weiteres abgelöst, Oehler! Vielleicht denken Sie mal über den Vorruhestand nach.«

Das könnte dem Kerl so passen. »Damit Sie hier meinen Posten bekommen oder was? Vergessen Sie's!« Den Laden hier wird irgendwann die Lütte übernehmen, aber nicht so ein arroganter Idiot aus Schwerin.

»Ich fürchte, das liegt nicht in Ihrer Hand. – So«, der Jungspund klatscht in die Hände, »und jetzt machen wir hier Schluss. Es ist spät. Morgen geht es mit neuem Elan voran.« Das sagt er zur Lütten. »Und Sie, Oberkommissar, erholen sich mal richtig. Das wird Ihnen guttun.«

Als ob der wüsste, was Oehler guttut. Im Augenblick erfreut sich der geschasste Oberkommissar an den gelben Rundumleuchten, die durch die Bürofenster blinken. Sie gehören zu einem Abschleppwagen, der gleich den fetten C-Klasse-Mercedes des Herrn Keil abholen wird.

»Haben Sie schon eine Unterkunft in Barth?«

»Nicht direkt«, erklärt Keil. »Mich zieht es immer aufs Land. Und deshalb habe ich mich in einer Pension eingemietet, die etwa dreißig Kilometer außerhalb der Stadt liegt, in einem Ort namens«, wieder sieht er in seinem Smartphone nach, »Eixen.«

»Na, denn viel Spaß mit dem Fußweg.« Oehler grinst. »In vier bis fünf Stunden werden Sie es geschafft haben. Um diese Zeit fährt da nämlich kein Bus mehr.«

»Den brauche ich nicht. Draußen steht mein Benz.«

»Ich fürchte, nicht mehr lange.« Jetzt wird Oehlers Grinsen sehr breit, und seine Laune bessert sich zusehends. »Das Ordnungsamt sieht es hier in Barth nicht so gern, wenn man im Halteverbot steht!«

»Bitte?« Jetzt bemerkt auch der Jungspund die gelben Leuchten draußen. »Scheiße!« Er stürzt aus dem Büro und schmeißt dabei seine Kaffeetasse um. Türen knallen, dann ist er weg.

Oehler lacht laut drauflos. »Was ist das denn für 'n Spinner!«

»Auweia, Chef! Der ist so übel. Es tut mir so wahnsinnig leid.« Maike Hansen fällt fast vor ihm auf die Knie. »Weil, ich hab uns das eingebrockt. Ich meine, ich musste das doch melden, Sie sind doch wirklich irgendwie befangen, oder? Aber ich konnte doch nicht wissen, dass ...«

»... man Ihnen diesen Idioten vor die Nase setzt?« Oehler packt die Lütte am Schlafittchen und zieht sie etwas unsanft zu sich hoch. »Geben Sie's zu, Hansen! Sie wollten den Fall übernehmen.«

»Sie haben doch ohnehin keinen Bock, zu ermitteln.«

»Richtig. Und deshalb bin ich Ihnen auch nicht böse.« Er lässt sie wieder los. »Ein paar Tage Urlaub können nicht schaden.«

»Und wie lange soll der Urlaub dauern, Chef?« Die Lütte streicht sich genervt eine blonde Haarsträhne aus dem Gesicht. »Was ist, wenn der wirklich Ihren Posten kriegt?«

»Keine Sorge, Hansen. Dazu wird es nicht kommen.«

»Und wie wollen Sie das verhindern?«

Tja. Das weiß Oehler auch noch nicht. Aber ihm wird schon noch was einfallen. »Haben Sie Hunger? Ich lad Sie zum Essen ein. Antonio macht gute vegetarische Pizzen. Mit Champignons und Rosmarin. Sehr lecker.«

»Echt?« Die Lütte starrt ihn irritiert an.

»Wenn ich's doch sage. Dann kann ich Ihnen noch gleich ein paar Neuigkeiten zum Fall berichten.«

Der Jungspund stürzt wieder ins Büro und macht ein betroffenes Gesicht. »Die haben den Wagen tatsächlich abgeschleppt. Ich konnte das nicht verhindern.«

»Ja, unser Ordnungsamt kann gnadenlos sein.« Oehler sieht seine junge Kollegin freudestrahlend an. »Feierabend. Gehen wir?«

Sie lächelt wieder ein wenig. »Okay, Chef. War ja echt ein Scheißtag heute!«

»Hören Sie«, mischt sich der Jungspund ein, »können Sie mich vielleicht ein Stück mitnehmen?«

»Tut mir leid«, erwidert Oehler, »aber wir sind auch nur zu Fuß unterwegs. Sie finden ein paar Taxinummern auf meinem Schreibtisch. Vielleicht haben Sie Glück, und es fährt Sie noch jemand. – Schönen Abend noch!«

»Gute Na-hacht«, flötet die Lütte und hakt sich bei Oehler ein, »und vergessen Sie nicht abzuschließen, wenn Sie gehen.«

17 YACHTEN PUTZEN hatte etwas Beruhigendes. Man war in idyllischer maritimer Umgebung und sah auch gleich, was man geschafft hatte. Die Vögel zwitscherten in den Bäumen am Clubhaus, über dem Hafenbecken stritten sich kreischend ein paar Möwen. Die Sonne schien, es war mild, das Leben schön. Nichts Besonderes, aber schön.

Mit Hingabe polierte Jann Giehrling die ohnehin glänzenden Winschen auf der »Likedeeler's Ghost«, wischte jeden Türgriff ab und wienerte die Böden. Das gehörte sich so. Wenn potenzielle Käufer wie die Meissners an Bord gewesen waren, musste man das Schiff hinterher wieder sauber machen. Damit, wenn neue Kaufinteressenten kamen, alles tipptopp war.

Und hinterher gab's ein schönes Bier. Giehrling wollte sich gerade eins öffnen, als plötzlich ein schwarzer Audi herangerauscht kam und direkt vor dem Schiff stoppte.

Na, so was. Der Yachtwart kannte den Wagen. Gehörte dem Likedeeler. War ganz stolz auf seinen nagelneuen A6 Sportline. Aber was wollte der hier?

Noch bevor er nachfragen konnte, hatte der Likedeeler auch schon das Deck gestürmt, riss dem verdutzten Yachtwart das Bier aus der Hand und warf es in hohem Bogen über Bord.

»Du trinkst hier gar nichts mehr!«

Giehrling sah verständnislos der Flasche nach, die aufspritzend im Wasser landete und sofort versank.

»Runter von meinem Schiff, Jann«, schrie der Likedeeler mit sich überschlagender Stimme. »Hau ab! Ich will dich hier nie wieder sehen! Spiel deine verlogenen Spielchen woanders!«

Was denn für Spielchen? Was hatte der Likedeeler bloß?

Im Augenblick hatte er Giehrling an den Riemen seiner Latzhose gepackt und schüttelte ihn. »Hast du nicht gehört? Du sollst mein Schiff verlassen, und zwar *subito*, sonst fliegst du auch noch ins Hafenbecken!«

Etwa wie die Bierflasche? Lachhaft! Der Likedeeler war nicht nur wesentlich kleiner als Jann Giehrling, sondern ihm auch körperlich unterlegen. Hatte ja nie richtig gearbeitet, der Mann. War ein reiner Bürohengst. Jann Giehrling dagegen war Seemann gewesen. Jahrelang erster Decksmaat auf einem Fischereitrawler im Nordatlantik. Und das war ein Knochenjob!

Überhaupt, was sollte das blöde Geschrei? Allmählich stieg auch im Yachtwart ein Gefühl von Ärger hoch. Das mochte er gar nicht. Er wollte sich nicht ärgern. Und wenn es doch nicht zu vermeiden war, wollte er wenigstens den Grund dafür wissen. Also packte er sich jetzt seinerseits den kleinen Likedeeler, hob ihn etwas vom Boden hoch und drückte ihn hart gegen den Mast.

»Nun mal raus mit der Sprache: Was ist los?«

»Tu doch nicht so blöd!« Der Likedeeler wollte sich aus dem Klammergriff des Yachtwartes befreien, hatte aber keine Chance. »Du weißt genau, wovon ich rede.«

»Würde ich dich dann fragen?« Jann Giehrling hatte wirklich keine Ahnung. »Ganz sicher nicht. Also?«

»Ich hab eben einen Anruf erhalten, du beschissenes Arschloch«, kreischte der Likedeeler. »Von Raoul Meissner und seiner dämlichen Gattin Cherie.«

»Und?«

»Die wollen mein Schiff nicht mehr.«

Das hatte sich Giehrling schon gedacht. »Ja, die waren schnell weg neulich.«

»Weil du denen erzählt hast, dass der Mast runterkommt beim Segeln. Dass das Schiff explodiert, wenn Cherie kochen will.« Der Likedeeler war quietschrot im Gesicht.

Den könnte man jetzt gut als Fahrwassertonne aussetzen, dachte Giehrling. Oder noch besser als Signalboje, so wie der herumkrakeelt.

»Und dass mein Kiel jederzeit abfallen kann!«

»Darüber hatten wir aber diskutiert«, erinnerte ihn Giehrling ruhig, »darüber, dass es besser ist, den Kiel gründlich untersuchen zu lassen, wenn man damit auf einen Felsen geknallt ist. Du wolltest das nicht, und deshalb hielt ich es für besser, wenn man die Leute darüber …«

»Das Schiff ist völlig in Ordnung, Jann!«

»Mag sein, Likedeeler. Aber das tut nichts zur Sache im Allgemeinen. Glaub mir, ich bin jahrelang zur See gefahren. Da geht kaputt, was kaputtgehen kann.« Er setzte den Likedeeler wieder ab, ließ ihn aber nicht los. »Habe ich dir erzählt, wie uns mal das Spill vom Schleppnetz gebrochen ist? Bei Windstärke zwölf? Nicht die Trosse oder das Netz selbst, nein, das Spill knallte weg. Zentimeterdicker bester Schiffsbaustahl …«

»Ich will dein Garn nicht hören, Jann! Hau ab! Du hast mich ruiniert!«

»Unsinn. Ich habe die Leute lediglich auf die Gefahren der Seefahrt aufmerksam gemacht. Das waren doch Landratten, Likedeeler. Schweizer. Die wissen doch gar nicht, was ihnen da draußen blühen kann auf hoher See.«

»Das ist mir scheißegal. Die wollten mein Schiff kaufen. Für knapp zweihunderttausend Schweizer Franken. Weißt du überhaupt, wie viel Geld das ist?«

Keine Ahnung. Kommt drauf an, wie viele Franken man braucht, um einen Euro zu bekommen, dachte Jann Giehrling. Yachten sind teuer, so viel ist klar. Es trifft eben keine Armen. Wer sich ein Boot kauft, hat sonst alles. Und meist auch bannig viel Geld. Prüfend sah er den Likedeeler an.

»Ruiniert? Was heißt ruiniert? Bist du pleite oder was?«

»Das hättest du wohl gern, Jann, was? Das ist genau dein Problem.« Jetzt riss sich der Likedeeler doch los. »Weil du neidisch bist. Neidisch auf mein Geld, meinen Erfolg …«

»Moment mal! Deinen Erfolg?« Jetzt wurde es drollig. »Du wärst doch gar nicht so weit gekommen ohne mich. Du brauchtest mich doch immer, um deine Geschäfte überhaupt durchzuziehen.«

»Ich hab dich aus der Gosse geholt, Jann.« Der Likedeeler wedelte mit den Fäusten. »Du warst nichts, bevor ich kam. Ein abgehalfterter Seemann, der keine Heuer mehr bekam. Du warst völlig am Ende. Ich hab dir doch erst wieder eine Perspektive gegeben.«

»Du hast Millionen kassiert«, brüllte Giehrling zurück, »und mich mit einem Hungerlohn abgespeist.«

»Fürs Bier hat's doch gereicht. Mehr wolltest du doch nie. Aber damit ist jetzt Schluss, Jann! Du bist gefeuert!«

Was? »Du willst mich feuern? – Du?« Giehrling packte sich den Likedeeler erneut. »Und wie willst du dann weiter deine krummen Geschäfte machen?«

»Da finde ich schon einen anderen Idioten. Verlass dich drauf.«

»Aha, ich war also nie mehr als ein Idiot für dich, ja? Ein nützlicher Idiot ...«

»Nee, Jann.« Die Augen des Likedeelers blickten hasserfüllt. »Du warst noch nicht mal nützlich. Und jetzt lass mich los und verschwinde!«

Das traf. Diese Verachtung. Giehrling prallte zurück. Noch nie hatte ihn eine solche Verachtung getroffen. Das war mehr als Hass. Das war die totale Ablehnung.

Doch was hatte er schon groß getan? Zwei Schweizer über ein Schiff aufgeklärt, mehr nicht. Mensch, er war doch eine grundehrliche Haut. Das war er doch.

»Hau ab«, wiederholte der Likedeeler heiser. »Lass dich hier nie wieder blicken!«

Giehrling öffnete den Mund, um etwas zu sagen. Aber allein der Blick des Likedeelers sagte ihm, dass es nichts zu sagen gab.

Okay: Irgendetwas hatte er falsch gemacht. Und dem Likedeeler musste zusätzlich eine fette Laus über die Leber gelaufen sein. Sonst würde er sich nicht so aufregen.

Plötzlich war Jann gekündigt. Das war das fatale Ergebnis. Tja. So schnell konnte das gehen. Wo sollte er jetzt hin? Er hatte doch nichts anderes. Der Nautische Yachtclub und die Happy-Charter-Basis waren sein Leben.

Verflucht noch mal: Wo sollte er jetzt hin?

18 DAS »DA ANTONIO« ist eine kleine Pizzeria in einem der alten Fachwerkhäuser am Markt. Obwohl mit der Dämmerung eine empfindliche Kühle aufzieht und drum herum Straßenlaternen und Lichter angehen, besteht Oehler darauf, draußen auf der Terrasse zu sitzen.

»Ist doch schön hier. Sind wir Frostbeulen? – Nein, sind wir nicht. Hier sehen uns auch die Passanten, Hansen. Da kann ich mit Ihnen angeben.«

Die Lütte hebt die hübschen Augenbrauen und schiebt sich eine ihrer widerspenstigen Haarlocken aus der Stirn. »War das ein Kompliment?«

»Was Sie wollen.« Er steckt sich eine Zigarette an. Auch dafür ist die Terrasse gut. In den Kneipen ist ja der Genuss von Zigaretten und anderen Tabakwaren längst verboten. Insofern wird es Zeit für milde Frühlingsabende.

»Oder brauchen Sie eine Decke?«

Er wartet die Antwort nicht ab und sieht sich nach dem Kellner um.

»Antonio, *prego*, sei so gut und bring meiner Kollegin doch mal eine Decke!« Er grinst die Lütte an. »Können wir die Romantik hier draußen besser genießen, was?«

Maike Hansen wird immer skeptischer. »Haben Sie noch was vor, Chef?«

»Für wen halten Sie mich?« Oehler schlägt die Karte auf. »Das Einzige, was ich heute noch vorhabe, ist, hier schön mit Ihnen zu essen und mich dann in die Koje zu hauen. Allein. Ich brauche meinen Schlaf.« Er hält ihr die Karte hin. »Wissen Sie schon, was Sie wollen?«

»Ich nehme diese Pizza mit den Champignons, von der Sie erzählt haben.«

»Gute Wahl. Und was trinken Sie dazu?«

»Ich weiß nicht. Ein Glas Wein?«

»Wein?« Oehler glaubt, er hört nicht recht. »Hansen, Sie wissen, dass Wein ein alkoholisches Getränk ist? Nicht dass Sie mir hier nachher noch duhn werden und vom Stuhl kippen.«

»Ich kippe auch duhn nicht vom Stuhl.«

»Na gut.« Oehler legt die Karte beiseite. »Dann trinken wir

Wein. Aber weißen. Roten vertrage ich nicht. Die Tannine, wissen Sie, da kriegt man immer Kopfschmerzen von.«
»Nur, wenn man zu viel davon trinkt, Chef.«
»Geht das?« Oehler lacht. »Zu viel trinken? – Nicht wirklich, was?« Leutselig bestellt er eine Flasche Soave, die Pizza mit Champignons und Rosmarin und für sich Spaghetti Bolognese. »Aber mit ordentlich Hackfleisch, Antonio, wenn ich bitten darf, sei da bloß nicht sparsam.«

Die Lütte beugt sich kritisch vor. »Für einen Polizisten, den man gerade suspendiert hat, sind Sie mir ein bisschen zu gut gelaunt.«

»Ach ja?« Oehler beugt sich ebenfalls vor. »Wissen Sie was, Hansen? Ich bin da auch gar nicht traurig drüber. Dieser Fall wird nämlich komplizierter als gedacht.« Er lehnt sich wieder zurück und hebt abwehrend die Arme. »Viel Spaß damit, aber ich muss das nicht haben.«

»Haben Sie noch was herausgefunden?«

»Aber jede Menge! Ich weiß gar nicht, wo ich anfangen soll.«

»Vielleicht beim Betreiber des Fischkutters?«

»Sehr gut, Hansen!« Er macht etwas Platz, damit der Kellner Weingläser und Flasche auf den Tisch platzieren kann. »Also, ›Störtebekers Futterkutter‹ lief auf den Namen Schwänzel, Tom Werner. Schon mal gehört?«

»Nee.« Die Lütte schüttelt den Kopf.

»Ich auch nicht. Und ich hab auch nie einen Schwänzel auf dem Kutter herumschwänzeln gesehen, sondern immer nur die Chinesin.« Er wartet, bis der Kellner eingeschenkt hat, und hebt dann sein Glas. »Erfahren habe ich das vom Matthiesen, stellvertretender Leiter des Amtes Schillstraße in Stralsund. – Und jetzt halten Sie sich fest, Hansen! – Prost!« Er stößt mit ihr an und trinkt sein Glas fast in einem Zug leer. »Denn dieser Matthiesen ist von irgendwelchen Unbekannten ganz böse zugerichtet worden. Der liegt deswegen im Krankenhaus, da ist kein Knochen mehr heil bei dem. Er selbst behauptet, er wär eine Treppe runtergefallen, aber der Arzt hat da seine fachlichen Zweifel, nicht wahr. Wenn Sie mich fragen: Matthiesen hat Schiss. Der fürchtet um sein Leben.«

»Hat er denn irgendwie mit dem Futterkutter zu tun gehabt? Gibt es da einen Zusammenhang?«

»Er selbst sagt Nein. Aber es soll zuvor Drohungen gegen ihn gegeben haben, und da ist es wohl durchaus um Konzessionen für Fischbrötchenkutter gegangen.« Oehler schenkt sich Wein nach. »Das hat mir seine Frau gesteckt, nachdem sie mich mit einer Waffe bedroht hat.«

»Sie?«

»Na, die hielt mich für einen Eindringling oder so. Auch die hat Angst.« Er hält ihr die Flasche hin. »Wollen Sie noch?«

»Ich hab noch, danke.« Die Lütte hat von ihrem Wein bislang bestenfalls genippt, das Glas ist noch so gut wie voll.

»Meiner Meinung nach hat sich der Matthiesen bestechen lassen«, erzählt Oehler weiter. »Sie sollten mal die Hütte von dem sehen. Die ist so in mediterranem Stil, nicht wahr. Wie der Cäsaren-Palast in einem Sandalenfilm.«

»Sandalenfilm?«

»Nie ›Cleopatra‹ gesehen?« Oehler macht eine dramatische Geste, als wäre er gerade von Brutus erstochen worden. »›Aaah! Auch du, mein Sohn?‹ – Oder ›Ben Hur‹? ›Quo Vadis‹?«

Oehler will noch weitere Filme nennen, wird aber vom Kellner unterbrochen, der einen großen Teller Spaghetti mit ganz viel Fleischsoße bringt.

Die Lütte bekommt ihre Champignonpizza auf einem runden Brett.

»Mann, hab ich einen Hunger. Guten Appetit, Hansen!« Und schon haut er rein.

»Ein Kutter wird versenkt, eine Bombenattrappe abgelegt und der Amtsleiter verprügelt.« Sie schnippelt nachdenklich an ihrer Pizza herum. »Wer steckt hinter alldem?«

»Nun zählen Sie mal eins, zwei und drei zusammen!« Oehler wedelt mit seiner Gabel. »Sie haben es doch eben selbst gesagt: Erstens, ein Kutter wird versenkt, zweitens der Amtsleiter verprügelt, weil er irgendwie mit den Konzessionen gemauschelt hat, und drittens findet sich eine Bombe in seinem Amt. – *Ras, twa, tri!* – Na?« Er schenkt sich großzügig Wein nach. »Jetzt sollte es aber mächtig bei Ihnen klingeln.«

»Bei mir klingelt leider gar nichts.« Maike Hansen hebt die Schultern. »Das klingt alles ziemlich verworren.«

»Ach was, Hansen. Die Sache ist glasklar. Hier geht es um Marktanteile. Da verteidigt jemand seine Monopolstellung.«

»Was für eine Monopolstellung?«

»Im Fischbrötchengeschäft. Ein ganz heißer Markt. Gewinnspannen wie im Drogenhandel.«

Maike Hansen verschluckt sich fast. »Chef, Sie machen Witze.«

»Ganz und gar nicht, Hansen«, erwidert Oehler mit Nachdruck, »Fischbrötchen sind das Kokain des Nordens. Wissen Sie, was für einen Profit so ein Kutter im Jahr macht?«

»Nein.«

»Aber ich.« Oehler tupft sich den Mund mit einer Serviette ab. »Sie wissen ja, ich hatte so meine Probleme mit dem Futterkutter. Und da hab ich gedacht, vielleicht kann man die steuerlich irgendwie drankriegen, und bin mal zum Finanzamt.«

»Und? Haben die ihre Steuern ordentlich gezahlt?«

»Ach was, wie denn?« Oehler winkt ab. »Ich kam an die Steuererklärung nicht ran, ich kannte ja den Betreiber des Futterkutters nicht. Also habe ich mich mal nach anderen Fischbrötchenkuttern erkundigt. Und jetzt kommt's.« Er winkt die Hansen näher zu sich heran und raunt: »Die machen zwischen einer Viertel- und einer halben Million Euro Gewinn. Pro Kutter. Und das in jeder Saison.« Er seufzt und leert das nächste Glas Wein. »Das variiert je nach Standort, aber arm sind die alle nicht.«

»Und was schließen Sie daraus, Chef?«

»Wie gesagt, es geht um Marktanteile. Mit dem Futterkutter wurde sozusagen unliebsame Konkurrenz ausgeschaltet.«

»Ach was.« Maike Hansen schüttelt den Kopf. »Der Futterkutter hatte doch hier in Barth gar keine Konkurrenz. Das war die einzige Fischbrötchenbude weit und breit. Wen sollte der denn gestört haben? – Moppi? Im ›Vinetablick‹?«

»Wer weiß? Kann man nicht ausschließen.« Er macht eine Tai-Chi-Bewegung. »Konfuzius lässt grüßen, verstehen Sie? Fernöstliche Kräfte. Die Rache der Shaolin.«

»Shaolin?« Die Lütte nimmt jetzt doch mal einen großen

Schluck Wein. »Vielleicht muss ich mehr trinken, aber ich kann Ihnen absolut nicht folgen, Chef.«

»Soll ich uns noch eine Flasche bestellen?«

»Vielleicht genügt es erst mal, wenn Sie weniger in Rätseln sprechen.«

»Also gut, erstes Semester, in Ordnung?« Oehler klingt jetzt wie ein Oberlehrer. »Wenn Sie in einer deutschen Hafenstadt an einem deutschen Kutter ein deutsches Fischbrötchen kaufen, was erwarten Sie da am wenigsten?«

Maike Hansen macht ein fragendes Gesicht. Offensichtlich weiß sie keine Antwort, also gibt ihr Oehler eine.

»Dass es Ihnen eine Chinesin serviert, heiliger Klabautermann! In der Regel werden deutsche Fischbrötchen in deutschen Hafenstädten von deutschen Fischerstöchtern oder so verkauft, nicht wahr. Das sollte man doch wenigstens erst einmal annehmen.« Oehler steckt sich eine Zigarette an. »Und genau da liegt der Hase im Pfeffer.«

»Liegt er da?«

»Absolut.« Da ist sich der Oberkommissar sicher. »Überlegen Sie doch mal, Hansen. Es gibt über eine Milliarde Chinesen auf der Welt. Die vermehren sich wie die Ratten, die haben inzwischen die größte Volkswirtschaft der Erde. Denen gehört heute halb Amerika, die kaufen Afrika auf, die haben den Autobauer Rover übernommen, die Rüstungsschmiede KraussMaffei und die Stralsunder Volkswerft, die investieren hier im Umland überall in riesige Ländereien und züchten pommersche Milchkühe. Und warum gelingt ihnen das alles?« Er tippt sich gegen die Stirn. »Weil die eine andere Denke haben als wir hier im Westen. Das ist das Reich der Mitte. Die ticken anders. Der Chinese kommt immer ganz leise, nicht wahr, der setzt ganz unauffällig den Fuß in die Tür und nimmt ihn da nie wieder raus. Und genau deshalb haben die ihren ersten chinesischen Fischbrötchenverkaufskutter auch in Barth stationiert. Weil hier noch kein anderer war. Sie haben sozusagen eine Marktlücke gefüllt.«

Oehler ordert noch eine Flasche Wein. »Aber natürlich wäre das nicht der einzige Futterkutter geblieben, verstehen Sie, Hansen, denn der Chinese denkt im Allgemeinen in großen

Dimensionen, und freier Wettbewerb ist ihm ein Gräuel. Sein einziges Ziel muss daher sein, den gesamten deutschen Fischbrötchenmarkt zu übernehmen.«

Maike Hansen ist noch immer nicht überzeugt. »Sie haben doch gesagt, dass dieser Kutter auf einen Frenzel oder so zugelassen wurde.«

»Schwänzel, Tom Werner«, verbessert Oehler. »Und?«

»Na, das klingt nicht sehr chinesisch.«

»Tarnung, Hansen. Wahrscheinlich ein Strohmann. Vielleicht auch rein fiktiv. Auf dem Futterkutter war eindeutig eine Chinesin. Und nur eine Chinesin. Ich hab nebenan gewohnt, ich hab das jeden Tag beobachtet. Eine hübsche Chinesin, die Fischbrötchen gemacht hat. Und das nicht mal schlecht.«

»Das kann auch eine Angestellte gewesen sein.«

»Haben wir Vollbeschäftigung? Gibt es keine Arbeitslosen mehr? Wenn Sie Fischbrötchen verkaufen wollen, stellen Sie dann einen Chinesen ein?«

»Kommt drauf an.«

»Ach ja? Warum nehmen Sie keinen Afrikaner? Oder ein paar Aborigines? – Nee, das ist absurd, Hansen! Chinesen werden, das ist so klar wie Leitungswasser, nun mal hauptsächlich von Chinesen eingestellt. Chinesische Fischbrötchenverkäufer wirken doch gar nicht authentisch. Da könnte man ja gleich einen Bayern dahin stellen. Und was diesen Schwänzel angeht, da werden wir nichts finden. Ich bin seit über fünfzig Jahren in Barth, aber ein Tom Werner Schwänzel ist mir hier noch nie über den Weg gelaufen. Wenigstens nicht kriminell.«

»Sie sollten von der Kriminalstatistik nicht auf die Bevölkerung schließen, Chef. Vielleicht ist das ein anständiger Mann. Gesetzeskonform.«

»Stellt ein anständiger Mann Chinesen auf seinem Fischkutter ein?«

»Sie mögen einfach Chinesen nicht«, erklärt Maike Hansen, nun doch schon leicht beschwipst. »Wenn Ihre Theorie zuträfe, hätte die chinesische Fischbrötchenindustrie ja einen denkbar schlechten Start gehabt.« Sie schwenkt ihr Weinglas. »Wenn deren erster Kutter hier gleich versenkt wird.«

»Ja, da war mal jemand auf Zack!«, triumphiert Oehler. »Gefahr erkannt, Gefahr gebannt!«

»Chef«, mahnt die Lütte missbilligend, »Sie verteidigen jetzt nicht eine Straftat, oder? Immerhin haben wir möglicherweise einen Toten.«

»Richtig. Und bevor die Chinesen die Sache selbst in die Hand nehmen und möglicherweise wild Rache üben, muss der Fall restlos aufgeklärt werden. Aber nicht von mir.« Oehler lächelt zufrieden. »Denn ich bin suspendiert. Das ist Ihre Aufgabe, Hansen. Sie kennen jetzt die Hintergründe und werden den Fall lösen.« Er seufzt. »Keine Sorge, ich werde Sie aus der Distanz im Auge behalten. Nicht dass Sie mir noch über diesen arroganten Jungspund stolpern.«

»Den hatte ich gerade vergessen«, stöhnt die Lütte genervt. »Was machen wir denn mit dem?«

»Nichts«, antwortet Oehler. »Lassen Sie ihn einfach ins Leere laufen. Keine große Sache.«

»Sie haben gut reden.«

»Ach, das kennt man doch: Solche Typen tauchen immer mit Brimborium auf. Und irgendwann verschwinden sie sang- und klanglos in ihrer eigenen Unfähigkeit. Können Sie sich noch an diesen Bont erinnern?«

»Oh Gott«, nickt die Lütte, »das war auch so ein Idiot!«

»Und? Haben Sie je wieder von dem gehört?«

»Zum Glück nicht.«

»Na, sehen Sie!« Oehler besieht sich die halb geleerte zweite Flasche Wein. »Trinken Sie jetzt noch was mit mir, oder muss ich diese Pulle auch alleine leeren?«

Maike Hansen hält ihm wortlos ihr Glas hin.

19 ICH GENOSS ES, wieder allein zu segeln. Und nach den Erlebnissen auf der »Batavia« schätzte ich die Vorzüge meines alten Folkebootes umso mehr. Es war zwar schwerfälliger und längst nicht so agil bei leichten Winden, segelte sich aber wesentlich gutmütiger. Vor allem lief es bei Böen nicht aus dem Ruder. Ein Folkeboot fährt auch bei starker Krängung stur geradeaus und hält, selbst wenn man das Steuer mal loslassen muss, um die Segel nachzutrimmen, immer seinen Kurs. Ein Sonnenschuss ist mit diesem ollen Schiff nahezu ausgeschlossen. Und so segelte ich sehr entspannt über den Bodden, obwohl es ordentliche Winddreher gab und Böen bis Stärke sieben. Noch vor einer Woche hätte ich mich bei so einem Wetter nicht aus dem Hafen getraut. Aber inzwischen fühlte ich mich fast wie ein Profi und genoss den starken Wind, die hohen Wellen und das raue Gefühl, auf einem Nordmeer unterwegs zu sein. Ganz tief im Inneren war ich wahrscheinlich ein Wikinger. Und auch der Einzige auf dem Bodden. Kein weiterer Segler zu sehen. Tja, alles Schönwetterkapitäne, dachte ich. Man konnte sie nur mit Verachtung strafen, denn gibt es etwas Schöneres, als die Elemente der Natur in ihrer ganzen Kraft zu genießen und zu beherrschen? – Ganz sicher nicht. Herrgott, ich war achtundsechzig und fühlte mich wie neugeboren! Segeln ist ein Jungbrunnen.

Ein heftiger Schlag riss mich aus diesen wunderbaren Emotionen in die Realität zurück. So heftig, dass es mich von der Ruderbank auf den Cockpitboden warf, wo ich übel mit dem Kreuz auf die Travellerschiene schlug. Minutenlang lag ich japsend auf dem Rücken wie ein umgeworfener Käfer, kriegte keine Luft mehr und kam nicht wieder hoch. Über mir knatterten lautstark und unkontrolliert die Segel, der Wind pfiff durch die Wanten, weiße Gischt flog über das Boot. Es rührte sich keinen Zentimeter mehr, war wie festgemauert am Grund, ein Fels in der Brandung.

In seinem Hochgefühl hatte der Wikinger nicht auf die Fahrwassertonnen geachtet und war gestrandet, auf eine Untiefe gelaufen, eine Sandbank, Hunderte Meter vom nächsten Ufer entfernt.

Was nun?

Mein Außenborder machte ordentlich Lärm und Gestank, war aber trotz seiner fünf Pferdestärken viel zu schwach, um mich aus dem Schlick zu ziehen. Ich zog mich bis auf die Badehose aus und watete mit dem Anker auf der Schulter durch das aprilkalte

Wasser, bis ich nicht mehr stehen konnte. Dort versenkte ich den Anker im Sand und sah zu, dass ich rasch aufs Schiff zurückkam, bevor ich erfror.

Es dauerte, bis ich mich einigermaßen aufgewärmt hatte. Bibbernd hockte ich unter Deck, obwohl ich drei Wollpullover übergezogen hatte, dazu das Ölzeug, lange Unterwäsche und die irre teuren wasserdichten Thermohosen von Helly Hansen.

Und mir kam der alte Spruch in den Sinn: »Segeln ist wie kalt duschen und dabei Geldscheine zerreißen.« Was für ein Scheißhobby! Ich hätte Modelleisenbahner werden sollen.

Als ich meine klammen Finger wieder bewegen konnte, kletterte ich zurück an Deck und legte die Ankerleine um die Winsch. Dann kurbelte ich. Vergebens. Ich schaffte es nicht, mein Schiff von der Untiefe zu ziehen. Jetzt floss der Schweiß, aber mein Boot rührte sich kein Stück. Wie auch? Wenn das ein Fünf-PS-Motor nicht schafft, kann ein einziger Mensch auch nichts ausrichten. Erschöpft sank ich auf die Bank und zog mich wieder aus, weil mir so heiß war.

Was jetzt? Sollte ich auf Hilfe warten? Ich lag weit abseits der Fahrwasserrouten versteckt hinter der Oie, da konnte ich ewig warten. Hilfe rufen ging auch nicht, weil ich mein Handy nicht dabeihatte. Und zum Funken fehlte mir nicht nur das Gerät, sondern auch das amtliche Zeugnis.

Ich barg die Segel und setzte einen Wimpel, den ich unter dem Kartentisch gefunden hatte und von dem ich hoffte, dass es ein Notwimpel war. Dann wartete ich. Suchte immer wieder mit dem Fernglas den Horizont nach Schiffen ab. Aber es kam nichts. Nirgendwo war etwas zu sehen. Kein Fischer, keine Kranichfahrt, keine Fähre, kein Ausflugsdampfer. Keine Hilfe in Sicht.

Allmählich wurde mir kalt. Ich zog mich wieder an. Die Stunden vergingen, und ich schätzte die Entfernung zum nächsten Ufer ab. Es war hundert, vielleicht zweihundert Meter entfernt. War das bei dem kalten Wasser zu schaffen?

Einer der größten und lebensgefährlichsten zeitgenössischen Irrtümer ist die Annahme, dass einen Kleidung im Wasser in die Tiefe ziehen kann. Dem ist nicht so. Kleidung wiegt im Wasser nicht mehr als an Land. Im Gegenteil, sie kann unter bestimmten Voraussetzungen sogar für Auftrieb sorgen. Trotzdem haben die meisten Menschen Angst davor, mit ihren Klamotten ins Wasser zu springen. Ist es unvermeidlich, so sieht man es auch dauernd in irgendwelchen Katastrophenfilmen, ziehen sie sich sofort die Jacken und Schuhe aus. Ein tödlicher Fehler, denn die meisten Menschen ertrinken nicht im Wasser, sofern sie schwimmen können, sondern sie erfrieren. Weil Wasser selten Körpertemperatur hat. Ist man gezwungen, längere Zeit in kaltem Wasser zu verbringen, ist Kleidung unabdingbar. Je mehr man am Leibe trägt, umso höher sind die Überlebenschancen. Zwischen den einzelnen Kleidungsschichten kann sich das Wasser mit Hilfe der eigenen Körpertemperatur erwärmen. Man sollte sich dabei aber nicht allzu sehr bewegen. Denn das ist der zweite tragische Irrtum: Wenn einem kalt ist, muss man sich bewegen. Das mag an Land gelten, kann aber im Wasser tödlich sein.

Ich sollte also auf längere Schwimmeinlagen verzichten. Nun war der Bodden größtenteils sehr flach. Die meiste Strecke würde ich durch bauchtiefes Wasser waten müssen. Aber kalt würde es trotzdem werden, sehr kalt. Davor galt es sich zu schützen, weshalb ich mit all meinen Klamotten ins Wasser stieg. Und dann tapfer drauflosmarschierte. Erst durch knietiefes Wasser, eine Weile reichte es mir auch mal bis zur Brust, dann wieder nur bis zum Bauch. Ich fror mir buchstäblich den Arsch ab. Schwimmen musste ich zwischenzeitlich auch ein Stück, weil der Schlick hier so weich war, dass man nicht drin laufen konnte. Und dann kam ein riesiger Schilfgürtel. Ich steckte bis zur Taille im Modder, kämpfte mich eine gefühlte Ewigkeit durch das Riet, bevor ich vollkommen entkräftet festen Boden unter mir spürte. Drei Stunden später erreichte ich klatschnass, verdreckt und vollkommen unterkühlt den Nautischen Yachtclub und stellte mich dort, so wie ich war, unter die heiße Dusche.

Aaah, das tat gut!

Anschließend zog ich mich aus, wickelte mich in mehrere Lagen Handtücher und fuhr mit dem Wagen nach Hause, um mir trockene Sachen überzuziehen und mich an meinem Ofen gründlich aufzuwärmen.

Als ich zurück in den Yachtclub kam, brüllte der Kurze von der »Batavia« einmal mehr seine Thaifrau zusammen, und auch Yachtwart Jann Giehrling hatte eine lautstarke Auseinandersetzung mit dem anderen Zwerg, The Brain. Von denen konnte ich also keine Hilfe erwarten. Zu viel Ärger lag in der Luft, ich wusste nicht, worum es ging, konnte ihn jedoch regelrecht spüren.

Egal! Ich musste mein Boot in den Hafen bekommen, bevor die Nacht hereinbrach.

Sechs, drei, vier, acht. Das war der Code für den Schlüsselkasten der Motorschlauchboote. Ich nahm mir wieder das stärkste. Mercury, zweihundert PS. Damit würde ich mein Folkeboot hoffentlich von der Untiefe schleppen können.

Vorsichtig tuckerte ich aus dem Hafen, dann gab ich Gas. Nicht voll, aber doch grenzwertig. Immer wieder hatte ich das Gefühl, die Kontrolle über die zweihundert PS zu verlieren. Einmal mehr schweißgebadet, aber glücklich erreichte ich mein Boot. Ich legte eine Schleppleine um den Großmast und verband sie sorgsam mit den Ösen für die Wasserski auf dem Schlauchboot.

Wie war noch mal der Palstek? Diese Seemannsknoten sind genial, nur vergaß ich sie dauernd. Glücklicherweise hatte ich auf meinem Folkeboot »Die Kleine Knotenkunde« im Bücherregal, und so bekam ich doch noch eine stabile Leinenverbindung hin. Zuletzt hob ich den Anker, und alles Weitere war dann ein Kinderspiel.

Ich ging mit dem Motorschlauchboot in Position vor dem Bug meines Folkebootes und gab behutsam Gas. Die Schleppleine spannte, vibrierte und sirrte wie eine Klaviersaite. Dann gab es einen weichen Ruck, und mein Folkeboot war wieder frei.

Ich schleppte es in den Nautischen Yachtclub, vertäute es am Liegeplatz und brachte dann das Mercury-Schlauchboot zurück. Inzwischen senkte sich die Dämmerung über den Hafen. Vielleicht gab es auch gleich ein Gewitter, denn ich hatte das Gefühl, als hätte es geblitzt.

Der Schlüssel kam wieder in den Kasten, ich verstellte das Zahlenschloss und ging zu meinem Auto.

Jann Giehrling versuchte, mir von seiner Charterbude aus mit irgendwelchen Gesten etwas zu sagen, aber ich hatte heute genug eigene Seeabenteuer erlebt und war hundemüde. Ich wollte nur noch nach Hause.

Erschöpft sank ich dort gegen halb elf ins Bett. Doch an Schlaf war nicht zu denken. Denn kaum hatte ich das Licht gelöscht, klingelte es energisch an der Haustür.

Du lieber Himmel, wer mochte das jetzt noch sein? Ich rappelte mich wieder auf, zog mir einen Morgenmantel über und wankte zur Tür.

Davor stand The Brain alias der Likedeeler mit dem Bart von D'Artagnan und streckte mir mit strenger Miene sein Smartphone ins Gesicht.

»Würden Sie mir das bitte erklären, Herr Knoop?«

»Verzeihen Sie?« Ich nahm ihm das Smartphone ab und erkannte Fotos darauf. Fotos von mir auf dem Mercury-Schlauchboot. Fotos, wie ich damit auf den Bodden hinausbretterte, aber auch Fotos, wie ich zurückkam. Mit meinem Folkeboot im Schlepp. Die letzten Fotos waren mit Blitzlicht geschossen worden. Nicht zu fassen. Zumal ich mir denken konnte, welches Arschloch diese Bilder gemacht hatte.

»Das ist doch prima dokumentiert.« Ich gab dem Likedeeler das Smartphone zurück. »Was soll ich da noch erklären?«

»Sie haben ein Vereinsboot benutzt«, bellte er mit seiner hohen Stimme drauflos.

»Mag sein.«

»Das dürfen Sie aber nicht!«

Ach?

»Wenn das jeder machen würde!«

Dann?

»Würden für alle die Mitgliedsbeiträge steigen.«

Aha.

»Vielleicht sind Sie des Lesens nicht kundig ...«

Jetzt wurde er frech.

»... aber die private Nutzung unserer Motorboote ist ausdrücklich untersagt. Das geht aus unserer Satzung hervor und steht so auch in der Motorbootordnung, die Sie kennen sollten, Herr Knoop! Die wurde Ihnen nach Eingang Ihres Antrages auf Mitgliedsanwartschaft nämlich postalisch zugestellt. Mit Einschreiben und Rückschein. Damit Sie Bescheid wissen. Wir sind ein gemeinnütziger Verein, geht das in Ihren Kopf?«

Die permanent zu laute Fistelstimme des Likedeelers konnte wirklich sehr unangenehm werden.

»Oder ist Ihnen der Begriff ›gemeinnützig‹ nicht geläufig?«

»Oh doch, durchaus, nur – bislang nahm ich an, ein Teil unseres Gemeinwesens zu sein und daraus auch einen gewissen Nutzen ziehen zu dürfen.«

»Werden Sie nicht unverschämt, Knoop!«

Ich?

»Oder bilden Sie sich etwas auf Ihr Alter ein?«

Ganz im Gegenteil. Ich leide darunter wie ein Hund.

»Ich hab eine Oma, die weiß, wie man solche Leute wie Sie benennt«, schimpfte der Likedeeler und wedelte dauernd mit seinem Zeigefinger vor meiner Nase herum. »Nassauer. Schnorrer. Schmarotzer. Immer nehmen, niemals geben. Immer ich, ich, ich. Aber Sie halten sich vermutlich für einen Individualisten. Sie kümmern sich einen Scheißdreck um die Allgemeinheit. Ihnen ist alles egal. Außer Ihrem eigenen Wohl.«

Gut. Nun wusste ich Bescheid über mich. »Sind Sie fertig? Ich würde dann gern wieder ins Bett.«

»Wir sind eine Gemeinschaft im Nautischen Yachtclub, verstehen Sie das? Kameraden!«

Jaja, wir sind alle Likedeeler, schon klar. Ich musste gähnen, doch der Mann redete ununterbrochen weiter.

»Wir machen nicht einfach nur unser privates Ding. Uns geht es um mehr. Wir bringen die jungen Leute aufs Boot, wir bringen sie weg von Computer und Smartphone aufs Wasser. An die frische Luft. Wir fördern den Segelsport, wir stehen füreinander ein.«

»Schon klar«, nickte ich, »wie bei den Musketieren: Einer für alle, alle für einen.«

»Schöner Spruch.« Zumindest passte er zu seinem Bart.

»Könnte auch auf die Likedeeler zutreffen.« Er konnte sehr vorwurfsvoll gucken. »Nur müssen Sie das auch leben. – Wieso, zum Beispiel, lassen Sie mich eigentlich nicht rein?«

Was? Rein? Den Spitzbart? Etwa in mein Haus? »Verzeihen Sie, aber ich war wie gesagt schon im Bett.«

»Schlafen können Sie noch genug, wenn Sie tot sind. Junge, Junge!« Er schob sich kopfschüttelnd an mir vorbei durch die Haustür. »Wenn Sie Mitglied in unserem Verein werden wollen, müssen Sie aber noch mächtig an sich arbeiten. – Haben Sie kein Bier da?«

Das wurde ja immer besser. Ich folgte ihm ins Haus. »Soll ich Ihnen auch etwas zu essen machen?«

»Danke, ich habe schon Abendbrot gehabt.« Neugierig sah er sich in meinem Wohnzimmer um. »Ich will Ihnen mal grundsätzlich etwas über unseren Verein erzählen. Damit Sie wissen, woran Sie bei uns sind.« Er unterbrach sich, weil ihm auf dem Kaminsims der Pokal vom Staffellauf der Berliner Polizei 1988 aufgefallen war. Massiver Edelstahl. Damals hatte man noch Geld für solche Sachen. Da konnte man nicht mit billigen Plastikbechern kommen. Entsprechend beeindruckt stellte D'Artagnan den Pokal wieder zurück und sah mich fragend an. »Was haben Sie eigentlich früher beruflich gemacht?«

»Klofrau. Ich hatte so eine Pachttoilette. Da habe ich Leuten wie Ihnen für jede Sitzung die Kohle aus der Tasche gezogen. Sonst noch Fragen?«

Der Likedeeler alias The Brain starrte mich irritiert an. Offenbar hatte er so seine Schwierigkeiten mit Ironie. Doch dann drehte er richtig auf. »Sie halten sich wohl für einen ganz Schlauen, was? Immer witzig, immer einen guten Spruch auf den Lippen. Ganz toll! Werden Sie oft gelobt für Ihre Eloquenz?«

Eher nicht. Ich lebte allein.

»Brauchen Sie das etwa? Beifall? Das Gefühl der Überlegenheit?«

Im Augenblick brauchte ich nur meinen Schlaf. Ich konnte nicht mehr. Weder physisch noch psychisch.

»Das wenigste, was ich jetzt brauche, sind wichtigtuerische Schreihälse, die meine Nachtruhe stören«, antwortete ich daher

so ruhig wie möglich und wies ihm unmissverständlich die Tür.
»Schlafen Sie gut!«
Der Likedeeler trat grimmig den Rückzug an. »Wir sprechen uns noch, Knoop.«
Sicher. Aber nicht mehr heute.
Im Flur flog krachend die Haustür ins Schloss.

20 AUCH JANN GIEHRLING fand in dieser Nacht keinen Schlaf. Er wälzte sich herum und wurde immer wütender. Aha, er war also noch nicht mal ein nützlicher Idiot. Soso. Darauf musste man erst mal kommen. Er hatte ja immer gewusst, dass der Likedeeler ein arroganter Hund war. – Aber so ein Arsch?
Giehrling trank noch ein Bier. Und dann noch eins. Und noch eins. Aber schlafen konnte er trotzdem nicht.
Um sich vollends zu betäuben, versuchte er es mit Captain Morgan. Aber der Rum zeigte eine völlig gegenteilige Wirkung.
Ha, dachte Giehrling aufgebracht und rannte in seinem Zimmer auf und ab, das geb ich dir zurück, Likedeeler! Ich bin nicht machtlos, ich kenne deine Geschäfte allzu genau. Wenn ich auspacke im Finanzamt, bist du als Steuerhinterzieher dran. Als Veruntreuer. Als Betrüger. Dann ist es vorbei mit deinem guten Ruf. Ich kann dich vernichten, Likedeeler, und brauch dafür nicht mal eine geklaute Steuer-CD. Ist dir das eigentlich klar?
Natürlich war es dem Likedeeler nicht klar. Der lebte ja in seinem völlig eigenen Kosmos. Der empfand sich als unfehlbar wie der Papst und war komplett unfähig, über den Tellerrand rauszugucken und die eigenen Schwächen zu erkennen.
Es wurde Zeit, ihm mal die Augen zu öffnen. Der kannte Jann Giehrling nicht. Und wie er dem Likedeeler die Augen öffnen würde!
Wenig später saß der Yachtwart im Auto und bretterte volltrunken die Landstraße hinunter. Was einige Konzentration erforderte, denn immer wieder teilte sich vor seinem alkoholisierten Auge die Fahrbahn in unzählige Gabelungen.

Verwirrend. Und ganz schlimm bei Gegenverkehr. Da es längst dunkel war, fuhren die Autos mit Licht, und jedes Mal brannten sich die entgegenkommenden Scheinwerfer als wilde Prismen in sein Hirn, fremde Universen voller blinkender Sterne auf einer Straße, auf der um diese Zeit normalerweise kaum Verkehr war.

Was war heute bloß hier draußen los?

Jann Giehrling kam sich in seinem Wagen vor wie Captain Kirk auf der Enterprise beim Flug durch einen Asteroidenschauer. Ja, jetzt hätte er gern Mr. Spock an seiner Seite gehabt, der Vulkanier behielt in jeder Situation einen klaren Kopf und vor allem den Überblick.

»Der Weltraum, unendliche Weiten«, rezitierte der Yachtwart laut lallend und leicht abgewandelt vor sich hin, »dies ist das Abenteuer eines Mannes, der in seinem Wagen unterwegs ist, um fremde Galaxien zu erforschen, neues Leben und neue Zivilisationen. Lichtjahre vom Zustand geistiger Klarheit entfernt, dringt er in Universen vor, die nie ein Mensch nüchtern gesehen hat.«

Plötzlich bevölkerten Zombies die Straße, blutverschmierte untote Wesen auf Knien. Deutlich tauchten sie im gleißenden Licht der Scheinwerfer auf – oder war es nur einer?

Hastig riss Jann Giehrling das Steuer herum. Und kam prompt in schwere See: Der Wagen holperte wild schaukelnd durch einen Straßengraben, flog auf der anderen Seite die Böschung wieder hoch, durchbrach einen Weidezaun und blieb dann abrupt zwischen aufgeregt blökenden Viechern stehen.

Glück gehabt, dachte er, weder ich noch das Auto scheinen nennenswerte Schäden davongetragen zu haben. Aber wo war er hier gelandet? Und wo wollte er überhaupt hin? Einen Moment lang saß er verwirrt im Wagen. Dann entschloss er sich, mal nachzuschauen.

Vorsichtig öffnete er die Tür und sah sich um. Einige Rinder, die er wohl aus dem Schlaf gerissen hatte, glotzten ihn treudoof an. Und oben am Straßenrand stand der schwarze Audi A6 Sportline des Likedeelers.

Verrückt! Wie kam der denn dahin? Giehrling nahm noch

einen großen Schluck aus der Flasche. War der Kerl ihm gefolgt?

»Na gut.« Der Yachtwart stapfte schwerfällig drauflos. »Bringen wir die Sache zu Ende.« Er wankte auf den Audi zu. Der Motor lief, das Standlicht brannte, die Fahrertür stand offen. Aber vom Likedeeler war weit und breit nichts zu sehen.

»Wo bist du, du Arsch?«, brüllte Giehrling in die Nacht hinein. »Komm raus, der Idiot hat noch was offen mit dir!«

Irgendwas stimmte nicht, doch der Yachtwart war viel zu betrunken, um das, was hier nicht stimmte, genauer zu erfassen. Immerhin war ihm der Likedeeler in seinem Audi bis hierher gefolgt. Warum zeigte er sich dann jetzt nicht?

»Komm aus der Deckung! Ich will dir die Schnauze polieren!« Giehrling klang fast verzweifelt. Suchend marschierte er um den Audi herum. »Du entlässt mich nicht einfach. Vorher geb ich dir eins aufs Maul, verlass dich drauf.« Und da der Likedeeler vorerst nicht greifbar war, verpasste er dem Auto einen kräftigen Schlag.

Aua, tat das weh. Aber es war eine schöne Beule im schwarzen Audi-Blech. Geben wir ihm gleich noch eine: Da! – Auah! – Und da! – Autsch!

Giehrling rieb sich die schmerzenden Fäuste und spürte Blut. War ja klar, dass er sich auch noch die Hände aufschlug. Falsche Kampftechnik wahrscheinlich. Anders die Asiaten: Die konnten ganze Ziegelsteine mit einem Handkantenschlag zerteilen. Und deren Hände bluteten nachher nie.

Plötzlich kroch wieder dieser Zombie über die Straße. Himmel, wie gruselig! Giehrling bekam fast einen Herzschlag. Ein blutverschmierter Untoter wie bei »The Walking Dead«. Er kniete mitten auf der Straße und zappelte unnatürlich. Dann fiel er vornüber. Direkt aufs Gesicht. Bevor er sich erneut aufzurappeln versuchte. Was ihm aber nicht gelang.

Oh mein Gott! Jetzt fiel es dem Yachtwart wie Schuppen von den Augen. Das war kein Zombie – das war der Likedeeler!

»Hey!« Giehrling ging langsam auf ihn zu. »Likedeeler, was ist los? – Alles in Ordnung?« Er packte ihn bei den Schultern und zog ihn etwas hoch.

Nichts war in Ordnung. Da hatte jemand ganze Arbeit geleistet. Das Gesicht war nur noch Matsch. Der sonst so sorgsam gezwirbelte Bart troff von Blut. Der Likedeeler spuckte auch welches, als er etwas sagen wollte, und bekam einen krächzenden Hustenanfall.

»Verdammt, was …«, begann Giehrling, dann durchfuhr ihn ein eisiger Schauer. Was war hier passiert? Wie konnte das sein?

Hatte etwa er den Likedeeler so zugerichtet? Immerhin war er vollkommen betrunken, da gab es manchmal Blackouts. Der Yachtwart starrte auf seine blutigen Hände. Aber die hatte er sich doch am Auto zerschlagen, oder nicht? Als er eben auf den A6 eingedroschen hatte …

»Krankenwagen«, stöhnte der Likedeeler mit ausgeschlagenen Zähnen und spuckte wieder Blut, »Mensch, Jann! Hol endlich einen Krankenwagen!« Dann sackte er zusammen und rührte sich nicht mehr.

»Hey, hey, hey, mach jetzt keinen Scheiß, okay?« Hastig nestelte Giehrling sein olles Handy aus der Latzhose. Aber wie war die Nummer vom Krankenhaus? Und was sollte er denen erzählen? Er wusste ja selbst nicht, wie das hier passiert war.

»Gar nichts«, sagte er zu sich selbst und wählte die Einhundertzwölf. »Ich werd denen gar nichts erzählen.«

Sofort meldete sich die Rettungsstelle.

»Schwerverletzter«, nuschelte Giehrling ins Handy, »auf der Landstraße von Barth kurz vorm Abzweig Karnin. Schicken Sie einen Krankenwagen. Es eilt!«

Er steckte das Handy wieder ein und zog dann den stöhnenden Likedeeler von der Straße. Nicht dass den noch jemand überfuhr so mitten in der Nacht.

Er lehnte ihn an seinen Audi A6 Sportline und schaltete die Warnblinkanlage ein. Dann konnte die Ambulanz nichts übersehen. – Ja, so musste es gehen.

Giehrling stiefelte über das Feld zu seinem Auto zurück und machte, dass er fortkam.

21   HAUPTKOMMISSAR STEFAN KEIL sitzt schon am Schreibtisch des Chefs, als Maike Hansen ins Büro kommt. Sein Hemd wirkt etwas zerknautscht, das Haar steht nach allen Seiten ab. Er hat sein Jackett über die Stuhllehne gehängt und blättert eifrig Ermittlungsakten durch.

»Moin«, begrüßt ihn Maike Hansen knapp und zieht sich die Lederjacke aus. Ihr Blick fällt auf die Besuchercouch. Da liegen eine zerknüllte Wolldecke und ein zusammengerolltes Handtuch. Als hätte es jemand wie ein Kopfkissen benutzt. »Haben Sie hier geschlafen?«

»Notgedrungen«, nickt Keil gedankenverloren. »In diesem Scheißkaff kriegt man ja nicht mal ein Taxi.«

»Das müssen Sie vorbestellen«, erklärt Maike Hansen. »Auch Taxifahrer machen Nachtruhe.«

»Nicht in Schwerin«, knurrt Keil.

»Da fahren sie wahrscheinlich im Schichtdienst. Aber das lohnt hier nicht.« Maike weiß, wovon sie redet. Ihr Vater hatte sich eine Zeit lang als Taxifahrer versucht. War immer auf Stand-by, hoffte Tag und Nacht auf Fahrgäste. Aber so zahlreich waren die nicht. Nur in der Feriensaison wurde es manchmal lukrativ. Aber da wollte Vater ja selbst mit seiner Familie in den Urlaub. Am Ende hatte er das Geschäft wieder aufgegeben.

»Was wissen wir über den Kutter?«

»Bitte?« Maike Hansen schrickt aus ihren Gedanken.

»›Störtebekers Futterkutter‹.« Keil lauert wie eine übermüdete Bulldogge hinter seinem Schreibtisch. »Gab es irgendwelche Auffälligkeiten vor dem Anschlag? Drohungen vielleicht?«

»Ach so, ja.« Maike geht eifrig zu ihrem Schreibtisch und fährt den Computer hoch. »Die Staatsanwaltschaft in Stralsund hatte so was erwähnt. Wir haben sie gebeten, diese Einschätzung zu präzisieren, aber bislang ...«, sie starrt auf ihren Monitor, »... ist da noch nichts gekommen.«

»Was heißt Drohungen?« Keil wirft sich einen Spearmintkaugummi in den Rachen und beginnt zu kauen. »Gab es anonyme Schreiben oder Telefonanrufe?«

»Das waren wohl anonyme Anrufe«, antwortet Maike Hansen. »Bei der Staatsanwaltschaft sind entsprechende Mitschnitte eingegangen. Ebenfalls ohne Absender. Damit wurden unsere Vorermittlungen begründet. Oberkommissar Oehler wollte sich die Mitschnitte anhören, doch jetzt haben Sie ihn ja ...«

»Dann haken Sie nach! Hören Sie sich die Mitschnitte an, oder braucht man dazu eine besondere Befähigung?« Keil nuckelt an seinem Kaugummi herum. »Sonst noch was?«

»Auffällig ist vielleicht noch die Chinesin ...« Maike stockt. Heute Morgen und nüchtern betrachtet kommt ihr Oehlers Theorie vom Aufbau einer chinesischen Fischbrötchenindustrie an der Ostseeküste doch ziemlich weit hergeholt vor.

Hauptkommissar Stefan Keil wartet. »Ja?«

»Zugelassen war der Kutter auf einen Deutschen«, sagt Maike Hansen schließlich. »Ein gewisser Frenzel oder so.«

»Oder so? Genauer wissen Sie das nicht?«

»Doch«, beeilt sich Maike Hansen, »der Chef ... ähm, also Oberkommissar Oehler hat das noch ermittelt. Ich ruf ihn gleich mal an.« Sie zieht eifrig ihr Smartphone hervor und verflucht sich innerlich, das gestern Abend beim Italiener nicht gleich mitgeschrieben zu haben.

»Und was war an der Chinesin auffällig?«

»Bitte?«

»Sie sagten eben was von einer Chinesin.« Langsam wird Stefan Keil ungeduldig. »Haben Sie schlecht geschlafen oder was?«

Besser jedenfalls als Sie hier auf der Couch. Maike Hansen legt das Smartphone wieder weg, da der Chef ohnehin nicht rangeht. Das macht er öfter. Mist!

Entschuldigend sieht sie Keil an. »Der schläft vermutlich noch.« Sie lacht gekünstelt auf. »Na ja. Warum auch nicht? – Sie haben ihn ja schließlich suspendiert.« Der letzte Satz hat einen leicht aggressiven Unterton. Und ein Stirnrunzeln kann sich Maike Hansen auch nicht verkneifen.

»Die Chi-ne-sin«, bleibt Hauptkommissar Stefan Keil hartnäckig und betont dabei jede Silbe. »Was ist mit der?«

»Na, es könnte sein, dass die sterblichen Überreste in dem Wrack ...«

»... zu einer Chinesin gehören?« Jetzt runzelt Keil die Stirn. »Wieso das?«

»Die wurde da zuletzt gesehen.« Maike Hansen hebt die Hände. »Eine Asiatin. War vermutlich eine Angestellte. Hat auf dem Futterkutter die Fischbrötchen verkauft.« So, jetzt ist es raus.

»Eine Asiatin hat die Fischbrötchen verkauft?«

»Ja, seltsam, nicht?« Maike Hansen lächelt unsicher. »Fanden wir auch merkwürdig.«

Nachdenklich lehnt sich Keil in seinem Schreibtischstuhl zurück und schaut an die Bürodecke. »Haben Sie schon in der Neonazi-Szene recherchiert?«

»In der Neonazi-Szene? Wieso das?«

»Es könnte sich um einen fremdenfeindlichen Anschlag handeln.«

»Meinen Sie?«

»Sie etwa nicht?« Keil richtet seinen Blick missbilligend auf Maike Hansen. »Wenn eine Asiatin auf dem Kutter war, liegt das doch auf der Hand!«

»Für mich nicht.« Maike Hansen schüttelt den Kopf. »Ich meine, wir leben vom Tourismus. Wir haben hier nicht so viele Nazis.«

»Aber ein paar schon.«

»Na ja.« Maike nickt bedauernd. »Ein paar. Wie überall halt.«

»Dann überprüfen Sie die!« Keil steht auf und nimmt sein Jackett von der Lehne. »Um Oehler kümmere ich mich.«

»Wie Sie wollen.« Das klingt schon wieder ziemlich spitz. »Jetzt gleich?«

»Sofort!« Stefan Keil zieht sich das zu enge Jackett über. »Wenn Sie mich bei Ihrem Oberkommissar vorbeigefahren haben.«

»Wieso? Können Sie da nicht selbst hinfahren?«

»Mein Wagen wurde gestern abgeschleppt«, erinnert Keil sie, »schon vergessen?«

»Warum nehmen Sie nicht den Dienstwagen?«

»Sie haben einen Dienstwagen hier?«

»Na logo.« Maike Hansen nimmt die Schlüssel vom Haken und wirft sie Keil zu. Es ist gut, dass die Dinge immer an ihrem Platz sind. Dann ist die Welt in Ordnung. »Sie können natürlich auch laufen. Ist nicht weit. Gleich um die Ecke am ›Vinetablick‹.«

Keil starrt auf den Autoschlüssel in seiner Hand. Prima!, denkt er vermutlich, damit hätte er ja gestern Abend auch in seine Pension nach Eixen fahren können.

»Tschüss!« Maike Hansen nimmt ihre Jacke und geht zur Tür.

»Warum tragen Sie eigentlich nicht Uniform?«

»Uniform?« Maike dreht sich noch einmal um. »Wieso sollte ich? Das ist hier die Kripo.«

»Na und? Sie sehen bestimmt ganz süß aus«, Keil lächelt lüstern, »in Ihrer Uniform. Autoritär und sexy zugleich. Steh ich drauf.«

»Wollen Sie, dass ich Sie wegen sexueller Belästigung am Arbeitsplatz anzeige?« Ihre Augen funkeln drohend. »Merken Sie sich eins: Ich sehe nie süß aus. Nicht mal in meiner Uniform!« Maike Hansen schlägt demonstrativ den Kragen ihrer Lederjacke hoch und verlässt das Büro.

»Zicke«, hört sie Keil noch knurren.

22   LEONIE IST FRÜH WACH an diesem Morgen. Normalerweise schläft sie immer aus in dem hübschen kleinen Mansardenzimmer unter dem Reetdach, aber heute …

Irgendein seltsames Geräusch hat sie geweckt. Ein ungewöhnliches Krachen im Garten. So, als sei jemand über den Holzstapel gestolpert. Aber wer sollte da draußen sein? Vielleicht ein Tier?

Leonie hopst aus dem Bett und sieht fröstelnd aus dem Fenster. Es ist heute kühl draußen, und es nieselt ein wenig. Von den Blättern der Sträucher und Bäume ringsum tropft es beständig. Am Holzstapel ist nichts zu sehen, und auch sonst sieht alles normal aus im Garten.

Schade!

Leonie langweilt sich ein bisschen hier. Sie vermisst ihre Freundinnen in Lübeck, und Mutter nervt mit ihrem Kontrollwahn.

Aber jetzt schläft sie. Liegt direkt im Bett nebenan und atmet ganz ruhig. Wie friedlich sie aussieht. Im Wachzustand macht sie immer so einen leicht gehetzten, geradezu hektischen Eindruck. Kein Wunder, dass sie so erschöpft ist. Sollte vielleicht das Leben etwas leichter nehmen. Weniger Ehrgeiz. Einfach mal gucken, was kommt.

Und gestern, als dieser Bulle kam, ist sie ja fast ausgeflippt vor lauter Charme: *Huch, um Himmels willen, lassen Sie das Frau Doktor weg, nennen Sie mich einfach Annetta!* Und er: *Ja, ähm. Ich bin der Björn.* – Als würde er aufstoßen müssen. Leonie hat sich fast weggeschmissen vor Lachen.

Ehrlich, sie hat keine Ahnung, was Mutter an dem findet. Ist ja ganz nett, *der Björn*. Aber doch irgendwie auch total kauzig. Und ganz bestimmt kein toller Mann. Und alt ist er auch. Steinalt geradezu.

Schon klar, Mutter hat genug von tollen Männern. Der letzte hat ihr die Tochter wegnehmen wollen. Aber muss jetzt sie dafür büßen oder was?

Schade auch, dass diese junge Polizistin gestern nicht gekommen ist. Maike. Die ist total nett, und Leonie hofft, sie wiederzutreffen. Mit der könnte man was unternehmen. Dagegen könnte Mutter dann auch nichts sagen, selbst wenn Leonie und Maike nächtelang um die Häuser ziehen würden. Mit einer echten Polizistin ist alles erlaubt.

Unten auf der Diele hört man Gonzo unruhig umhertappen. Ob der auch was gehört hat?

Leonie schlüpft in ihre Jeans und zieht sich einen Pullover über. Dann verlässt sie leise, um ihre Mutter nicht zu wecken, das Zimmer und läuft barfuß die Treppe hinunter.

Gonzo springt sie fast an vor Begeisterung. Aber das darf er nicht. Es ist ein Unterschied, ob man von einem kleinen Spitz angesprungen wird oder von einer fast ausgewachsenen Deutschen Dogge. Wenn Gonzo sich auf die Hinterbeine stellt, überragt er jeden Erwachsenen.

»Sitz! – So ist's brav.« Sie tätschelt ihm liebevoll den Hals. »Ich hol dir mal frisches Wasser.«

Sie nimmt die fast leer getrunkene Schüssel und geht damit in die Küche, um sie gründlich auszuspülen. Dann füllt sie neues Leitungswasser ein. Doch Gonzo interessiert sich nicht für seine Schüssel. Als Leonie wieder in den Flur kommt, steht er abwartend vor der Haustür und wedelt mit dem Schwanz.

»Willst mal raus, was? Warte, ich komme mit.« Leonie steigt in ein Paar rote Gummistiefel neben der Tür, zieht sich ihren Anorak über und nimmt die Hundeleine. Kaum hat sie die Tür geöffnet, schießt der Hund hinaus wie der Blitz.

Na, der hat es ja heute eilig. Verwundert tritt Leonie in den Garten. »Gonzo?«

Wo ist der so schnell hin? Der rennt doch nie einfach so los?

Ah, jetzt hört man ihn bellen. Der muss oben im Dünenwald sein ...

Leonie schließt den Reißverschluss ihres Anoraks und läuft dem Hund nach.

Der Dünenwald fängt direkt am Ellernweg an. Es gibt einen Pfad durch den total urwüchsigen Wald – fast wie in einem Fantasyfilm – zum Ostseestrand, der vielleicht einen halben Kilometer weit weg ist. Doch Gonzo ist links davon, ziemlich weit weg hört Leonie wieder sein typisch dunkles Gebell.

Was kann da sein? Wildschweine? Es soll ja ziemlich viele davon hier in den Wäldern geben. Doch der Hund hat sich dafür bislang nie groß interessiert.

»Gonzo«, ruft sie ihn immer wieder, während sie sich durch dichter werdendes Dickicht kämpft. »Gonzo! Komm her!«

Es geht bergab durch triefendes Gestrüpp. Der Regen ist stärker geworden, und der Boden wird immer matschiger. Leonie ist froh, dass sie die Gummistiefel angezogen hat. Keuchend sieht sie sich um und setzt die Kapuze ihres Anoraks auf. Ihr Atem dampft in der feuchtkalten Luft.

»Gonzo?«

Nichts. Nur der Regen, der in die hohen Bäume fällt. Und das entfernte Rauschen der Ostsee.

»Gonzo! Gonzo, wo bist du?« Was eigentlich eine blöde Frage ist, denn der Hund wird ja kaum »Hier!« antworten. Aber bellen könnte er ja noch mal. Oder einfach zurückkommen.

»Gonzooo!« Ihre Rufe hallen im Wald nach. Mühsam schiebt sich das Mädchen weiter durch unwegsames Gesträuch. Feuchte Blätter peitschen ihr ins Gesicht, der Boden ist nass und rutschig. Immer wieder muss sie über umgestürzte Bäume und abgestorbene Äste klettern. Leonie kommt kaum noch vorwärts.

Soll sie umdrehen? Gonzo ist ja ein kluges Tier. Der wird den Weg zurück schon finden. Was Leonie von sich nicht mit Sicherheit behaupten kann.

Jetzt hört sie ihn wieder bellen. Und diesmal ist es wesentlich näher. Vielleicht hat der Hund irgendetwas entdeckt und will es ihr zeigen. Der weiß ja nicht, dass es für einen Menschen nicht so einfach ist, hier durchzukommen. Inzwischen ist meterhohes Schilf um sie herum. Mit jedem Schritt versinkt sie im Morast, Wasser steigt an ihren Stiefeln hoch.

Vor ihr weitet sich das Schilf und gibt den Blick auf eine ausgedehnte Brackwasserfläche frei. Und dann sieht Leonie den Hund. Er hockt auf einer Art Insel mitten im Wasser, auf einem mit toten dürren Bäumen bestandenen Eiland.

»Gonzo! Hierher!«

Der Hund will auf sie zurennen, wird aber von einem groben Strick um den Hals zurückgehalten und wirbelt aufjaulend herum.

Was ist das? Leonie begreift es nicht. Oder doch? Ist Gonzo in so eine Art Tierfalle geraten?

»Warte, Gonzo! Ich helf dir da raus.« Unschlüssig sieht sie auf die trübe, brackige Wasserfläche. Es scheint nicht allzu tief zu sein. Also los!

Doch schon nach den ersten Schritten versinkt das Mädchen bis über die Knie im Schlamm. Wasser dringt ihr von oben in die Gummistiefel. Egal jetzt, weiter! Was nicht so einfach ist. Es wird immer tiefer, ihre Gummistiefel scheinen sich im Modder festzusaugen. Eisige Nässe dringt ihr durch die Jeans, steigt am Anorak hoch und legt sich wie ein kalter Ring um ihren Bauch.

Leonie wedelt mit den Armen, kommt kaum noch voran. Und dann gibt plötzlich der ganze Matsch unter ihr nach. Mit einem kleinen Aufschrei des Erschreckens rutscht Leonie bis zu den Schultern in den Schlamm, ihre Arme rudern, Luftblasen steigen um sie herum auf und zerplatzen erst nach einer Weile auf der braunen Wasseroberfläche.

»Oh Gott!« Leonie reckt entsetzt den Hals. Plötzlich hat sie Angst. Sie versinkt im Sumpf! Hier kann man nicht schwimmen und auch nicht stehen. Hilflos strampeln sich ihre Beine durch den Schlamm, hilflos sucht sie mit ausholenden Schwimmbewegungen irgendwo Halt mit den Händen. Aber da ist nichts. Nichts außer kaltem morastigen Wasser und einem endlosen brackigen Brei, in dem sie unaufhaltsam versinkt.

»Hilfe!«, hört sie sich plötzlich panisch schreien. »Oh Gott! Hilfe!«

Und plötzlich sieht sie den Mann. Ein junger Kerl in Bomberjacke. Er hat ein Smartphone in der Hand und scheint sie zu fotografieren.

»Scheiße«, schreit Leonie, »hilf mir, verdammt! Ich komm hier nicht mehr raus!«

Doch der Typ bleibt seltsam ungerührt. Konzentriert hockt er sich hin, das Handy auf Leonie gerichtet.

»Hilf mir, oh Gott!«

»Nein«, erwidert der Mann, ohne das Smartphone sinken zu lassen, »ich bin nicht Gott, leider! Ich sehe dir nur beim Ersaufen zu.«

23   ICH BEGANN DEN TAG ohne Frühstück und trank nur einen Kaffee. Mehr bekam ich nicht herunter. Zu schwer lag mir die Sache mit den Fotos im Magen.

Na warte, mein Freund, ab sofort werde ich dich nur noch Arschloch nennen.

Waren wir nicht zusammen mit dem Schlauchboot gefahren? Rein privat? Und hatte er mir nicht den Code für den Schlüsselkasten gegeben. *Sechs, drei, vier, acht? Falls Sie das Motorboot einmal brauchen?*

Und dann brauche ich es tatsächlich mal, und er lichtet mich heimlich dabei ab. Genau wie vorher die Paula. Ehrlich, ich weiß nicht, was solchen Typen fehlt. Vermutlich nur eins aufs Maul.

Bevor ich noch wütender wurde, musste ich die Sache klären. So viel war klar. Ich wollte ja irgendwann wieder mal was essen.

Ich zog mir meine Joppe über, setzte die Sonnenbrille auf und stieg in meinen Wagen. Seit Jahren fuhr ich VW Passat. Aus reiner

Gewohnheit. Als Beamter im gehobenen Dienst bekam man diese Wagen mit ordentlich Rabatt, und so blieb ich dabei und hatte alle zwei Jahre ein neues Auto. Der einzige Unterschied zu meinem letzten Modell war die Automatik. Ich hatte mich lange dagegen gewehrt, aber mit zunehmendem Alter wurde mein linker Fuß immer problematischer. War vielleicht irgend so eine Abnutzungserscheinung. Laufen und schwimmen konnte ich wie immer, alles gut, solange ich mich aufrecht hielt. Aber sobald ich mich setzte, war der Fuß blockiert. Nun braucht man den linken Fuß nicht unbedingt beim Sitzen, insofern war das wurscht. Außer beim Autofahren. Ich konnte die Kupplung nicht mehr richtig durchdrücken.

Deshalb fuhr ich jetzt Automatik, und angeblich sollte man sich daran recht schnell gewöhnen. Doch mein linker Fuß wollte noch immer kuppeln. Ständig suchte er im Fußraum nach dem fehlenden Pedal, das er zuletzt kaum noch hatte bedienen können, und trat manchmal die Bremse.

Kreischend stand ich dann, wo ich doch beschleunigen wollte oder mal eben soft abbiegen. Und obwohl ich mir seit Monaten vornahm, den Fuß ganz links in die Ecke zu stellen und ihn dort auch zu belassen, fand er zuweilen immer noch das Bremspedal.

Das konnte auf die Dauer nicht gut gehen. Und das ging auch nicht gut. Auf der L 21, wo man eigentlich immer recht zügig unterwegs ist, querte plötzlich ein Trecker die Straße. Ich nahm das Gas weg, doch mein linker Fuß, der jetzt, nach jahrzehntelanger Schaltpraxis, einen Gangwechsel vermutete, suchte mal wieder das Kupplungspedal und latschte auf die Bremse.

Die Reifen rauchten, und ich stand. Und dann knallte es. Der Fahrer im Wagen hinter mir hatte nicht mit einer derartigen Vollbremsung gerechnet und krachte mir komplett ungebremst direkt in den Kofferraum. Die Airbags explodierten um mich herum, aber nur den Bruchteil einer Sekunde später stand ich auf der Straße und hatte den Fahrer des Wagens hinter mir am Wickel.

»Noch nie was von Sicherheitsabstand gehört?«
»Doch«, erwiderte er, »halber Tacho.«
»Das war niemals ein halber Tacho!« Dann erkannte ich den

Mann. Es war Jann Giehrling, der Yachtwart des Nautischen Yachtclubs. »Sie mögen ein guter Seemann sein. Aber Auto fahren ist nicht so Ihr Ding, was?«

»Na, hören Sie mal: Sie haben doch hier völlig ohne Grund eine Vollbremsung hingelegt!«

»Das können Sie nicht wissen. Ich bremse auch für Tiere.«

»Ich hab nur einen Trecker gesehen.«

»Tja. Augen auf im Straßenverkehr.« Wir sahen uns unsere demolierten Autos an. Mein Heck war völlig zusammengedrückt, vermutlich war es ein Totalschaden. Aber der Motor lief noch, ich konnte nicht nur theoretisch noch fahren. Bei Giehrling dagegen, der irgend so einen koreanischen Versuch eines Automobils fuhr, qualmte der ganze Motorblock, das Kühlwasser zischte, da lief nichts mehr.

Fragend sah ich ihn an. »Und nu?«

»Schrottplatz«, antwortete er und gab mir betrübt seine Versicherungskarte. »Geht ja gut los heute.«

Das konnte man wohl sagen. »Wo kommen Sie eigentlich her?«

»Aus Stralsund. Hab mir einen Anwalt gesucht.«

Ach. »In weiser Voraussicht oder was?«

»Na, hören Sie auf!« Er wackelte resigniert mit dem Kopf. »Ich stecke so tief im Schiet, das können Sie sich gar nicht vorstellen.«

»Kein Problem«, bot ich ihm an. »Wir regeln den Unfall unter uns.«

»Der Unfall ist mir schietegal.«

Mir nicht. »Also was jetzt?«

»Der Likedeeler.«

»Was ist mit dem?«

»Na, Mensch!« Giehrling ging zu seinem Trümmerhaufen von Auto und holte erst mal zwei Flaschen Barther Küstenbier heraus. »Hier! Bevor es zu warm wird. Fahren können wir ja sowieso nicht mehr.«

»Ich schon.« War mir aber egal. »Prost!«

»Prost.«

Wir tranken die Flaschen gierig leer. Bier bekämpft die Wut. »Noch eins?«

»Gern«, antwortete ich und gab ihm die geleerte Flasche. »Und dann beantworten Sie meine Frage.«

»Welche Frage?« Er warf mir eine frische Flasche Bier zu.

»Was mit dem Likedeeler ist. The Brain!« Innerlich setzte ich noch D'Artagnan hinzu. »Sind Sie auch unberechtigt Motorboot gefahren?«

»Schön wär's. – Zum Wohl.«

»Zum Wohl.«

Diesmal nahmen wir uns mehr Zeit mit dem Bier und setzten uns an den Straßenrand. Die Sonne schien, die Felder zeigten ihr erstes Grün. Und einige vorlaute Grillen zirpten.

»Sie waren doch früher mal so 'n hohes Tier bei der Kriminalpolizei in Berlin, richtig?«

»Kriminalpolizei stimmt, hohes Tier ist Ansichtssache«, antwortete ich. »Wieso?«

»Na, vielleicht brauche ich Ihre Hilfe.« Giehrling wiegte den Kopf. »So ganz unvoreingenommen.«

»Worum geht es denn?«

»Sag ich doch die ganze Zeit: den Likedeeler.«

»Was ist mit dem?«

»Der ist hinüber.« Giehrling sank in sich zusammen. »Und mir werden sie die Schuld daran geben.«

»Stopp!« Das verstand ich nicht. »Was heißt, der Likedeeler ist hinüber? Reden Sie ganz sicher von unserem Vereinsvorsitzenden?«

»Ja.« Giehrling nickte betroffen. »Ich gebe zu, ich hatte so manches Mal meine Schwierigkeiten mit ihm. Und ich war von ihm abhängig. Wirtschaftlich, meine ich. Finanziell. Das hat mich auch manchmal gewurmt. Aber eigentlich war ich zufrieden. Ich brauch nicht viel. – Sie?« Fragend sah er mich an.

»Ich brauche vor allem meine Ruhe«, antwortete ich, obgleich ein wenig Luxus nie schaden konnte. »Was ist passiert?«

»Na, wir hatten gestern einen schlimmen Streit.«

Habe ich gehört.

»Aber das war ich nicht.«

»Was waren Sie nicht?« Ich erhob mich und sah nach den Biervorräten in Giehrlings Auto.

»Ich hab den nicht verkloppt.«

Zwei Flaschen hatte er noch. Ich sah mich zu ihm um. »Unser Vorstandsvorsitzender wurde verkloppt?«

»Aber tüchtig«, nickte der Yachtwart. »Ich hab den gar nicht erkannt, so schlimm sah der aus.«

»Wann?«

»Das muss wohl so gestern Abend gewesen sein.«

Kann nicht sein. »Da war der doch bei mir.«

»Der war bei Ihnen?«

»Ja.« Ich setzte mich mit den zwei neuen Flaschen wieder zu ihm. »So gegen elf.«

»Wie jetzt?« Giehrling sah mich verständnislos an. »Bei Ihnen zu Hause?«

»Ja. Der stand plötzlich vor der Tür und wollte mich zur Sau machen. Weil ich widerrechtlich ein Vereinsboot benutzt habe.«

»Ja, da war er immer sehr streng.«

»Wieso war?« Allmählich begann ich mir Sorgen um den bekloppten Likedeeler zu machen. »Ist er tot?«

»Noch nicht.«

»Noch nicht? Aber bald, oder wie?«

»Was weiß ich ...« Giehrling schnappte sich resigniert die letzte Flasche. »Bin ich Mediziner? – Nein. Ich hab den nur gefunden. Und trotzdem werden sie mir den Schiet anhängen.« Er sah mich fragend an. »Helfen Sie mir?«

Holmes war ich nie, überlegte ich, aber Watson? Könnte klappen. »Erzählen Sie mir erst mal, was los ist. Und zwar von A bis Z.«

»Das wird aber eine lange Geschichte.«

»Dann rufe ich erst mal einen Abschleppwagen.«

Wir blockierten nämlich die Straße. Normalerweise war hier nicht allzu viel los, aber inzwischen stauten sich die ersten Autos, und es gab natürlich auch die üblichen Idioten, die wie verrückt hupten.

Als ob das was ändern würde!

24 ANNETTA KILIUS STRECKT SICH AUSGIEBIG und gähnt. Oh je, so tief hat sie ja schon lang nicht mehr geschlafen.

Nieselt es? Sie schaut aus dem Fenster. Ja, es nieselt. Und das Bett ihrer Tochter nebenan ist leer? Die steht doch nie früher auf. Ungläubig sieht die Staatsanwältin auf ihren Wecker.

Was? Schon neun Uhr? Wie kann das sein? Hat sie den Alarm nicht gehört?

Mit einem Satz ist Annetta aus dem Bett. »Leonie, ich hab verschlafen. Ich muss sofort los!« Sie wickelt sich in ihren Morgenmantel und stürmt die Treppe hinunter. »Leonie?«

Keine Antwort.

Und auch der Hund ist weg. Die Leine fehlt, Leonies Anorak und die Gummistiefel auch.

Na, vielleicht ist sie mit dem Hund los. Oder sie holt Brötchen. Aber zum Frühstücken wird Annetta heute keine Zeit haben. Hastig stellt sie die Espressomaschine an. Nur kurz einen Kaffee und dann ab ins Büro.

Das ist ihr ja noch nie passiert!

Sie stürmt ins Bad, lässt Morgenmantel und Nachthemd fallen und stellt sich unter die kalte Brause. Das ist zwar die Hölle, wenn man aus dem gemütlich molligen Bett kommt, aber so wird sie zuverlässig wach.

In aller Eile geht sie ihre Termine durch. Verhandlung Neuhaus um zehn, halb zwölf kurze Rücksprache mit den Anwälten von Gallwei, dreizehn Uhr Mittag, dann eine halbe Stunde die Post durchsehen, vierzehn dreißig der Außentermin in Glowe wegen des illegal hochgezogenen Apartmenthauses. Da könnte sie Leonie mitnehmen, dann kommt die mal raus. Ach ja, und Björn muss sie anrufen, hören, warum der gestern so schnell wegmusste.

Sie trocknet sich ab und föhnt sich die Haare. Das dauert. Aber sie kann ja nicht völlig ohne Frisur aus dem Haus, so viel Zeit muss schon sein. Auch für die Feuchtigkeitscreme und das Rouge gehen kostbare Minuten drauf, doch die Zeiten, als Annetta noch völlig ungeschminkt das Haus verlassen konnte, sind ebenfalls vorbei. Mit neununddreißig Jahren sollte man anfangen, auf sich zu achten. Oh je! Im Spiegel hat sie einen neuen Faltenansatz entdeckt. Noch nicht schlimm, aber das wird tiefer. Gerade die Falten auf den Wangen machen alt, da muss sie mal zur Kosmetikerin, ob man das mit einer straffenden Creme wieder hinbekommt.

Zwei Minuten später steht sie vor dem Kleiderschrank und wirft sämtliche Kostüme aufs Bett. Dunkelblau wäre gut bei dem Nieselwetter, das passt zum Trenchcoat. Dazu schwarze Pumps und den cremefarbenen Rolli. Den Schirm darf sie nicht vergessen.

Derart gekleidet stöckelt sie wieder die Treppe hinunter in die Küche. Der Kaffee ist durch und so heiß, dass sie sich fast die Lippen daran verbrennt.

Dann hört sie das seltsame Geräusch an der Haustür. Und ein Winseln.

Ist das Gonzo? Mit der Kaffeetasse in der Hand stöckelt sie zur Tür und öffnet. Es ist Gonzo. Der völlig verdreckte Hund freut sich, sie zu sehen, und macht Anstalten, sie begeistert anzuspringen. Bloß nicht! Hektisch weicht Annetta vor der Dogge zurück.

»Sitz, Gonzo! Ich bin schon in Schale.«

Na, Gott sei Dank gehorcht der Hund. Er scheint ziemlich fertig zu sein und verkriecht sich sofort auf seine Decke.

Wo aber ist Leonie? Der Hund muss dringend gewaschen werden. »Leonie?«

Verwundert sieht sich Annetta um. Auf der Straße ist sie nicht, im Garten auch nicht. Ist Gonzo so weit vorgerannt? Das macht er doch sonst nie.

Der kommt doch eigentlich nie allein nach Hause ...

»Leonie!«

Nichts. Nur leichter Regen, der von den Bäumen und dem Reetdach perlt.

Ich werde sie anrufen. Annetta zieht ihr Smartphone heraus und drückt Leonies Nummer, die wie eine App direkt am rechten oberen Rand des Bildschirmes eingespeichert ist.

Kurz darauf ertönen die Anfangstakte von »Don't Be So Shy« aus dem Mansardenzimmer. Leonie hat den Hit von Imany als Anrufsignal und ganz offenkundig ihr Smartphone im Zimmer liegen lassen.

Annetta dreht sich um und will wieder ins Haus zurück, als ihr an der Außenseite der Haustür ein weißes Blatt Papier auffällt. Es ist mit einer Reißzwecke dort festgemacht. »WENN DU DEINE TOCHTER WIEDERSEHEN WILLST, STELL DIE ERMITTLUNGEN EIN!« Geschrieben mit Buchstaben, die aus Zeitungen ausgeschnitten wurden, wie man das aus Filmen kennt. Darunter hat jemand einen Ausschnitt aus dem Lokalteil der Ostsee-Zeitung geklebt. »Barth: Futterkutter gesunken!« Das Zeitungsfoto dazu zeigt nicht nur die ermittelnde Staatsanwältin vor Mikrofonen. Schräg hinter ihr ist auch Leonie zu sehen.

Ihr Gesicht wurde mit rotem Filzstift eingekreist.

Und der plötzlich bleichen Annetta Kilius fällt die Kaffeetasse aus der Hand.

25   WER SUSPENDIERT IST, darf länger schlafen.

Vor allem, wenn man so wunderbare Träume hat. Die Ostsee schmeckte nach Sekt und Bier, und Oehler wälzte sich nackt mit der schönen Staatsanwältin in der schäumenden Brandung. Herrlich! Er strich ihr über die goldenen Brüste und leckte ihr liebevoll den kirschroten Lippenstift vom weichen Mund, es war einfach wunderbar. Die Phantasie kann niemand toppen. Da geht der Sex auch viel leichter von der Hand als in der Realität.

Deshalb frühstückt Oberkommissar Björn Oehler heute erst um zehn, dafür aber ausgiebig. Und er tut es im »Vinetablick« auf der großen Freiterrasse zum Bodden raus. Wenn er ohnehin schon in der Marina liegen muss, kann er auch deren reichhaltiges gastronomisches Angebot wahrnehmen, nicht wahr. Brötchen mit Räucherlachs und Meerrettich, Krabbensalat in einer Mango-Ananas-Soße und anschließend ein paar kernige Roggenbrotscheiben mit Hering und Räucheraal. Dazu eine große Kanne Kaffee.

»Es ist ja nicht so, dass ich um zwölf schon wieder Mittag essen will«, erklärt er Moppi, dem Wirt. »Das ist ja um diese Zeit eher eine kombinierte Mahlzeit, nicht wahr. Frühstück und Mittag zugleich sozusagen.«

»Das nennt man Brunch, Björni.«

»Sag ich doch.« Und deshalb bestellt sich Oehler noch eine große Portion Matjes mit Bratkartoffeln zum Abschluss. »Und ein großes Bier.«

»Verstehe«, grient der Wirt, »jetzt kommt der Mittagstisch.«

»Tische kommen nicht, Moppi«, belehrt ihn der Oberkommissar, »die stehen meist nur rum. Wenn Tische nämlich laufen könnten, bräuchtest du sie nicht immer herumzuschieben. Wenn mal größere Gesellschaften anstehen oder ganze Touristengruppen, die unbedingt zusammensitzen wollen.«

»Allerdings müsste man sie dann auch festbinden«, erwidert Moppi, »damit sie nicht weglaufen.«

»Wer?« Oehler sieht verdutzt auf. »Die Touristen?«

»Die Tische, Björni. Die Tische.«

Mhm. Darüber muss Oehler erst mal nachdenken. Anatomisch gesehen sind Tische ja klassische Vierbeiner. Wenn sie laufen könnten, würden sie sich also vermutlich eher wie Tiere verhalten. Aber laufen sie dann weg wie scheue Rehe? Oder ist so ein Kneipentisch nicht schon per se domestiziert und treu wie ein Hund? Nee, der würde nicht einfach wegrennen. Vielleicht streunt er mal herum, aber das könnte man ihm abdressieren. Es kommt immer auf die Erziehung an.

»Kein Dienst heute, Björni?«

»Ich ermittle undercover.« Listig sieht Oehler auf. »Schon vom Futterkutter gehört?«

»Na klar, ist abgebrannt, der Kahn.« Moppi tauscht die Aschenbecher aus. »Du, das ist hier überall Gesprächsthema, und wenn du mich fragst: Der hat hier sowieso nicht hergehört.«

»Und warum nicht?«

»Na, es gibt doch mich.« Moppi grient stolz. »Und besser Fisch kann hier keiner. – Ich hol dir mal dein Bier.«

Ach, Annetta, was hatten wir für eine wunderbare Nacht!

Oehler steckt sich erst mal eine Zigarette an. Doch bevor er den ersten gemütlichen Zug davon in der Frühlingssonne nehmen kann, fällt ein Schatten auf ihn.

Hauptkommissar Stefan Keil steht wichtigtuerisch vor ihm. Der bullige Jungspund. Augenblicklich verschlechtert sich Oehlers Laune.

»Darf ich mich setzen?«

»Wenn es unbedingt sein muss. Hauptsache, Sie gehen mir aus der Sonne.«

»Ich habe nur eine kurze Frage.« Keil setzt sich und zieht sein Smartphone hervor. »Die kleine Hansen sagte mir, dass Sie den Betreiber von ›Störtebekers Futterkutter‹ ...«

»Schwänzel«, blafft Oehler, ohne den Jungspund ausreden zu lassen. »Der Kutter war auf einen Schwänzel zugelassen. Tom Werner Schwänzel.«

»Schwenzel ...« Der Jungspund tippt es in sein Smartphone ein. »So, wie man es spricht?«

»Ohne e«, erklärt Oehler.

»Also Schwänzel mit ›ä‹. – Ja, das war's auch schon. Vielen Dank.«

»Nicht dafür.« Oehler sieht zu, wie der Jungspund aufsteht und sich entfernt. Der scheint wirklich in seinem Fall ermitteln zu wollen. Nicht zu fassen.

»So, Björni!« Moppi balanciert das Bier heran. »Frisch und kalt gezapft wie immer. Essen kommt auch gleich.«

»Sag mal«, der Oberkommissar hält den Wirt am Ärmel fest, »hatte das denn Auswirkungen?«

»Was?«

»›Störtebekers Futterkutter‹. Hat sich der auf deinen Laden hier ausgewirkt? Auf den Umsatz und so weiter?«

»Na, so lange gab's den Futterkutter ja noch nicht.« Moppi überlegt. »Aber so Laufkundschaft blieb schon weg. Klar.«

»Und was wolltest du dagegen tun?«

»Weiß ich nicht.«

»Das weißt du nicht?«

»Nö.« Moppi schüttelt den Kopf und deutet auf den Wald von Segelmasten in der Marina. »Du, ich hab ja hier meine Yachtkundschaft vor allem.«

»Und wenn die auch alle zum Futterkutter gerannt wären?«

»Warum sollten die?«

»Na, zum Beispiel«, Oehler drückt seine Zigarette aus und trinkt einen großen Schluck Bier, »weil es da billiger ist.«

»Ist es ja nun nicht mehr.«

Da hat Moppi allerdings recht. Der Oberkommissar guckt skeptisch. »Und? Hast du was damit zu tun?«

»Ich?«

»Ja.«

»Wieso ich?«

»Hör mal, Moppi, ich will dir gar nichts unterstellen«, erklärt Oehler ruhig. »Das sind nur so Routinefragen.«

»Bin ich denn verdächtig?«

»Na ja. Der Kutter wurde vorsätzlich in Brand gesetzt.« Jetzt klingt Oehler schon fast wie der Jungspund. »Und Vorsatz braucht Motivation, nicht wahr. Ich denke, drohende Geschäftseinbußen sind ein ordentliches Motiv.«

Moppi guckt ratlos. »Brauch ich jetzt einen Anwalt oder was?«

»Ich weiß nicht, Moppi.« Oehler zuckt mit den Schultern. »Brauchst du einen?«

»Ich hab nichts getan, Björni.« Moppi hebt die Hände. »Wie denn? Als der Kutter gebrannt hat, war ich hier im Laden. War ordentlich was los. Ich hab die Bar gemacht.«

»Gibt's dafür Zeugen?«

»Klar! Meine Köchin. Die Kellner. Die Gäste.« Er zeigt Oehler einen weißhaarigen, sehr braun gebrannten Herrn im weißen Polohemd. »Der alte Yachtie da liegt mit seinem Pott schon seit Freitag hier im Hafen. Und jeden Abend isst er hier mit seiner Frau.«

»Auch vorgestern Nacht, als der Kutter brannte?«

»Da hat er wie immer einen Absacker getrunken. An der Bar. Wir haben uns noch unterhalten, was da im Stadthafen wohl los ist.«

Oehler nickt zufrieden. »Na, dann hast du doch nichts zu befürchten, Moppi.«

»Nee, eigentlich nicht.« Moppi überlegt. »Was ist mit Thea?«

»Thea? Welche Thea?«

»Na, die Bunken.« Moppi klingt, als müsste die jeder kennen.

»Das ist doch die olle Fischerstochter aus Stralsund. Nicht mehr die Jüngste, sagt man, soll aber auch nicht unattraktiv sein.«

Was soll das jetzt werden? Schon wieder ein Angriff auf Oehlers Junggesellendasein?

»Vor allem ist die schöne Thea die ungekrönte Fischbrötchenkönigin hier in der Gegend«, erklärt Moppi weiter, »die kontrolliert den Verkauf von Rostock bis nach Greifswald.«

»Tatsächlich?«

»Na, wenn ich es dir sage. Als ich vor zehn Jahren meinen Laden hier aufgemacht hab, standen plötzlich so ein paar Raubeine vor der Tür.« Er schüttelt den Kopf. »Mit so Kerls legt man sich besser nicht an. Rat mal, warum ich keine billigen Fischbrötchen im Angebot habe.«

»Und die kamen von dieser ...«

»Thea Bunken«, antwortet Moppi und nickt dazu. »Von wem sonst? – Noch 'n Bier?«

Oehler hat seins ausgetrunken. »Gerne.« Er streckt sich und sieht Moppi nach. Eine schöne Fischerstochter, soso. Na, wenn das mal kein Anhaltspunkt ist.

26 TUNNELBLICK. Es gibt nur eine Richtung zum Licht: Einstellung der Ermittlungen. Dann sieht sie Leonie wieder.

Einstellung der Ermittlungen? Ja, verdammt, Einstellung der Ermittlungen, es geht schließlich um ihre Tochter!

Annetta Kilius brettert mit Vollgas nach Stralsund, und nie ist ihr der Weg so endlos vorgekommen wie jetzt. Nie hat sie es so bereut, sich ein Ferienhaus im schönen Prerow genommen zu haben und nicht eine Stadtwohnung in der Hansestadt, am besten direkt gegenüber der Staatsanwaltschaft gelegen.

Einstellung der Ermittlungen – umgehend!

Aber wie kriegen das die Entführer von Leonie am schnellsten mit? Annetta würde ihnen ja so gerne sagen, dass sie alle Untersuchungen zum Futterkutter einstellen lässt. Aber wie soll sie die erreichen? Sie weiß ja nichts von denen. Nicht das Geringste.

Pressekonferenz. Sie muss das der Presse mitteilen. Erst eine Pressemitteilung an alle Zeitungen und dann eine Pressekonferenz, in der sie die Einstellung der Ermittlungen zum Futterkutter noch mal ausführlich darlegt. Es hat sich eben herausgestellt, dass es ein Unfall war. Gasexplosion, irgend so etwas. Damit tut sie sogar Björn einen Gefallen. Der dachte ja von Anfang an, dass es ein Unfall war.

Annetta Kilius nestelt ihr Smartphone aus der Handtasche. Was nicht so einfach ist während eines Überholmanövers, erst recht, wenn plötzlich vorn ein Linksabbieger stehen bleibt.

Verdammt!

Bremsen kreischen, und das Handy landet irgendwo im Fußraum des Beifahrersitzes. Mist, da findet sie es erst wieder, wenn sie anhält. Aber sie muss nach Stralsund. Die Ermittlungen einstellen.

Eine gefühlte Ewigkeit später erreicht sie endlich das Gebäude der Staatsanwaltschaft. Und der Erste, der ihr dort entgegenkommt, ist ein junger Jurastudent, der hier ein Praktikum macht und unglaublich ehrgeizig ist.

»Frau Dr. Kilius«, ruft er schon von Weitem und wedelt mit einer Aktenmappe. »Das gerichtsmedizinische Gutachten ist da. Die haben die menschlichen Überreste auf dem Futterkutter untersucht. Wollen Sie das erst lesen, oder soll ich das gleich der Barther Kripo rüberfaxen?«

»Schreddern Sie es«, faucht Annetta, »ist nicht mehr relevant!«

»Was?« Der junge Mann scheint nicht zu verstehen. »Aber hier steht, dass ...«

»Hören Sie schlecht? Das Gutachten ist nicht mehr relevant, habe ich gesagt«, brüllt Annetta, »die Ermittlungen werden eingestellt.«

»Eingestellt?« Der junge Mann schaut sie aus großen Augen an.

»Eingestellt«, nickt die Staatsanwältin erschöpft. »Berufen Sie eine Pressekonferenz ein.«

»Okay.« Der junge Mann nickt. »Wann?«

»Jetzt.«

»Jetzt?«

»So schnell wie möglich«, präzisiert Annetta Kilius, »ich will sämtliche Pressevertreter im Haus haben. Eine entsprechende Erklärung geht gleich raus. – Entschuldigen Sie mich.«

Sie geht in ihr Büro und schließt die Tür hinter sich ab. Dann fährt sie den Computer hoch und greift gleichzeitig zum Telefon, um den leitenden Ermittler, Oberkommissar Björn Oehler, ganz amtlich von der Einstellung der Untersuchungen zu unterrichten.

Doch weder geht im Kommissariat Barth jemand ans Telefon, noch meldet sich Oehler auf seinem Handy.

Stattdessen gibt der Computer seinen charakteristischen Mail-Ton von sich. Es ist eine Nachricht eingegangen.

Von einem unbekannten Absender. Annetta drückt die Enter-Taste.

Und sieht eine kurze, grausame Videosequenz: ihre Tochter Leonie patschnass und schlammüberströmt in einem Sumpf. Es gibt keinen Ton, aber man sieht, dass das Mädchen verzweifelt um Hilfe ruft. Und immer weiter im Morast versinkt.

Das Video endet mit einer Textnachricht: »WIE LANGE WIRD ES DAUERN, BIS DIE KLEINE ERSOFFEN IST? – DIE ZEIT LÄUFT AB, ANNETTA!«

»Ich tu's doch«, schreit sie verzweifelt. »Mein Gott! Ich bin doch dabei! Ich stelle ein! Ich stelle hier alles ein!« Und dann fängt sie hemmungslos zu weinen an.

27 »GEKÜNDIGT HAT ER MIR, mich einfach rausgeschmissen! Ist das zu fassen?« Giehrling schüttelte den Kopf. »Nee, ist es nicht.«

Unsere Autos waren auf dem Weg zur Schrottpresse. Der Yachtwart hatte für den nötigen Nachschub an Bier gesorgt, und wir saßen gemütlich auf der Bank vor der Happy-Charter-Basis im Nautischen Yachtclub.

»Was soll ich denn tun ohne all das hier?« Giehrling machte eine weitläufige Handbewegung. »Der Yachtclub, die Charterflotte, all das ist mein Leben. Seit Jahren. Und der Kerl wirft mich einfach raus!«

Natürlich hielt ich nach dem »Batavia«-Fahrer Ausschau. Mit dem hatte ich ja noch ein Hühnchen zu rupfen. Aber bislang war der Kurze nicht aufgetaucht.

»Ich konnte nicht schlafen deswegen«, erklärte Giehrling. »Also wollte ich noch mal hin zu ihm, gestern Abend. Na, ich war schon geladen. Ich wollte ihm androhen, wenn er mich aus dem Geschäft schmeißt, die ganze Sache an die Öffentlichkeit zu bringen. Von wegen hoher Beamter in Stralsund. Ich war eben da in seinem Amt. Aber er ist nur stellvertretend hoch, verstehen Sie?«

Nee. »Was bedeutet das?«

»Der ewige zweite Mann.« Giehrling winkte verächtlich ab. »Und hier führt er sich auf, als wäre er der große Chef. Dabei ist er nur ein Schuft, der von unseren Steuergeldern lebt und hintenrum die großen Geschäfte macht. Das hätte ich dem schon gefiedelt, Mann. Aber leider hat ihm schon jemand anderes die Bratsche über den Deetz geknallt.«

»Wer?«

»Weiß ich doch auch nicht.« Giehrling klang verzweifelt. »Ich meine, vielleicht war ich's ja doch!«

Jetzt wurde es wirr. »Wieso Sie?«

Er zeigte mir seine aufgeschlagenen Fäuste. »Na, ich war ganz schön angetütert. Musste mir erst 'n büschen Mut antrinken. Und dann bin ich los. Und plötzlich sehe ich ihn vor mir auf der Straße. Ich dachte erst, das wär ein Zombie, so schlimm sah der aus.«

»Wo war das?«, fragte ich.

»Mitten auf der Landstraße, Abzweig Karnin ungefähr.«

»Und da haben Sie ihn zusammengeschlagen?«

»Na, wenigstens sein Auto. Dieser tolle A6, auf den er immer so stolz war. Dem hab ich ein paar Beulen reingehauen. Und dann sehe ich ihn.« Giehrling fröstelte. »Gruselig war das, wirklich wahr. Ein Untoter kroch da auf mich zu.« Er schüttelte den Kopf. »Nee, das kann ich nicht gewesen sein. So was mach ich nicht.«

»Auch nicht angetütert?«

»Schon gar nicht. Ich bin eher so 'n friedlicher Typ, wissen Sie? Obwohl, gestern war ich sauer. Aber ich hau den Likedeeler nicht um. Nicht so. Der war so zermatscht, fast hätte ich ihn nicht erkannt. Das war nur noch ein blutiger Fleischhaufen.«
»Und dann?«
»Ich hab die Rettungsstelle angerufen und bin abgehauen.« Giehrling trank sein Bier und wischte sich den Mund ab. »Was hätte ich denen erzählen sollen? Ich hatte diese blutigen Hände. Das hätte doch so ausgesehen, als wär ich das gewesen!«
»Aber genau wissen Sie's nicht.«
»Ich war das nicht. Bestimmt nicht. Das habe ich dem Anwalt auch erzählt. Ich kann so was gar nicht, also so übel wen zurichten, nee. Hoffe ich jedenfalls.«
»Wann war das?«
»So gegen halb elf.«
Das kann nicht sein, da mimte der Likedeeler ja noch bei mir den großen Vorstandsvorsitzenden und war völlig unversehrt.
»Na, vielleicht war's auch halb zwölf«, überlegte Giehrling. »Ich hab nicht auf die Uhr geschaut.«
»Hatte er denn Feinde?«, fragte ich. »Außer Ihnen?«
»Muss ja«, nickte Giehrling und legte Wert auf die Feststellung, dass er kein Feind vom Likedeeler war. »Sonst hätte den doch keiner so zugerichtet.«
Wo er recht hat, hat er recht, dachte ich. Ich musste schon wieder gähnen, der Kurze von der »Batavia« tauchte nicht auf, und ich hatte Schwierigkeiten, mich zu konzentrieren. Wahrscheinlich war ich schon zu lange in Pension, denn mein kriminalistisches Gespür sprang auch nicht an. Was möglicherweise damit zusammenhing, dass mir das Schicksal vom Likedeeler alias The Brain herzlich egal war.
Die hätten mal besser das Südseefreundchen von der »Batavia« versohlen sollen. Der hätte es wenigstens verdient, dieser blöde Denunziant.
Aber gut. Fassen wir zusammen: Der Likedeeler alias The Brain tauchte bei mir gestern gegen halb elf am Abend auf, also zweiundzwanzig Uhr dreißig. Und dann wird es so eine Viertelstunde bis zwanzig Minuten gedauert haben, bis er mein Haus

wieder verließ. Mit dem Wagen fuhr man höchstens zehn bis fünfzehn Minuten zu seinem Anwesen in Karnin, und irgendwo dazwischen fand der Überfall statt. Also zwischen zehn vor und Viertel nach elf.

Das hätten wir schon mal eingegrenzt. Und wir hatten sogar einen Verdächtigen mit gutem Motiv: Jann Giehrling, der aber – wenn er nicht ein außerordentlich cleverer Trickser war, für den ich ihn nicht hielt – als möglicher Täter ausfiel, weil er ja genau deswegen die Polizei beziehungsweise mich, also die pensionierte Polizei, ins Vertrauen gezogen hatte.

Hoffnungsvoll sah er mich an. »Bin ich entlastet?«

»Auf gar keinen Fall«, widersprach ich. »Im Moment sind Sie der Hauptverdächtige.«

»Sag ich doch.« Giehrling klang verbittert. »So läuft das eben.«

»Vertrauen Sie auf den Rechtsstaat«, ich musste hicksen, war wohl doch zu viel Bier, »ich bin ja bei Ihnen.«

»Danke.«

Er hätte mich am liebsten umarmt. So treue Dackelaugen hatte ich schon lange nicht mehr gesehen.

»Haben wir noch Bier?« Immerhin war ich in Pension. »Ich könnte auch einen Schnaps vertragen.«

»Bring ich Ihnen, Herr Kriminalrat.« Er starrte mich etwas zu servil an. »Wie wär's mit einem Wodka? Oder wieder den Rum?«

»Whisky haben Sie nicht?«

»Ballantine's oder Jack Daniel's.«

Igitt. »Nehmen wir den Wodka. Da kann man nichts falsch machen.«

Giehrling wetzte davon, und ich reckte den Hals.

Merkwürdig! Wo steckte nur dieser »Batavia«-Arsch? Der war doch sonst jeden Tag hier. Stattdessen sah ich jede Menge Leute, die ich hier noch nie gesehen hatte. Sie schienen alle sehr vergnügt zu sein und Yachten in diesem Hafen zu haben. Überall auf den Stegen wurde gegrillt, man hörte Musik und entspanntes Lachen.

Auch Paula war wieder mit ihrem Freund da und düste wenig später in einem der Vereinsschlauchboote los.

»Ja, wenn der Likedeeler verhindert ist«, Giehrling kam mit

zwei Bieren und einer Flasche Moskovskaya zurück, »dann tobt hier immer das Leben.«

»Das hat sich aber schnell herumgesprochen«, fand ich.

»Was?«

»Dass der Vorstandsvorsitzende unabkömmlich ist.«

»Na, das kennt man doch«, freute sich Giehrling und schenkte uns Wodka ein. »Schlechte Nachrichten sind schnell rum.«

»Gute auch.« Es kam halt immer auf die Perspektive an.

»Jau«, freute sich Giehrling, »so is dat im Leven: Wat dem een sin Uuhl, ist dem annern sin Nachtigall, nich woahr!«

Meinetwegen. »Prost.«

Die Gläser klirrten, und es wurde mal wieder ein sehr entspannter Tag im Nautischen Yachtclub.

Ganz ohne Segeln.

28   WIE FINDET MAN EINEN NEONAZI im Nieselregen?

Maike versucht es zunächst im »Kaiserreich«, einem Club in einer Plattenbausiedlung im Barther Süden, der als stramm rechts gilt, heute aber zum Seniorentreff einlädt. Schon von Weitem wummert die alte Rex-Gildo-Nummer »Fiesta Mexicana« über die Straße. »Hossa, hossa, hossa!« Drinnen schwofen lebenslustige Omas und Opas, dass die alten Knochen klappern.

Hüftgelenksprothese trifft Holzbein, denkt Maike spöttisch und wendet sich ab. Vielleicht haben ein paar von den Alten eine Nazivergangenheit, zu einem Brandanschlag auf einen Fischbrötchenkutter scheint hier jedoch kaum einer fähig zu sein.

Immerhin lungern vor dem Aldi gegenüber trotz des Regens ein paar minderjährige Jugendliche herum, die sich mit ihrem Äußeren mächtig Mühe gegeben haben, wie brutale, angsteinflößende Skinheads zu wirken.

Als Maike die Jungen anspricht, wird sie auch entsprechend angemacht. »Verpiss dich, du Bullenfotze!«

Die sind wohl auf eine Anzeige wegen Beamtenbeleidigung aus.

»Geh uns nicht auf die Eier, Zecke!«

Tja, da hilft nur hartes Durchgreifen. Und es sind immer die Vorlauten mit dem mühsam antrainierten Bizeps, die als Erste am Boden liegen. Die kennen halt die schlagkräftige Selbstverteidigungsausbildung in der Güstrower Polizeischule nicht. Danach hat sich Maike den nötigen Respekt erstritten, um auf ihre Fragen auch Antworten zu bekommen. Nur leider sieht keiner der so angestrengt auf Nazi getrimmten Jugendlichen einen Grund, warum man einen Fischbrötchenkutter versenken sollte, nur weil dort eine Chinesin ist.

»Solange die ihre Fresse hält und gute Brötchen macht, ist doch okay, oder?«

Stimmt eigentlich. Maike setzt sich wieder auf ihre Zündapp, wird aber noch mal zurückgehalten.

»Hey! Soll das nicht Muffins heißen?«

Die Jugendlichen haben den schwarz-roten Anarchostern auf dem Beiwagen ihres Motorrades entdeckt. Und den wütenden Schriftzug darüber: »FUCK THE MUGGINS!«

»Stimmt«, nickt Maike und setzt ihren Russenstahlhelm auf. »Ist ein Schreibfehler. Sind eigentlich Muffins gemeint.« Wie ein Panzer springt der Motor der Zündapp an, und Maike donnert davon.

Da sie beim rechten Fußvolk nicht weiterkommt, zumindest nicht in Barth, will sie es mal bei den Naziführern versuchen und röhrt mit ihrer brüllenden Zündapp nach Stralsund.

Doch das Büro des NPD-Kreisverbandes nahe der alten Stadtmauer ist geschlossen. Alle Jalousien sind heruntergelassen, irgendwer hat »Nazis raus« darübergesprayt. Die gesamte Fassade zieren bunte Kleckse. Spuren von Farbbeutelanschlägen irgendwelcher Antifa-Aktivisten. Bei genauerem Hinsehen erkennt man, dass in einige der roten Farbkleckse nachträglich weiße runde Flächen mit schwarzen Hakenkreuzen hineingemalt worden sind.

Nutzt aber alles nichts, denn momentan sind keine Nazis drin in diesem alten Fachwerkhaus.

Maike Hansen nimmt ihren martialischen Stahlhelm ab. Den hatte ihr Vater mal mitgebracht. Eine Hinterlassenschaft der abziehenden Sowjetarmee nach der Wende. Ist ein bisschen schwer, aber mal was ganz anderes als diese üblichen Motorradhelme. Und was Handgranaten standhalten muss, schützt wohl auch bei einem Unfall.

Per Smartphone sucht sie die Privatadresse des Stralsunder NPD-Abgeordneten und Kreisverbandsvorsitzenden heraus. Er wohnt nur ein paar Fahrminuten entfernt in Sundhagen, die Straße heißt Boddenring.

Die spießige kleine Einfamilienhaussiedlung am Rande des Strelasunds besteht vor allem aus Neubauten. Die ältesten sind vielleicht fünfzehn Jahre alt. Fertighäuser aus dem Katalog mit Doppelgaragen und kleinen Gärten. Die Straße warnt vor spielenden Kindern, irgendwo bellt ein Hund, die Vögel zwitschern. Eine echte Familienidylle.

Maike stoppt und steigt von ihrer Beiwagenmaschine. Hier soll ein Nazi wohnen? Sie hat sich finstere Typen vorgestellt, Leute mit Hitler-Bärtchen und im Trachtenjanker statt der Bomberjacke, die den Scheitel straff rechts haben und Volksmusik hören. Die Kastelruther Spatzen etwa, Stefanie Hertel oder, ganz schlimm, die Wildecker Herzbuben.

Aber hier klingen nur die üblichen Hitradiosender aus den geöffneten Fenstern, die Ostseewelle mit ihren stets gut gelaunten Moderatoren sowie den »aktuellen Hits und der größten Vielfalt mit der meisten Musik«. Und dann kommt »Happy« von Pharrell Williams.

Irre, findet das Maike, echt krass. Sie drückt die Klingel und ist gespannt, was weiter passiert. Doch weder ein Hitler junior öffnet die Tür noch irgendeine schräge Nazibraut. Stattdessen starrt sie in das offene Gesicht einer jungen Mutter, die sich mit einem Säugling auf dem Arm im Rhythmus der Musik wiegt.

»Because I'm happy – clap along if you know what happiness is to you!«

»Oh«, sagt sie freundlich lächelnd, »sind Sie der Paketdienst?«

»Nein, ich bin die Kriminalpolizei«, erwidert Maike und hält der Mutti den Dienstausweis vor die Nase. »Ich wollte eigentlich zu Ihrem Mann.«

»Das tut mir leid, aber seit er im Landtag sitzt, ist er wochentags immer in Schwerin.« Sie sieht auf einer Korkwand im Flur nach, an der auch ein Terminkalender hängt. »Heute hatte er Fraktionssitzung und müsste jetzt in der Haushaltsdebatte sitzen. Da kriegen Sie ihn nicht vor neun Uhr abends. Worum geht es denn?«

»Nichts«, winkt Maike ab. Die überfallen hier auch keine Fischkutter. »Nicht so wichtig. Ich melde mich später noch mal, falls etwas ist. Schönen Tag auch.«

Sie will sich abwenden, doch die Frau hält sie zurück. »Warten Sie!«

Und dann bekommt Maike ein NPD-Faltblatt in die Hand.

»Unser Flyer für das große Kinderfest am Wochenende«, strahlt die Frau, »da ist alles kostenlos: Essen, Hüpfburgen, Karussells. Diesmal gibt es sogar einen Autoscooter. – Sie haben doch Kinder?«

»Nein«, lächelt Maike. »Leider nicht.«

»Kommen Sie ruhig trotzdem«, lockt die Mutter, »das wird immer ein Spaß. Und vielleicht finden Sie ja bei uns den Mann fürs Leben. Eine deutsche Frau sollte Kinder bekommen, denke ich.«

»Ja, vielleicht.« Maike Hansen geht zu ihrem Motorrad zurück. »Wiedersehen.«

»Wiedersehen«, flötet die junge Mutter und verschwindet, sich »*happy, happy, happy*« mit der Musik wiegend und tänzerisch die Hüften schwingend, wieder im Haus.

Krass: Magda Goebbels zwei Punkt null.

Maike wirft den NPD-Flyer fort, bevor sie das Weite sucht.

Ihr nächster Besuch gilt Dr. Johannes Edwin Melchior von der Alternative für Deutschland, kurz AfD. Ein distinguierter Herr von etwa Mitte siebzig, der ein altes, sorgsam restauriertes Gutshaus nahe Altefähr auf der anderen Seite des Strelasunds bewohnt. Von hier aus hat man einen herrlichen Blick auf den Stralsunder Hafen gegenüber, mit dem dort liegenden ehemaligen Segelschulschiff »Gorch Fock«.

»Das ist die echte ›Gorch Fock‹«, präzisiert der ehemalige Studienrat aus Hamburg mit leichter Bitterkeit in der Stimme, »und nicht der heutige Skandalkahn, der immer mit horrenden Renovierungskosten und dubios verunglückten Kadettinnen von sich reden macht.«

Mit seinen Reithosen, dem Tweedsakko und dem Seidenhalstuch im offenen Hemdkragen kommt Melchior wie ein oller Adeliger herüber und nötigt Maike schon vom Anblick her Respekt ab. Bewundernd widmet er sich ihrer alten Zündapp-Beiwagenmaschine.

»Schönes Stück«, erklärt er mit seinem typisch hanseatischen Akzent und saugt anerkennend an seiner Pfeife. »Ja, damit hatte die Wehrmacht einst hervorragende Siege erzielt.«

»Sicher nicht«, widerspricht Maike, »die KS 601 ist kein Wehrmachtsgespann. Sie wurde erst nach dem Krieg gebaut. So ab 1950.«

»Verstehe«, nickt der Mann und deutet auf sein Haus. »Na, dann kommen Sie mal rein.«

In der riesigen Bibliothek bietet er Maike zunächst einen der opulenten Chesterfield-Sessel und einen Cognac an. Dann klärt er die junge Kriminalhauptmeisterin darüber auf, dass die AfD mitnichten eine Nazipartei sei.

»Verstehen Sie, junge Frau, in Deutschland wird alles, was dem linksliberalen Mainstream entgegensteht, erst mal mit der Nazikeule bekämpft. Nicht doch einen Drink?«

»Ein Wasser vielleicht.«

»Stimmt, Sie sind ja mit dem Motorrad da.« Er schenkt Wasser aus einer Kristallkaraffe ein. »Bitte schön.« Er reicht ihr das Glas und nimmt Platz in einem Sessel gegenüber. »Aber diese ewigen Nazivergleiche langweilen die Leute, glauben Sie mir. Und sie verhindern einen echten Aufbruch für unser Land. Wir sind keine Nazipartei, nur weil wir nicht dieses ganze multikulturelle Gedöns mitmachen wollen. Wir wollen einen echten Aufbruch für unser Land. Zurück zu den alten Werten und Traditionen, die Deutschland einmal groß gemacht haben. Nein, junge Frau, man kann uns bestenfalls als echte Konservative bezeichnen. Wir wollen den Mittelstand fördern, das freie Unternehmertum, und würden uns daher auch nie an einem Fischbrötchenkutter vergreifen.«

»Auch nicht, wenn er von einer Chinesin geführt wird?«

»Wir haben nichts gegen Chinesen.« Er lehnt sich vornehm zurück. »Und wir lehnen stumpfe Gewalt ab. Sehen Sie, Konkurrenz belebt das Geschäft. Und wir waren schon immer eine Partei, die den freien Wettbewerb fördert. Echten Wettbewerb, nicht einen, der wie heute schon in fast staatssozialistischer Manier durch verdeckte Subventionen verzerrt wird. – Soll ich Ihnen Beispiele nennen?«

»Lieber nicht!« Maike Hansen steht eilig auf. »Sie haben mir sehr geholfen, aber ich muss jetzt weiter. Vielen Dank.«

»Ich bringe Sie noch zur Tür.« Der alte Mann hat Schwierigkeiten, aus seinem tiefen Sessel herauszukommen.

»Ich finde den Weg hinaus, behalten Sie ruhig Platz.« Und schon ist Maike weg.

Puh, diese Politiker sind ja echt anstrengend. Gut, dass sie nicht noch einen Sozialdemokraten befragen muss. Oder die Merkel, na, das wäre was! Grüne gibt es in Mecklenburg-Vorpommern kaum, und die Linken hat sie bei sich zu Hause in Trinwillershagen sitzen. Da sind alle links, schon seit DDR-Zeiten: Vater, Mutter und natürlich Oma. Und solange Maike zu Hause wohnt, wird auch sie immer brav ihr Kreuz bei Sahra Wagenknecht machen. Obwohl die sicher auch total anstrengend ist.

29 ZWEI TAGE WAREN VERGANGEN, seit mir Yachtwart Jann Giehrling von seinem merkwürdigen Rachefeldzug gegen den Likedeeler erzählt hatte. Jeden Tag hockte er verunsichert auf seiner Bank vor der Happy-Charter-Basis, trank Unmengen von Bier und erwartete, jeden Augenblick von der Polizei verhaftet und in Handschellen abgeführt zu werden. Aber das passierte nicht.

Seltsam. War der Likedeeler gestorben? Dann hätte sich das im Nautischen Yachtclub längst herumgesprochen. Ganz im Gegenteil mehrten sich aber die Gerüchte, dass es dem Vorstandsvorsitzenden besser gehe. Dass er sich zwar noch nicht groß rühren könne mit all seinen Gipsverbänden, doch schon wieder ansprechbar sei. Warum aber hatte er dann keine Anzeige wegen des Überfalls auf ihn gestellt?

Jeden Tag segelte ich mit meinem Folkeboot über den Bodden und dachte darüber nach. Ich trank meinen Whisky, den guten Talisker von der Insel Skye, rauchte mein Pfeifchen dazu und sinnierte, während ich ab und zu die Segelstellung korrigierte und das Tuch mittels Cunninghamstrecker und Baumniederholer faltenfrei zu trimmen suchte, um nicht wieder von Paula einen Rüffel zu kriegen. Aber die war in den Stadthafen gerannt. In der Nacht hatte dort ein Fischkutter gebrannt und war anschließend gesunken. Jetzt wollten alle zugucken, wie das Wrack wieder gehoben wurde.

Mich interessierten solche Dinge weniger, aber ich ging auch in den Hafen, in der Hoffnung, meinen Südseefreund, das Baströckchen von der »Batavia«, dort zu treffen. Ich vermisste diesen Denunzianten regelrecht, denn nichts ist unbefriedigender, als wenn man jemandem die Meinung geigen will, aber dieser Jemand verschwunden bleibt. Und irgendwie hatte ich das Gefühl, dass die Dinge miteinander zusammenhingen. Hatte der Kurze den Likedeeler verprügelt? Und anschließend das Weite gesucht? Aber warum? Was konnte zwischen den beiden passiert sein?

Kurz: Die Sache beschäftigte mich. Ich war halt zu lang in meinem Leben Polizist gewesen. Zuletzt im Range eines Kriminalrates beim LKA in Berlin. Und mein alter Instinkt sagte mir, dass die Sache stank. Die Frage war: woher?

Ich sollte vielleicht ein paar Erkundigungen einholen.

Da mein Wagen unfallbedingt ausgetauscht werden musste, was einige Tage dauern sollte, hatte ich mir einen Mietwagen genommen. Ich wollte einen ganz normalen Mittelklassewagen wie den Passat, doch die Verleihstation hatte nur einen fetten Jaguar F-Pace für mich. Ein englisches SUV, das wie eine Kreuzung aus Porsche Cayenne und Bugatti aussah und ordentlich PS unter der Haube hatte.

Verfluchte Hölle, ging damit die Post ab! Und wenn mich der Spinner von der »Batavia« mit der Karre sehen würde, wäre er mächtig beeindruckt.

Zunächst fuhr ich nach Stralsund, wo der Likedeeler ein hohes behördliches Amt innehaben sollte. Außerdem sollte er, das hatte mir der Yachtwart ebenfalls erzählt, auch einen richtigen Namen haben, Thies Matthiesen, und der Stellvertreter von irgendetwas sein, was ihn mächtig wurmte. Denn nichts sei schlimmer, als der ewige zweite Mann zu sein. Und an diesem Komplex, da war sich Giehrling sicher, arbeitete sich der Likedeeler im Nautischen Yachtclub ab. Der große Vorsitzende, haha! Endlich war er mal an der Spitze.

Jetzt galt es zu klären, wo er nicht spitze war. Erst wollte ich ja einfach Likedeelers Frau dazu befragen, doch die vertrieb mich mit einer entsicherten und geladenen Schusswaffe von ihrem Grundstück, noch bevor ich mich vorstellen konnte.

Da versuchte ich es lieber bei den Kollegen von der Stralsunder Kriminalpolizei. Hier konnte man als pensionierter Kriminalrat aus Berlin noch richtig Eindruck schinden.

»Was verschafft uns denn die Ehre Ihres hohen Besuchs?«

Der Leiter der Dienststelle war ein junger Mann – vielleicht so fünfzig Jahre alt – mit auffällig roten Haaren und einem komplizierten polnisch klingenden Namen, den ich mir beim besten Willen nicht merken konnte. Gespannt sah er mich an.

»Sie wissen wahrscheinlich nicht, wie das ist«, übte ich mich in Bescheidenheit, »aber ich langweile mich furchtbar, seit ich in Pension bin. Ich war fünfundvierzig Jahre lang Kriminalist. Mir fehlt meine Arbeit.«

»Kann ich verstehen«, nickte der Rotschopf. »Soll ich Ihnen ein bisschen was über unsere Fälle hier erzählen? Wollen Sie ein paar Akten lesen?«

»Im Augenblick würde es mir reichen, wenn Sie für mich herausfinden würden, welche Funktion ein gewisser Thies Matthiesen in Ihrer schönen Stadt hat.«

Der Rotschopf wurde sofort hellhörig. »Wieso, was wollen Sie denn von dem?«

Sieh an, der Likedeeler schien in Stralsund tatsächlich keine unbekannte Größe zu sein.

»Nichts Besonderes«, versicherte ich beschwichtigend. »Sehen Sie, wir sind nur im selben Yachtclub in Barth. Der feiert in Kürze sein fünfundzwanzigjähriges Bestehen, und wir wollen unseren langjährigen Vereinsvorsitzenden zu diesem Anlass mit einem besonderen Geschenk beglücken.« Ich machte ein hilfloses Gesicht. »Aber wie das Besondere finden, wenn man die Hintergründe nicht kennt? Wir wissen nichts über unseren lieben Thies Matthiesen. Außer dass er ein begnadeter Segler und allseits beliebter Kamerad ist.«

Der Rotschopf blieb skeptisch. »Reden Sie mit Ihren beliebten Kameraden nicht auch über private Dinge?«

»Sie sind kein Segler, was?«

»Ich hab's mehr mit der Jagd«, antwortete der Rotschopf feinsinnig, »deshalb bin ich Kriminalist geworden.«

»Sonst wüssten Sie, dass Segler im Allgemeinen ausschließlich über ihre Segelabenteuer reden. Und natürlich weiß ich, dass er verheiratet ist und eine kleine Tochter hat. Ich kenne seine überaus reizende Frau. Aber beruflich …«, ich hob die Hände und wiegte verneinend das Haupt, »… nichts.«

»Warum fragen Sie nicht seine Frau?«

»Dann wäre es doch keine Überraschung mehr!« Herrgott, dieser Rotschopf war wirklich nicht einfach zu knacken. »Ich bin neu in der Stadt, ich kenne hier noch nicht so viele. Doch ich bin ausgelost worden und muss nun handeln.«

»Sie sind ausgelost worden?«

»Im Verein«, log ich zügig weiter, »als derjenige, der das Geschenk besorgen muss, das besondere.«

»Und dafür müssen Sie wissen, welchen Beruf der Matthiesen hat?«

»Ja.« Himmel noch mal! »Und da dachte ich, fragste mal bei der nächsten Dienststelle nach. So wie früher. Alte Gewohnheit, verstehen Sie?« Demonstrativ stand ich auf. »Aber schon gut, ich krieg das auch anders raus. – Schönen Tag noch.«

Bevor ich die Tür erreichte, hielt er mich auf. »Nein, warten Sie. Das haben wir gleich.« Der Rotschopf setzte eine Lesebrille auf und tippte in seinem Computer herum. »Es ist nur so, dass gegen den Matthiesen hier mal eine Anzeige vorlag. Verdacht auf Korruption.«

Ach! Das war ja hochinteressant. »Und?«

»Ist eingestellt worden. Aber wir müssen trotzdem vorsichtig sein, bevor wir Informationen herausgeben. – Hier hab ich es.«

Der Rotschopf sah konzentriert auf den Monitor. »Matthiesen, Thies, sechsundvierzig Jahre alt, wohnhaft in Karnin.«
»Genau den meine ich.«
»Ist stellvertretender Leiter des Ordnungsamtes hier in Stralsund.« Der Rotschopf sah mich über seine Lesebrille hinweg an. »Wollen Sie die Adresse haben?«
»Gern.«
Na bitte, jetzt ging es voran.
»Schillstraße 5 bis 7«, erklärte der Rotschopf, »die alte Klosteranlage in der Altstadt. Das können Sie nicht verfehlen.«
»Vielen Dank.« Ich legte ihm meine alte Visitenkarte auf den Tisch. »Hintendrauf steht meine aktuelle Nummer. Falls wir mal schnacken wollen. So als Kollegen.« Ich nickte ihm grüßend zu und ging.

Mit dem dicken Jaguar schob ich mich, geleitet vom Navigationssystem, durch die engen Gassen der Altstadt. Früher war Stralsund ja eine bedeutende Metropole der Hanse gewesen, und das sah man auch noch an den vielen prächtigen Patrizierhäusern und mächtigen Speichern, die vom Reichtum vergangener Zeiten zeugten.

Etwa zweihundert Meter vor dem Ziel wurde es unübersichtlich. Der Verkehr staute sich, überall standen blinkende Polizeiwagen. Sämtliche Straßen waren abgesperrt, und über uns wummerten Hubschrauber am Himmel herum.

Was war denn jetzt los?

Ich stieg aus dem Wagen und folgte einer neugierigen Menschenmenge, bis es nicht mehr weiterging.

»Hier spricht die Polizei«, knarzte eine Lautsprecherstimme, »bitte bleiben Sie hinter den Absperrungen und behindern Sie nicht die Einsatzfahrzeuge. Bilden Sie eine Rettungsgasse und fotografieren Sie nicht.«

Du lieber Himmel, worum ging es denn hier?

Gerüchte machten die Runde: von einer Bombendrohung im Ordnungsamt. Und dass man auch Sprengstoff gefunden habe. Und an allem sei die Merkel mit ihrer irrsinnigen Flüchtlingspolitik schuld. Jetzt habe man die Terroristen im Land.

Aber war das hier Terrorismus? Oder ging es um etwas ganz anderes?

Eine Bombe in einem Amt, dessen stellvertretender Leiter Thies Matthiesen war. Der jetzt zusammengeschlagen im Krankenhaus lag und gegen den wegen Korruption ermittelt worden war.

Aufregend! Meine alte kriminalistische Nase begann Witterung aufzunehmen. Ich spürte, dass ich ganz unvermittelt einer großen Sache auf der Spur war. Und plötzlich wurde mein Leben wieder spannend.

30 DER REGEN IST STÄRKER GEWORDEN.

Um auf ihrem Motorrad nicht klatschnass zu werden, stellt Maike es im Hafen ab und macht Mittagspause unter dem tropfenden Vordach von »Fischers Fritz«, einem Fischbrötchenkutter mit draller, kurvenreicher Verkäuferin.

»Moin. Habt ihr auch was Vegetarisches?«

»Ohne Gemuse heute du kannst nicht uberleben«, erwidert die Verkäuferin mit unverkennbar osteuropäischem Akzent. »Immer mehr Leute nix essen Fleisch, nix essen Fisch. Nix essen dies, nix essen das. Dabei Fisch gesund für Mjenschen. Sehrr gesund!«

»Gemüse ist auch gesund«, erwidert Maike.

»Ja, aber das ist Fischkutter. Nix Gemusekutter!« Sie sieht Maike missbilligend an. »Aber gutt, was du willst essen?«

»Keine Ahnung! Was habt ihr denn?«

»Ich dir machen ljeckere Brotchen mit Tomate. Und noch Seetang dazu, damit du hast was vom Meer, gutt?«

»Klingt sehr gut. Aber keine Remoulade bitte.«

»Du sehrr schlank«, lacht die dralle Verkäuferin augenzwinkernd, »du nix brauchen Diät.«

»Na, wehret den Anfängen«, sagt Maike und besieht sich die Verkäuferin genauer. Sie hat, wie der Chef es ausdrücken würde, die Blüte ihrer Jahre überschritten, sieht aber immer noch sehr hübsch aus. Vielleicht ein bisschen zu auffällig geschminkt, aber hübsch. Das hennagefärbte Haar ist zu einem dicken Zopf gebunden, die Nägel sind passend lackiert. Und wenn sie zwischen ihren Gerätschaften herumhantiert, schwenkt sie den Hintern elegant wie ein Model.

»Kommen Sie aus Russland?«

»Aus Ukraina«, antwortet die Verkäuferin, »ich aber schon lange in Deutschland.«

»Und? Gefällt es Ihnen hier?«

»Sehrr gutt«, sagt sie und lächelt. »Sonst ich nicht wär geblieben, weiß du? Nette Leute, schöne Männer. Alles gutt!«

Ein kräftiger älterer Mann kommt hinter der Theke hervor und nickt Maike knapp zu. »Moin.«

»Moin.«

»Das ist mein Mann.« Die Ukrainerin strahlt und umarmt ihn stolz. »Ist nicht süß?«

Na ja, süß ... Der Typ ist mindestens zwanzig Jahre älter als die Ukrainerin, hat keine Haare mehr und ein raues, von Wind und Wetter gegerbtes Gesicht. Wie ein Fischer eben. Die Ukrainerin gibt ihm einen dicken Schmatzer auf die Wange und lässt ihn dann los. Errötend verschwindet der Mann wieder hinter der Theke.

»Ist schüchtern«, erklärt die Ukrainerin verschmitzt, »ich mag das.«

»Ja, besser als diese aufdringlichen Typen«, findet auch Maike. »Die Schüchternen sind auch treuer.« Vermutet sie jedenfalls.

»Und sehrr, sehrr lieb.« Die Ukrainerin schiebt Maike einen Pappteller mit dem Tomaten-Seetang-Brötchen über den Tresen. »Noch trinken dazu?«

»Vielleicht einen O-Saft.«

»Wir haben frisch gepresst. Vitamine gutt für Gesundheit.« Sofort macht sie sich an die Arbeit.

Nachdenklich beißt Maike in ihr Brötchen. Okay, Fischer sind Seeleute, die fahren vielleicht auch mal fremde Häfen an. Aber ihr ist noch nie zu Ohren gekommen, dass sich ein deutscher Ostseekutter bis ins Schwarze Meer verirrt hat. In die Ukraine. Erst recht nicht bis nach China.

»So, bitt schon!« Die Ukrainerin stellt ihr ein großes Glas Orangensaft hin.

»Hatten Sie hier schon mal Probleme?«, erkundigt sich Maike. »Mit Fremdenhass, meine ich? Gab es schon mal Drohungen gegen Ihren Kutter?«

»Nein«, beteuert die Ukrainerin, »die Mjenschen sind freundlich hier.«

»Keine Nazis?«

»Keine Nazis«, bekräftigt die Verkäuferin. »Anders in Ukraina. Da alles voll mit Nazis. Machen sogar Regierung in Kiew. Bomben eigene Leute in Donbass.« Sie schüttelt verständnislos den Kopf. »Scheiße Politik.«

Da kann Maike nur zustimmen. Sie trinkt ihr Glas Orangensaft, zahlt und trabt dann mit ihrem Tomaten-Seetang-Brötchen zurück zur Zündapp. Der Regen hat nachgelassen.

Zeit, die Staatsanwaltschaft aufzusuchen. Sie will sich die Tonbandaufzeichnungen von den anonymen Drohungen gegen den Futterkutter anhören.

Doch Staatsanwältin Dr. Annetta Kilius ist für Maike nicht zu sprechen. Angeblich ist sie bei einer Pressekonferenz.

Stattdessen wird Maike mit einem jungen Mann konfrontiert, der hier offenbar ein Praktikum macht und nebenher Jura studiert.

»Diese Tonbandaufzeichnungen interessieren doch eh keinen mehr«, sagt er zu Maike.

»Doch«, widerspricht sie. »Mich.«

»Und wieso?« Der junge Mann sieht sie fragend an.

»Weil ich in dem Fall ermittle.« Sie zeigt ihm ihren Dienstausweis.

»Wissen Sie nicht Bescheid?«

»Worüber sollte ich denn Bescheid wissen?«

»Die Ermittlungen sind eingestellt«, erklärt der junge Mann und drückt ihr die entsprechende Pressemitteilung in die Hand. »Seit heute Morgen schon.«

»Was?« Maike traut ihren Ohren nicht. Doch ihren Augen schon. In der Pressemitteilung steht eindeutig, dass der Brand des Futterkutters auf einen technischen Defekt zurückzuführen sei und die Ermittlungen daher eingestellt würden. Näheres dazu wolle die leitende Staatsanwältin Frau Dr. Annetta Kilius in der Pressekonferenz erläutern.

Maike sieht auf. »Wo ist denn diese Pressekonferenz?«
Der junge Mann winkt ab. »Da dürfen nur Pressevertreter hin. Aber fragen Sie in Ihrer Dienststelle nach. Die müssten den Bescheid zur Einstellung der Ermittlungen auch bekommen haben.«

Ja, denkt Maike. Und der Chef ist wieder der Chef. Goodbye, Hauptkommissar Keil!

31   DAS »OXYMORON«, direkt an der Strandpromenade von Warnemünde gelegen, ist ein feudales Edelbordell und der Stammsitz von Vlad und Igor. Von außen betrachtet sieht es wie eine große, sehr schön renovierte Strandvilla im Bäderstil aus, innen gibt es korinthische Marmorsäulen, antike Statuen von Amor, Sappho und Bacchus unter ausladenden Topfpalmen und Hibiskusblüten. Im Zentrum des Raumes ist ein großer Springbrunnen mit unzähligen vergoldeten wasserspeienden Drachen- und Fischköpfen in den Mosaikboden eingelassen. Und über allem wölbt sich das Kristallgebirge einer opulenten Lichtkuppel, in der sich tagsüber die Sonne und der Himmel mit seinem Wolkenspiel in Tausenden von Farben reflektieren und nachts die Sterne.

Jedes Mal wenn Thea die Villa betritt, kommt sie sich vor wie Alice im Wunderland. Eine Traumwelt öffnet sich hier, die mit dem Leben draußen kaum noch etwas zu tun hat. Edle schwarze und sehr wohlgeformte Gestalten in Pluderhosen und mit Turban auf dem Kopf servieren heiße Schokolade und Mokka, als wären sie der Sarotti-Mohr. Verführerische Perserinnen kredenzen frisches Obst, Wein und Sekt werden von würdevollen Herren in Louis-seize-Gewändern gereicht, und je nach gewählter Speise tragen die Kellner Jagdgewänder, etwa wenn man Wild bestellt hat, Zigeuner bringen feuriges Gulasch oder japanische Geishas tragen Sushi auf. Es ist für jeden etwas dabei.

Abends spielt eine Kapelle zum Tanz, es gibt verschiedene Bühnen- und Mottoshows, und wer sein Mädchen gefunden hat, kann sich mit ihm in eine der wundervollen Suiten zurückziehen. Es gibt Tageskarten zu vierhundertachtzig Euro, alles inklusive. Die Woche kostet ein kleines Vermögen, und dennoch ist der Laden immer so gut wie ausverkauft. Selbst arabische Ölscheichs haben sich hier schon eingemietet, Industrielle und die Spieler des Großkapitals, und hartnäckig hält sich das Gerücht, dass es finanzkräftige Kunden gibt, die schon seit Jahren hier leben und das »Oxymoron« gar nicht mehr verlassen wollen.

Mit Recht können Vlad und Igor stolz sein. Vor zwanzig Jahren haben sie als kleine Vorstadtluden in Lütten Klein und Lichtenhagen die ersten Huren auf die Straße geschickt, heute kontrollieren sie die gesamte Rotlichtszene an der Ostsee von Wismar bis Greifswald und haben sich ein kleines Imperium geschaffen, dessen Zentrum das »Oxymoron« zu Warnemünde ist.

Im großen Saal finden die Proben für den Abend statt, heute gibt es die große Tom-Jones-Show. Immer wieder wummern die ersten Takte von »Sex Bomb« los, dann wird gestoppt, die Lichtstimmung verändert, die Haltungen der Nackttänzerinnen an den Pole-Dance-Stangen korrigiert und der Sound gecheckt.

»Okay, *let's go*! Wir machen mal einen Durchlauf!«

Das Schlagzeug ertönt, die Hammondorgel stimmt mit ein, dann erklingen Trompeten, Percussions und das Saxophon.

»*Ah, ah, Baby yeah, okay, huuh – listen to this*«, tönt eine rauchige Männerstimme, bevor ein Typ vor den Vorhang tritt, der durchaus Ähnlichkeit mit dem jungen Tom Jones hat und trotzdem wie eine Mischung aus Atze Schröder und Dieter Thomas Heck wirkt. Aber singen tut er live und gut.

> »*Spy on me, baby, use satellite*
> *Infrared to see me move through the night*
> *Aim gonna fire shoot me right*
> *Aim gonna like the way you fight*
> *And I love the way you fight*
> *Now you found the secret code*
> *I use to wash away my lonely blues well ...*«

Dazu schwenkt er wild die Hüften und arbeitet sich an den Refrain heran. Die Trompeten erheben sich zu einem ersten dramatisch heißen Höhepunkt, das Saxophon jubiliert.

»So I can't deny or lie 'cause you're a
Sex bomb – sex bomb – you're a sex bomb, uh, huh
You can give it to me when I need to come along, give it to me ...«

»Stopp! Aus! So geht das nicht!« Vlad, ein hagerer, etwa fünfzigjähriger Deutschrusse, der mit seinem taillierten Seidenhemd, den weißen Schlaghosen und der kreativen Ernsthaftigkeit eines Broadwayregisseurs wie die Kopie von Roy Scheider in »All That Jazz« wirkt, springt verärgert auf.

»*Anyway*, Dietrich, du schaust beim Singen, als hättest du Magenkrämpfe! Komm aus dir heraus, *you know, give me feeling, give me emotion*, du schwärmst für diese Frau. *She's your sex bomb*, Mann! Wir sind hier nicht beim Song Contest, das muss knallen vom ersten Takt an.« Genervt setzt er sich und gibt der Kapelle ein Zeichen. »*Let's repeat, boys!*«

Doch bevor die Kapelle wieder loslegen kann, ruft jemand vom Tonpult. »Moment, wir müssen hier was umstecken.«

»Was ist denn?« Stöhnend springt Vlad erneut auf und tippt seinen Bruder an, der, in sein Smartphone vertieft, in einem der Sessel liegt, als ginge ihn das alles nichts an. »Sag doch auch mal was, Igor!«

»Die Tontechniker brauchen einen Moment«, erwidert der gelassen und ohne aufzusehen, »also gib ihnen den Moment.«

Das nutzt Thea, die vorsichtig zwischen den Sitzreihen hindurch nach vorne kommt.

Vlad rastet schier aus vor Begeisterung. »Thea, meine Schöne, die Sonne geht auf!« Er geht mit ausgebreiteten Armen auf sie zu und herzt sie innig. Dann schiebt er sie etwas von sich weg und sieht sie kritisch an. »Nein, Thea, sag nicht, dass du schon wieder gut abgehangenes Fleisch brauchst.«

Thea lächelt bedauernd. »Die Jungs rennen mir die Bude ein. Die Wartelisten werden immer länger.«

»Aber irgendwer muss doch noch Fische fangen, Thea.« Vlad

wedelt affektiert mit den Händen. »Was willst du denn sonst verkaufen an deinen ganzen Brötchenständen, wenn niemand mehr fischen geht?«

»Der Fisch kommt aus Übersee, Vlad. Mach dir darum keine Gedanken. Wir haben ein ganz anderes Problem, wie es scheint.« Sie setzt sich neben Igor und zieht aus ihrer Handtasche den Zeitungsartikel vom abgebrannten Futterkutter hervor. »Die Staatsanwaltschaft ermittelt.«

Vlad nimmt ihr den Artikel aus der Hand und schüttelt langsam den Kopf. »Nein, kein Problem. Wir haben damit nichts zu tun, oder, Igor?«

»Wenn, dann wüsstest du es, Vlad«, entgegnet Igor hinter seinem Smartphone. »Ist das Mädchen in Sicherheit?«

»Ich habe sie bei den sanften Schwestern untergebracht.« Thea lässt sich ihre Überraschung nicht anmerken. »Bis sich der Pulverdampf verzogen hat.« Sie steckt sich eine Zigarette in einem langen Filter an und gibt sich betont locker. »Und? Was habt ihr für mich?«

Vlad hebt bedauernd die Hände und sieht seinen Bruder an. »Igor? Muss jemand in Rente?«

»Ich schau gerade mal.« Er tippt in seinem Smartphone herum. »Ende des Jahres wollten wir die Belegschaft des Escortservices in Binz austauschen«, sagt er nachdenklich. »Die sollten eigentlich nach Niedersachsen verkauft werden. An so einen Puffbesitzer im Hinterland ...«

»Ich zahle besser«, unterbricht Thea, »das wisst ihr beide.«

»Ja, aber ob die Mädels unbedingt Fischbrötchen verkaufen wollen ...« Igor wiegt zweifelnd den Kopf. »So alt sind die noch nicht.«

»Na, hör mal!« Thea zieht an ihrer Zigarette. »Alles ist besser als Hinterland.«

»Stimmt, Diepholz ist wirklich nicht doll. Ich kann ja mal nachfragen, wer von denen die Branche wechseln will.«

»Da fällt mir ein«, Vlad greift sich sinnierend an den Kopf, »Agnieszka braucht eine Altersversorgung. Sehr zuverlässig und von Anfang an bei uns dabei, stimmt's, Igor?«

Der nickt und starrt weiter unbeirrt auf sein Smartphone. »Ja, die gehört praktisch zum Inventar. Macht die nicht noch die Bar in der ›Blauen Lagune‹?«

»Ja, und das sehr gut.« Vlad seufzt. »Ein treues Mädchen, wirklich. Aber ich habe neulich mit ihr gesprochen. Sie wirkte erschöpft und meinte, wenn sie in Rente gehen könnte, würde sie es tun.«

Igor sieht endlich auf und Thea an. »Klarer Fall für euch, was?«

»Wie alt?«

»Mitte fünfzig, vielleicht auch sechzig.«

»Geht in Ordnung«, sagt Thea, »schickt sie mal vorbei.«

»Machen wir.« Vlad sieht zum Tonpult. »Wie lange dauert das denn noch?«

»Wir sind durch«, meldet das Tonpult.

»Na endlich!« Vlad klatscht in die Hände. »Es geht weiter, Leute! Alle auf *position*.« Das letzte Wort spricht er wieder englisch aus: Posischn.

»Und klär das mit dem Escortservice«, mahnt Thea, »wie gesagt, meine Wartelisten sind lang. Bis die Tage!«

»Bis die Tage, meine Schöne!« Wieder wird sie von Vlad geherzt. »Ich würd ja gern mal länger mit dir plaudern, aber du siehst ja: *The show must go on, baby, that's life.*« Und dann wendet er sich wieder seinem Tom-Jones-Darsteller zu. »So, Dietrich, diesmal ziehen wir keine Fresse, sondern bleiben schön smart. Ich will Liebe und Leidenschaft, klar?«

»Klar, Boss«, kommt es von der Bühne.

»Okay«, wieder klatscht Vlad, »*let's swing, boys! One, two …*«

Das Schlagzeug wummert los und die Hammondorgel, dann setzen die Trompeten ein.

»*Spy on me, baby, use satellite*
Infrared to see me move through the night
Aim gonna fire shoot me right
Aim gonna like the way you fight
And I love the way you fight …«

Thea setzt sich in den Fond ihrer S-Klasse und genehmigt sich aus dem Eisfach erst mal ein Piccolo-Fläschchen Sekt. Sie ist stolz auf ihre S-Klasse, ein gepanzertes Modell mit langem Radstand. Es soll der letzte Dienstwagen von Helmut Kohl als Kanzler gewesen sein. Na, zweifelsfrei lässt sich das nicht überprüfen, aber Thea glaubt gern diese Geschichte.

»Auf dich, mein Kanzler«, prostet sie ihm zu. »Auf deine Gesundheit!« Als sie ihn das letzte Mal im Fernsehen sah, wirkte Helmut Kohl ziemlich angeschlagen. Von Schlaganfällen gezeichnet saß er im Rollstuhl. Aber er hat dieser schrecklichen Merkel trotzdem öffentlich gesagt, was er von ihrer Regierung hält. Nämlich nichts! Ein alter Mann, der sich zu Recht empört.

Ach, Helmutchen, du warst der Größte! Und du wirst immer mein Kanzler bleiben.

»Wo soll's denn hingehen, Thea?«

Das fragt Eugen. Eugen, erste Silbe kurz, zweite gedehnt. Eu-geen. Auch ein ehemaliger Fischer, der jetzt den Chauffeur macht.

»Nach Hause, Eugen, nach Hause.« Thea seufzt. »Ich brauch meinen Mittagsschlaf.« Vor allem muss sie herausfinden, wer hinter dem Anschlag auf den Futterkutter steckt. Wenn Vlad und Igor damit nichts zu tun haben, wer dann? Etwa doch ihre bekloppten Neffen?

32   DER ÜBER HUNDERT JAHRE ALTE Speicher am Stralsunder Hafen ist ein gewaltiges Backsteingebäude mit der verwitterten Aufschrift »STRALSUNDER LAGERHAUS-GESELLSCHAFT«. Doch die ist alt und gilt nicht mehr. Im Erdgeschoss hat ein hippes Restaurant mit Cocktailbar und Sonnenterrasse aufgemacht, Teile der alten Getreideböden sind an diverse Start-up-Unternehmen vermietet worden. Thea hat keine Ahnung, was die da so treiben. Irgendwas mit Computern wahrscheinlich. Sie interessiert sich lediglich für die Mieteinnahmen, die den Unterhalt des riesigen Gebäudes sichern sollen, denn so ein alter denkmalgeschützter Speicher ist teuer. Vater hat ihn damals nach der Wende für eine symbolische Mark von der Stadt

erworben mit der Auflage, ihn wieder herzurichten, und sich damit fast die Existenz und ganz sicher die Gesundheit ruiniert. Erst Thea schaffte es, aus den roten Zahlen herauszukommen, indem sie sich mit sexueller Freizügigkeit gegenüber ein paar Bankvorständen neue Kredite verschaffte, mit dem Geld den Speicher sanierte und das Kerngeschäft von der Fischerei auf den Fischvertrieb verlagerte. Inzwischen wohnt Thea auch im Speicher und hat hier ihre Unternehmenszentrale. Ein unauffälliges Schild neben dem großen Haupttor aus dreißig Zentimeter dicken Eichenbohlen auf der Rückseite des Speichers weist darauf hin. Schlichte schwarze Buchstaben auf weißem Grund: »Bunken Food GmbH«.

Zeitgleich mit Thea trifft auch ein grauer Kleintransporter vor dem Tor ein.

Die Jungs. Und wie es aussieht, haben die was angestellt, denn der Jüngere ist klatschnass und total verdreckt, als er aus dem Wagen springt und das Tor aufreißt. Dann winkt er hektisch den Kleintransporter rein und bedeutet Theas Chauffeur, dem Eugen, auch hineinzufahren.

»Mensch, los, Eu-geen! Mal mit Zack!«

Behutsam lässt Eugen den gepanzerten S-Klasse-Mercedes in die gewaltige Lagerhalle einrollen.

Der Jüngere schließt das Tor und verriegelt es dreifach.

»Wo kommt ihr denn her?« Thea steigt aus dem Wagen und starrt missbilligend auf den Jungen. »Wie siehst du überhaupt aus?«

»Wir haben ein paar Sachen geklärt.« Der Ältere rutscht vom Fahrersitz des Kleintransporters, geht um den Wagen herum und öffnet die Heckklappe.

Thea traut ihren Augen nicht. Denn der Ältere holt ein verheultes Etwas aus dem Transporter. Ein Mädchen in patschnassem Anorak, starr vor Angst und noch viel dreckiger als der Jüngere. Die Hände der Kleinen sind auf dem Rücken mit Klebeband gefesselt.

Thea braucht einen Moment, um die Sprache wiederzufinden. »Wer ist das?«

»Na, die Tochter von dieser ...« Der Jüngere sucht nach dem richtigen Wort.

»... Staatsanwältin«, hilft ihm der Ältere auf die Sprünge.

»Lassen Sie mich gehen«, schluchzt die Kleine drauflos und blickt Thea hilflos durch schmutzig nasse Haarsträhnen hindurch an. »Ich habe nichts getan, ich ...«

»Ruhe!«, schnauzt Thea.

Das Mädchen verstummt eingeschüchtert und fängt wieder an zu weinen.

»Was habt ihr mit der gemacht?« Thea ringt um Fassung. »Was soll das werden?«

»Na, wir ham büschen im Modder gespielt«, grinst der Jüngere und schaut auf seine schmutzige Bomberjacke. »Siehst du ja.«

»Vor allem haben wir zunächst die Schwachstellen unserer Gegner analysiert«, erklärt der Ältere ruhig, »und dann entsprechend gehandelt. Die Kleine hat nämlich einen Hund, und die reagieren besonders auf das hier.« Er holt eine kleine Pfeife hervor und bläst hinein.

»Da stehen Hunde voll drauf«, betont der Jüngere, »das ist eine Hundepfeife.«

»Ich weiß, was das ist.« Thea steckt sich fahrig eine Zigarette an. »Ich weiß nur nicht, was das alles soll?«

»Du hast doch gesagt, dass die Ermittlungen von der Staatsanwältin unsere Pläne stören«, erinnert sie der Ältere. »Also sind wir mal hin zu ihr. Die wohnt da in Prerow in so einem kleinen Ferienhaus direkt am Dünenwald. Und da haben wir den Hund gesehen. Eine ordentliche Deutsche Dogge.«

»Wir haben uns hinter die Hecke gestellt, in die Hundepfeife geblasen und leckere Hundesnacks über den Zaun geworfen«, sagt der Jüngere stolz, »du, keine zwei Stunden, und der Hund war auf unserer Seite.«

»Ja, der hat nach unserer Pfeife getanzt«, grient der Ältere und wird wieder ernst. »So konnten wir erst ihn und dann die Kleine aus dem Haus locken. Da gibt's doch dieses Dünentalmoor am alten Peenestrom.« Er hält Thea sein Smartphone hin. »Filmisch ist das jetzt nicht gerade Hollywood, aber für unsere Zwecke reicht das ja wohl.« Thea sieht, wie das Mädchen im Sumpf verzweifelt gegen das Versinken kämpft.

»Alles musste ich machen«, regt sich der Jüngere auf, »die

Dogge in den Sumpf locken und dann das Mädchen wieder rausholen. Er hat dauernd nur gefilmt.«

»Und was wollt ihr damit bezwecken?« Thea ist völlig entgeistert, ihre Stimme wird zunehmend schriller. »Seid ihr völlig verrückt geworden? Das ist Wahnsinn, Jungs!«

»Das ist vor allem ziemlich aufwühlend für eine Mutter«, entgegnet der Ältere gelassen und steckt das Smartphone wieder weg. »Und sie wird alles tun, um ihre Tochter zu retten.«

»Die wird Himmel und Hölle in Bewegung setzen«, regt sich Thea auf und hebt barmend die Hände. »Oh Gott, wie kommen wir da wieder raus?« Vor ihrem geistigen Auge sieht sie Polizeihubschrauber über dem Speicher kreisen, Scharfschützen auf den umliegenden Dächern und ein Spezialkommando, das mit Blendgranaten die Lagerhalle stürmt. »Wir sind so gut wie erledigt.«

»Aber wieso denn, Thea? Die Staatsanwältin stellt die Ermittlungen ein, und gut is.«

»Und wenn nicht?« Thea hat Mühe, nicht in Hysterie zu verfallen. »Tötet ihr dann das Mädchen?«

»Na, erst mal haben wir sie ja wieder aus dem Sumpf geholt. Und jetzt machen wir sie sauber.« Der Ältere nimmt einen Feuerwehrschlauch in die Hand. »Stellt euch mal in die Ecke da.«

»Was?« Der Jüngere starrt den Älteren entsetzt an. »Ich auch?«

»Na, du siehst doch auch aus wie Sau.« Der Ältere dreht den Hydranten auf. »Los! Hinten in die Ecke!«

Ein gewaltiger Wasserstrahl entlädt sich aus dem Schlauch und fegt durch die leere Lagerhalle. »Macht hinne!« Der Ältere hat Schwierigkeiten, den Schlauch zu bändigen. »Hier ist ordentlich Druck drauf.«

Der Jüngere schnappt sich das zitternde Mädchen und zieht es mit sich in die hintere Ecke des Lagerraums. »Du, das Wasser ist bestimmt arschkalt!«

»Das isses!« Der Ältere hält auf die beiden drauf.

Das Mädchen kreischt, der Jüngere schreit: »Scheiße, bist du mall oder was …« Dann liegen beide auf dem Boden, vom Wasser völlig durchgespült. »Oh Gott«, gurgelt der Jüngere. »Aah! Hör auf, Mann!«

Der Ältere dreht den Hydranten wieder ab. »Sauber sind sie jetzt«, stellt er lakonisch fest, »müssen nur noch trocknen.«

Thea steht da wie eine Salzsäule. Die Augen geschlossen, die Hände zu Fäusten geballt, dass die schmalen Knöchel weiß hervortreten. Die sind wie Kinder, denkt sie angespannt, die verkennen völlig den Ernst der Lage. Sie entführen ein Mädchen und spritzen dann mit Wasser herum, als wäre das alles nur ein Riesenspaß. »Wie soll das enden?«

»Zum Beispiel so.« Der Ältere zieht ein zerknittertes Papier hervor. »Hier, das ist die Pressemitteilung der Staatsanwaltschaft.«

Thea liest und sieht auf. »Die haben die Ermittlungen tatsächlich eingestellt?«

»Das wolltest du doch. Damit wir weitermachen können. Das Hotel ist noch dran.«

»Dann lasst die Kleine gehen! Worauf wartet ihr noch?«

»Momang.« Der Ältere hebt warnend den Zeigefinger. »Das Problem ist, die Kleine weiß, wie wir aussehen ...«

»Ich sag nichts«, schluchzt das Mädchen, »ich werde nichts verraten, ehrlich!«

»Das hättet ihr euch früher überlegen sollen.« Thea laufen eiskalte Schauer über den Rücken. Denn das Mädchen weiß jetzt auch, wie sie aussieht. Und es kennt das Lagerhaus, weil Kirstens idiotische Söhne ...«

»Klassischer Planungsfehler«, meint der Ältere gelassen. »Kann vorkommen.«

»Wir mussten ja ziemlich viel imponieren«, setzt der Jüngere zähneklappernd hinzu.

»Improvisieren«, verbessert der Ältere.

Super! Thea friert, als hätte sie auch was vom Wasserstrahl abbekommen. Und jetzt, denkt sie in einer Dauerschleife, und jetzt? – Was jetzt? Was tun? Wie kommt sie aus dieser Geschichte wieder raus, verflucht? Was tun? Was, verdammt noch mal, tun?

Sie hat keine Antwort auf die Frage. Und kommt auch nicht dazu, weiter nach Lösungen zu suchen, denn plötzlich klopft es laut und herrisch gegen das große Tor.

»Aufmachen! Kriminalpolizei!«

Thea bleibt fast das Herz stehen vor Schreck. Auch das noch.

Das haben diese Idioten ja sauber hingekriegt. Kirsten, deine Söhne sind so selten bekloppt, das gibt's doch nicht. Entführen die Tochter der Staatsanwältin und bringen die Bullen gleich mit.

»Hier spricht Oberkommissar Björn Oehler«, hört man es vernehmlich durch das Tor, gefolgt von einem weiteren lauten Klopfen. »Ich habe gesehen, dass hier zwei Autos reingefahren sind. Also machen Sie auf!«

»Schafft das Mädchen weg«, zischt Thea den Jungs zu.

Die, dämlich wie immer: »Wohin?«

»In den Keller«, faucht Thea genervt, »Hauptsache, weg. Und ihr bleibt auch weg. Ich rede mit dem Kommissar, klar?«

»Der hat doch die Handschellen schon dabei, oder?« Das sagt der Ältere.

»Scheiße, ich will nicht ins Gefängnis«, wimmert der Jüngere.

»Haut jetzt ab!« Thea ist mit den Nerven völlig am Ende. Aber das darf sie sich nicht anmerken lassen. »Ich kläre das. Und ihr bleibt schön unter Deck, verstanden?«

»Verstanden, Thea.« Das sagen beide. Und dann schnappen sie sich das jetzt weniger schmutzige, dafür aber umso mehr triefende Mädchen, öffnen eine Falltür und verschwinden mit ihm buchstäblich in der Versenkung.

Erst mal tief durchatmen. Ganz tief durchatmen!

Vermutlich ist jetzt sowieso alles egal. Ergeben geht Thea zum Tor und entriegelt es. Dann tritt sie mit erhobenen Händen hinaus. Damit alle sehen, dass sie unbewaffnet ist, und sie nicht gleich erschossen wird.

Doch es steht nur ein Mann vor der Tür. Kein Sondereinsatzkommando stürzt sich auf sie, keine Scharfschützen lauern auf den Dächern. Nirgendwo auch nur ein schwer bewaffneter Polizist mit Plexiglashelm und schusssicherer Weste.

Nur dieser eine füllige Herr Ende fünfzig, der nicht mal wie ein Polizist aussieht. Im Gegenteil: Mit der Wollmütze auf dem Kopf, dem Seemannspullover und dem stattlichen Bierbauch darunter wirkt er eher wie einer von ihren Fischern.

»Frau Bunken, nehme ich an?«

»Ja«, antwortet sie und nimmt verblüfft die Hände wieder herunter. »Sie sind wirklich von der Kriminalpolizei?«

»Muss ich Ihnen meine Dienstmarke zeigen?« Bräsig tritt er in die Lagerhalle und schaut sich um, die Hände in den Hosentaschen. »Oder glauben Sie mir so?«

»Tut mir leid«, erwidert Thea, »aber ich muss darauf bestehen.« Da könnte ja jeder kommen. Der Schreck sitzt ihr derart in den Gliedern, da will sie wenigstens eine Dienstmarke sehen. Noch nicht mal eine Zigarette kann sie sich anzünden, so sehr zittern ihre Hände.

Der stämmige Kommissar nimmt langsam, ganz langsam die Hände aus den Hosentaschen und greift sich mit der Rechten ans Gesäß. Und dann hat er tatsächlich einen etwas abgegriffenen Ausweis in der Hand. »Bitte.«

»Danke.« Thea sieht sich das Dokument genau an. Ausgestellt vom Landeskriminalamt Mecklenburg-Vorpommern auf einen KOK Oehler, Björn, Dienststelle Kriminalkommissariat Stralsund, Außenstelle Barth. Scheint echt zu sein.

Sie gibt den Ausweis zurück. »KOK: Heißt das ...«

»Kriminaloberkommissar, wie gesagt.« Wieder sieht er sich in dem weiten, teilweise mit Wasser benetzten Lagerraum um. »Ganz schön leer haben Sie's hier.«

»Ja.« Thea versucht, sich zu sammeln. »Diese großen Lagerhäuser werden heutzutage nicht mehr gebraucht. Es lohnt nicht mehr, Ware langfristig zu lagern. Man bestellt nur, was man kurzfristig braucht.«

»Und das kommt dann auch präzise?«

»Ja«, nickt Thea, »meistens jedenfalls. Die Logistik ist das A und O des Handels. Die sollte funktionieren.«

»Mhm«, macht der Kriminaloberkommissar und wippt mit den Füßen auf und ab.

»Darf ich fragen, weshalb Sie hier sind?«

»Dürfen Sie.«

Witzbold! »Krieg ich auch eine Antwort?«

»Sagt Ihnen ›Störtebekers Futterkutter‹ was?«

Von wegen, die Ermittlungen sind eingestellt! »Sollte es?«

»Nun, er war im selben Geschäft wie Sie.« Der Kriminalkommissar sieht Thea jetzt direkt in die Augen. »Hat mit Fischbrötchen gehandelt.«

Thea lacht etwas zu künstlich auf. »Haben Sie eine Vorstellung, wie viele Fischbrötchenverkäufer es an der deutschen Küste gibt?«

»Nö«, antwortet der Oberkommissar. »Sind sicher eine ganze Menge, nicht wahr? Und den Großteil von denen hier an der Ostsee kontrollieren Sie.«

»Wer sagt das?«

»Na, hören Sie mal! Das weiß man doch: Thea Magaretha Bunken, die ungekrönte Fischbrötchenkönigin.« Er nickt ihr lächelnd zu. »Sie sind bekannt, Frau Bunken. Man könnte fast sagen, eine Legende.«

»Wieso? Was erzählt man sich denn über mich?«

»Nun«, der Oberkommissar spricht es sehr gedehnt und nachdenklich aus, »nuuhn«, als müsse er seine Worte genau abwägen, »zum Beispiel, dass Sie sehr schön sind. Was stimmt.«

»Danke.« Sie lächelt schwach.

»Dass Sie eine Fischerstochter sind und nach dem Tode Ihres Vaters eine Flotte von fünf Kuttern übernommen haben, die Sie nach und nach alle stillgelegt haben.«

»Fischerei lohnt immer weniger«, sie winkt ab, »es machte einfach keinen Sinn mehr, jeden Tag auf hoher See und bei jedem Wetter die Knochen hinzuhalten und dafür nur noch ein Almosen zu bekommen.«

»Weshalb Sie jetzt andere fischen lassen und stattdessen den Fang lecker angerichtet auf Brötchen verkaufen.«

»Die Gewinnspannen sind einfach sehr viel besser«, bekräftigt sie. »Was ist daran falsch?«

»Nichts.« Oehler sieht sich schon wieder um. »Sagen Sie, haben Sie hier kein Büro oder so was? Irgendwas, wo man sich mal setzen kann?«

»Oh, entschuldigen Sie.« Sie weist den Weg. »Mein Kontor ist gleich hier nebenan.« Sie führt den Oberkommissar ins Büro. Es ist sehr modern eingerichtet. Weiß getünchte Wände. Aktenregale aus Chromstahl, ebenso die Sessel und der Schreibtisch. Letzterer hat eine Glasplatte, auf der ein schmaler Laptop mit Apfel-Logo steht.

»Ich kann Ihnen auch einen Kaffee machen.« Thea steht an

der sündhaft teuren italienischen Espressomaschine. »Sie mögen ihn stark, nehme ich an?«

»Darf ich hier rauchen?«

»Natürlich.« Sie schiebt ihm einen Aschenbecher hin.

»Dann nehme ich den Kaffee schwarz und stark.« Der Kriminalkommissar setzt sich gemütlich in einen der Chromstahlsessel. »Nicht mein Geschmack, aber bequem, diese Stühle.«

»Das sind Designklassiker der Moderne«, erklärt Thea, »sogenannte Freischwinger, ein Bauhaus-Entwurf, Thonet Stahlrohr. Sie ahnen gar nicht, was diese Dinger kosten.« Die Espressomaschine dampft und zischt.

»Sie können sie sich leisten.«

»Eigentlich nicht. Aber ich umgebe mich gern mit schönen Dingen.« Sie stellt ihm ein winziges Tässchen mit einer Crema hin.

Der Oberkommissar stutzt. »Das ist Kaffee?«

»Espresso«, erwidert sie, »stark und schwarz. Sie sollten etwas Zucker dazu nehmen.«

»Ich trinke nie Kaffee mit Zucker«, erklärt der Oberkommissar und schnuppert skeptisch am Tässchen. »Für mich wäre das wie Tee mit Salz.« Er steckt sich eine Zigarette an und wiegt sich in seinem Freischwinger. »›Störtebekers Futterkutter‹ kennen Sie also nicht? Da war immer so eine Chinesin an Bord. Er lag seit Anfang März in Barth.«

»Was heißt lag?« Sie setzt sich zu ihm und steckt sich jetzt auch eine Zigarette an. Ihre Finger zittern nicht mehr. Sie hat die Situation wieder im Griff.

»Dass er da nicht mehr liegt«, erklärt der Oberkommissar. »Ist abgebrannt und gesunken.«

»Und Sie ermitteln in dem Fall?«

»Ich ermittle in dem Fall.« Er zieht an seiner Zigarette. »Thies Matthiesen?«

»Bitte?«

»Kennen Sie den?«

»Nicht dass ich wüsste.«

»Seltsam, denn das ist der stellvertretende Leiter des Ordnungsamtes. Und die sind für die Gewerbegenehmigungen zuständig, die Sie, liebe Frau Bunken, brauchen, um gewerblich tätig zu sein. Sie sollten diesen Matthiesen daher wenigstens vom Namen her kennen.«

»Tut mir leid«, wiegelt Thea ab, »aber das sind Details, mit denen ich mich nicht beschäftige. Ich habe meine Leute, die sich um derlei kümmern.«

»Verstehe«, er nippt vorsichtig an seinem Espresso, »Sie kümmern sich lieber um die schönen Dinge.«

»Zum Beispiel«, nickt sie.

»Für alles andere haben Sie Ihre Leute«, stellt der Oberkommissar fest. »Richtig?«

»Leiten heißt delegieren.«

»Ja, das kenne ich«, sinniert der Oberkommissar. »Ist auch nicht immer leicht, dieses Delegieren, nicht wahr? Gerade bei jungen Mitarbeitern. Die sind ja noch so unerfahren. Manche Dinge erledige ich deshalb lieber selbst.«

»Ja, da kann man nichts falsch machen.«

»Da kann man alles Mögliche falsch machen«, widerspricht der Oberkommissar, »nur hat man es dann wenigstens selbst falsch gemacht. Und muss sich nicht mit den jungen Dingern herumärgern.«

»Da haben Sie recht.« Allmählich fragt sich Thea, wo dieses Gespräch hinführen soll. Der Typ labert nur herum. Ist das jetzt Taktik, oder ist der Kerl einfach nur ein Trottel?

»Natürlich haben Sie auch Leute fürs Grobe, nicht wahr?«

»Fürs Grobe?« Ihre Stimme kippt fast. Das scheint doch Polizeitaktik zu sein. Erst wiegen sie dich in Sicherheit, und dann schießen sie scharf. »Was heißt fürs Grobe?«

»Na, so ein paar harte Kerle«, antwortet der Oberkommissar, »die die Konkurrenten einschüchtern sollen, zum Beispiel.«

»Nein! Wie kommen Sie darauf?« Thea reagiert betont empört. Der Mann soll merken, dass er falschliegt. Völlig falsch!

»Ach, kommen Sie. So Leute braucht jeder, der Erfolg hat. Ist völlig normal. Es geht halt nicht ohne solche Ausputzer.«

»Hören Sie, Oberkommissar«, Thea bemüht sich um einen sachlichen, weniger kumpeligen Ton, als dieser Polizist ihn anschlägt, »wirtschaftlicher Erfolg ist das Ergebnis einer geschäftlichen Strategie, die auf der genauen Analyse des Marktes, in dem man sich geschäftlich bewegt, beruht. Jedenfalls keine Sache von irgendwelchen ... Ausputzern.«

»Noch nie was von Marktbereinigung gehört?«

Was soll sie darauf antworten?

»Was sagen Sie zu dieser Bombendrohung im Ordnungsamt?«

»Was soll ich dazu sagen?« Theas Herzschlag beschleunigt sich spürbar, und ihre Stimme fängt an, zittrig zu werden. »Mit was bringen Sie mich hier eigentlich in Verbindung?«

»Ich weiß nicht. Ich denke nur laut.« Der Oberkommissar trinkt seinen Kaffee in einem Zug aus und stellt die Tasse ab. »Ein potenzieller Konkurrent von Ihnen ist versenkt worden, Frau Bunken, und ich muss in der Sache ermitteln, was mir weit weniger Spaß macht, als Sie vermutlich annehmen. Trotzdem erledige ich meine Arbeit gründlich. Ergo sitze ich hier.« Er sieht sie ernst an. »Ich weiß nicht, mit was ich Sie in Verbindung bringen kann und soll. Aber ich finde es heraus.« Er erhebt sich ächzend aus seinem Freischwinger. »Vielen Dank für den Kaffee.«

»Keine Ursache«, erwidert Thea tonlos. »Ich helfe, wo ich kann.«

»Gut zu wissen«, entgegnet der Oberkommissar und reicht ihr die Hand. »Ich komme darauf zurück. Wiedersehen.«

»Wiedersehen.« Sie bringt ihn zum Tor. »Schönen Tag noch.«

»Werde ich haben.« Und schon ist der Oberkommissar zur Tür raus.

Thea schließt das Tor und sinkt entkräftet zu Boden. Gott, das war zu viel jetzt. Das war sogar viel zu viel!

33 KRIMINALOBERKOMMISSAR BJÖRN OEHLER weiß nicht, was er von dem Gespräch mit Thea Bunken halten soll. Für eine Fischerstochter wirkt sie ziemlich abgebrüht. Aber vielleicht sind alle Fischerstöchter so. Als junge Frau soll diese Thea ja immer mit rausgefahren sein aufs Meer. Hat ihrem Vater beim Fischen geholfen, in Sturm und auf hoher See, manchmal

tagelang. Das härtet ab. Da haut einen nichts mehr so schnell um. Und man lernt vermutlich auch, hartnäckig zu bleiben. Man verfolgt ein Ziel wie einen Fischschwarm. Bei Wind und Wetter, allen Widrigkeiten zum Trotz. Vermutlich braucht man diese Eigenschaften, um eine erfolgreiche Geschäftsfrau zu werden, mehr als ein paar harte Kerle fürs Grobe. Aber das eine schließt natürlich das andere nicht aus.

Was soll's? Oehler ist suspendiert. Soll sich die Lütte mit dem Kram beschäftigen.

Er will seinen Fuß gerade in Ermangelung eines Dienstwagens in Richtung Bushaltestelle setzen, als ein Taxi vor der Rückseite des Speichers stoppt. Eine kleine, zierliche Frau steigt aus und zahlt. Sie trägt ein knappes, recht elegantes Kostüm zu einer weißen Bluse und hohe Stöckelschuhe. Zielstrebig trippelt sie auf ihren hohen Absätzen auf das große Tor zu.

»Na, sieh einer an«, ruft Oehler verblüfft. Denn obwohl die Frau heute ganz anders gekleidet ist als normalerweise auf dem Futterkutter, hat er sie natürlich erkannt. Die Chinesin! Begeistert stiefelt er auf sie zu. »Da bin ich ja heilfroh, dass Sie noch am Leben sind!«

Seine Freude wird nicht geteilt. Als die Chinesin den Kommissar erblickt, macht sie sofort kehrt und trippelt hastig zum Taxi zurück.

»Hey! Warten Sie mal!« Oehler läuft ihr nach, doch es ist zu spät, das Taxi setzt sich schon in Bewegung. Allerdings muss es ein paar Meter weiter schon wieder an der Zugbrücke über den Fährkanal halten. Die wurde hochgezogen, weil ein Segler durchfahren will.

Gibt's doch nicht! Warum flieht diese Chinesin denn vor mir?, fragt Oehler sich. Aber die krieg ich noch. Er wetzt drauflos.

»Hey! Nicht weiterfahren!«

Das Taxi rollt wieder an und biegt vor der Zugbrücke rechts ab, um über die Semlowerstraße von der Hafeninsel zu kommen, wo es eine feste Brücke gibt.

So wird das nichts, der Oberkommissar braucht dringend einen fahrbaren Untersatz. Er zwingt eines der vom Ozeaneum herankommenden Fahrzeuge zum Halten, indem er sich einfach mitten auf der Hafenstraße aufbaut und mit seinem Dienstausweis wedelt.

»Rutsch rüber oder spring raus«, schreit er die völlig verdutzte Fahrerin des weinroten Renault Espace an, »na, wird's bald? Der Wagen ist bis auf Weiteres beschlagnahmt!«

Die Frau schiebt sich verwirrt auf den Beifahrersitz, und Oehler übernimmt das Steuer. »Na endlich!« Dann gibt er Gas, fährt einen quietschenden Return und jagt dem Taxi nach.

»Wo fahren wir denn jetzt hin?«, rufen ein paar Kinderstimmen. Offenbar hat Oehler eine echte Familienkutsche gekapert, denn auf der Rückbank sitzen mindestens drei Kinder, die das Grundschulalter noch nicht erreicht haben und entsprechend Lärm machen. Alle rufen durcheinander: »Mama, ist das ein Gangster? – Wer ist der Mann? – Wo fahren wir hin? – Wann sind wir da?«

Die Mutter bricht in Tränen aus. »Tun Sie meinen Kindern nichts, bitte!«

»Herrgott!« Oehler knallt ihr seinen Dienstausweis auf den Schoß und konzentriert sich auf den ungewohnt dichten Verkehr in der Stralsunder Altstadt. Das Taxi ist kaum noch zu sehen. »Das hier ist eine polizeiliche Ermittlung.«

»Aber wo wollen Sie hin?«

»Das weiß ich auch noch nicht.« Es geht hinter einem quälend langsamen Reisebus den Fährwall hinunter, dann auf die Wasserstraße, wo der Bus endlich abbiegt. »So, Kinder, jetzt erlebt ihr mal eine echte Verfolgungsjagd. Festhalten!«

Die Kinder jauchzen vor Begeisterung.

Oehler überholt in der engen Gasse halsbrecherisch ein paar Wagen, bis er sich dem Taxi wieder auf knapp drei Fahrzeuglängen genähert hat. Doch plötzlich schert es rechts aus und fährt mit kreischenden Reifen in die Frankenstraße rein.

Mist! Dem Manöver kann Oehler nicht folgen, ohne aus der Kurve zu fliegen und die Kinder zu gefährden. Also rast er weiter und biegt dann mit sirrenden Rädern hart an der Grenze der Fahrphysik über den Kreisverkehr rechts in den Frankenwall ein, um nach einem weiteren rasanten Rechtsabbieger über die Priegnitz ebenfalls auf die Frankenstraße zu gelangen.

So, und wo ist jetzt das dämliche Taxi?

Oehler hält sich links, der Einbahnstraße folgend, und sieht die Chinesin plötzlich zu Fuß in die Unnütze Straße laufen. Stopp! Oehler bringt den Renault zum Stehen. Dann bedankt er sich bei der völlig aufgelösten Mutti und verabschiedet sich von den Kindern – »Tschüss, guten Nachhauseweg« –, bevor er ebenfalls in die Unnütze Straße geht, die so unnütz nicht ist, befindet sich doch hier in einem idyllischen, von hohen Lindenbäumen verschatteten Innenhof der einzige Thai-Massage-Salon Stralsunds mit dem schönen Namen »Drei sanfte Schwestern«.

Gehört die Chinesin dazu? Hat sie jetzt in diesem alten romantischen Fachwerkhäuschen mit den goldenen Löwen links und rechts der Tür eine neue Existenz als sanfte Schwester gefunden?

Es sieht ganz danach aus, denn sie verschwindet genau in diesem Salon. Na warte!

Entschlossen geht Oehler über den Hof auf den Massage-Salon zu und will noch schwungvoller die niedrige Holztür aufreißen, bricht sich aber fast die Hände. Die Tür ist abgeschlossen.

Seltsam! Die Chinesin ist hier doch eben noch ganz einfach rein. Oehler klopft energisch.

»Öffnen Sie sofort, hier spricht die Polizei!« Und falls das diese Asiaten nicht verstehen, noch mal auf Englisch: »*Open the door immediately! German police here!*«

Zunächst passiert nichts. Doch als Oehler das Ohr an die Tür legt, um zu lauschen, ob sich drinnen etwas regt, hört er tatsächlich leises aufgeregtes Flüstern. Die sanften Schwestern müssen direkt hinter der Tür stehen.

Wieder klopft er so laut, dass es in der ganzen Straße widerhallt. »*Open the door*, verdammt noch mal! Ich weiß, dass Sie da drin sind! *I know you're in there!*« Am liebsten würde er die Tür eintreten. Aber er ist suspendiert. Eigentlich darf er hier noch nicht mal klopfen. Es sei denn, er braucht eine Massage.

Doch dann öffnet sich die Tür, und ein schlankes, sehr junges und zartgliedriges Wesen mit langen schwarzen Haaren lächelt ihn aus dunklen Mandelaugen an.

»Du suchen Entspannung?«

Oehler ist entzückt von dieser exotischen Schönheit. Aber nein, er sucht keine Entspannung, leider. »Ich suche die Chinesin, die hier gerade drin verschwunden ist.«

»Oh, du machen Schelz!« Die Mandeläugige lacht hell auf. »Abel bei uns velschwinden Hektik und Stless, keine Flauen aus China.«

»Also, die ist hier jedenfalls gerade rein.«

»Bitte!« Sie macht eine einladende Handbewegung und verbeugt sich leicht.

»Ja, ähm ... Danke.« Oehler schiebt sich an der Zartgliedrigen vorbei und sieht sich um.

Es geht eine schmale Treppe hinauf, und auf jeder Stufe winken dreifarbige Plastikkatzen. Duftkerzen verbreiten süßlichen Geruch, aus versteckten Lautsprechern hauchen asiatisch fernöstliche Klänge. Wasser plätschert aus kitschig bunten Zimmerspringbrunnen, Hängelampen verbreiten schummeriges Licht.

Oehler steht in einem großen Raum, der durch Reispapierwände in diverse Abteile gegliedert ist. Hinter einigen hört man wohliges Stöhnen und kicherndes Mädchenlachen, irgendwo keucht einer jauchzend auf: »Gott! – Oh Scheiße, ist das geil!«

Irritiert sieht Oehler die Zartgliedrige an. »Was ist das hier?«

»Du velgessen, was dlaußen wah«, wispert sie sanft und zieht ihn an seiner Gürtelschnalle in eines der Abteile. Hier gibt es ein schmales Wasserbecken neben einer Liege. Auf einer Ablage stapeln sich frische Handtücher und Kleenex-Boxen.

Oehler wird behutsam zur Liege dirigiert, und ehe er sich's versieht, hat ihm die Asiatin auch schon die Hose geöffnet.

»Moment mal, Moment mal!« Eilig hält er die zarten Hände des Mädchens fest. »So war das aber nicht abgemacht. Ich bin nur wegen der Chinesin hier!«

»Ich bin deine Chinesin«, haucht das Mädchen.

»Nein, bist du nicht.«

»Bin ich do-hoch.« Schon nestelt sie wieder an seiner Hose herum.

»Bist du ni-hicht. Und jetzt Schluss damit!« Er haut ihr auf die Finger und will die Hose schließen, stößt dabei aber quasi auf seinen eigenen frisch erstarkten Widerstand. Den mag er nicht einklemmen.

Die Zartgliedrige sieht erwartungsvoll zu ihm auf. »Was magst du dann?«

»Ich suche die Frau, die hier eben rein ist«, erklärt Oehler sehr deutlich und zieht entschieden und ohne sich zu verletzen den Hosenschlitz zu. »Weiße Bluse, rosa Kostüm, hohe Schuhe. Hat bis vor Kurzem Fischbrötchen verkauft. Auf dem Futterkutter in Barth. – Die muss hier irgendwo sein«, setzt er mit Nachdruck hinzu. »Und ich will sie sehen. Da lasse ich mich weder von dir reizvollem Geschöpf noch sonst wem von abbringen, klar?«

Sie streicht ihm über den Bierbauch. »Du entspannst dich nicht?«

»Nein, ich entspanne mich nicht! Ich kann mich nicht entspannen, bevor ich nicht diese Chinesin gesprochen habe! Ist das jetzt angekommen?«

Plötzlich hört Oehler eine ruhige weibliche Stimme hinter der Reispapierwand. Und die Zartgliedrige scheint wortreich zu widersprechen, aber Oehler versteht kein Asiatisch.

»Hey«, ruft er energisch. »Darf ich erfahren, was hier gerade besprochen wird?«

Statt einer Antwort öffnet sich der Vorhang zum Abteil, und die Chinesin vom Futterkutter kommt müde lächelnd herein.

»Hallo!«

»Hallo!« Oehler sieht sie prüfend an. »Warum laufen Sie vor mir weg?«

»Ich nicht weglaufen«, antwortet sie. »Ich in Eile.«

»Ach, und was war so dringend?«

Die Chinesin schweigt verlegen.

»Hören Sie mal, auf dem Wrack Ihres Futterkutters ist eine Leiche gefunden worden«, regt sich Oehler auf. »Wir dachten, das sind Sie. Die Polizei ermittelt auf Hochtouren, wir suchen verzweifelt den Betreiber des Kutters, diesen Schwänzel – und Sie verkriechen sich hier?«

»Ich albeiten.«

»Ach, Sie arbeiten? Na, das ging ja flugs mit dem Jobwechsel, was?« Oehler starrt sie eindringlich an. »Das mag ja bei Ihnen zu Hause in China gang und gäbe sein, dass sich niemand dafür interessiert, wenn eine eurer Dschunken im Yangtse versinkt. Aber das hier ist Deutschland. Hier werden solche Vorgänge untersucht, und zwar genauestens, klar? Und jetzt will ich wissen, wo Sie an dem Abend waren.«

»An welche Abend?«

»An dem Abend, als der Kutter abgebrannt ist, Herrgott noch mal!«

»Zu Hause.«

»Zu Hause«, nickt Oehler. »Und wo ist das?«

»Bei meine Mann.«

»Bei Ihrem Mann? Dann sind Sie verheiratet?«

»Ja. Ich geheilatet meine Tom und wohne da.«

»Tom?« In Oehler arbeitet es. »Doch nicht etwa dieser Tom Werner Schwänzel?«

»Schwenzl, ja«, sagt sie und nickt heftig dazu. »Ist meine Mann.«

Na prima, jetzt kommt doch mal Bewegung in den Fall. »Und wo ist Ihr Mann jetzt?«

»Dienstleise.«

»Auf einer Dienstreise? Wann kommt er zurück?«

»Wenn Hotel aufmacht.«

»Was für ein Hotel?« Moment mal! »Etwa dieser Neubau, den sie da mitten im Naturschutzgebiet hochgezogen haben? Direkt am Bodden? Ohne Baugenehmigung?«

»Stöltebekehs Boddenblick«, bestätigt die Chinesin.

Stöltebekehs …? Was soll das jetzt wieder …? – Ach, die meint den Störtebeker! Bei Oehler springen sämtliche Glühbirnen an. »Warten Sie mal, soll das der Name von dem Hotel werden: ›Störtebekers Boddenblick‹?«

»Stöltebekehs Boddenblick«, nickt die Chinesin, »ja. Bei Elöffnung ist feielliche … Wie heißt deutsch? – Namengebultstag?«

»Namensgebung.« Jetzt erscheint die Sache in einem anderen Licht. Denn so hat »Störtebekers Futterkutter« eine ganz neue Bedeutung. Deshalb lag der im Stadthafen direkt neben seiner »Swantje«. »Störtebekers Futterkutter« und »Störtebekers

Boddenblick«. Der Kutter macht Werbung für das Hotel und umgekehrt. Nur dass Oehler bislang davon nichts mitbekommen hat, denn es gab ja noch kein Hotel. Sondern nur diese Skandal-Baustelle an der Boddenkante. Interessant!

»Also, zur Eröffnung kommt Ihr werter Gatte von seiner Dienstreise zurück, ja?«

»Ja.«

»Fein.« Oehler reibt sich grimmig die Hände. Dann wird er sich den mal ganz privat vornehmen. Bei der Eröffnungsfeier. Das wird ein Spaß, Herr Schwänzel. »Weiß der schon, dass sein Kutter gesunken ist?«

Die Chinesin schüttelt den Kopf. »Kommt viel Älgeh noch.«

Ja, das wird Ärger geben. Oehler würde es auch nicht gefallen, wenn ihm jemand so ins Geschäft pfuscht. »Ich muss los. Wir sprechen uns noch.«

Er will gehen, dreht sich aber noch mal zur Chinesin um. »Was wollten Sie eigentlich bei Thea?«

»Thea?«

»Da sind Sie mit dem Taxi hingefahren«, hilft er ihr auf die Sprünge, »zum Speicher unten im Hafen. Bunken Food GmbH!«

»Ach so«, die Chinesin lacht hell auf, »ich wollten Fisch abbestellen, hahaha. Blauchen nicht, wenn Kutteh weg.«

Macht Sinn, denkt Oehler, nur was ist daran so lustig? Und außerdem: »Wenn Sie hier so putzmunter einer neuen Arbeit nachgehen und Ihr Mann auf Dienstreise ist – wer ist dann die Leiche auf dem Kutter?«

»Ich nicht wissen.« Die Chinesin zuckt mit den Schultern, als ginge sie das alles nichts mehr an.

Seltsam. Oehler wäre da ganz anders. Wenn ihm jemand erzählen würde, dass in seiner abgebrannten Dienststelle menschliche Überreste gefunden worden sind, stünde er sicher kurz vor dem Herzinfarkt. Aber er ist ja auch kein Chinese.

»Bis später«, verabschiedet er sich und deutet auf die Zartgliedrige. »Auf das Mädchen müsst ihr ein bisschen aufpassen. Die geht vielleicht ran, Junge, Junge! Wie ein ... Wie, wie ...«

Keine Ahnung, wie. Auf jeden Fall ordentlich. Ist ja auch nicht so wichtig.

Oehler macht, dass er hier rauskommt.
Und erst draußen auf der Straße fällt ihm ein, dass er sich nicht einmal die Personalien von dieser Chinesin aufgeschrieben hat. Soll er noch mal rein zu den sanften Schwestern?
Ach was, er hat genug erfahren. Und außerdem ist er suspendiert.

34 DAS IST EINE FALLE!

Das ist todsicher eine Falle!
Thea stürmt aufgebracht in den Keller. »Jungs?«
Wo haben die sich denn jetzt wieder verkrochen?
»Ju-hungs!«
»Hier, Thea!«
Der Ältere steckt seinen Kopf aus dem Bunker. Ein Relikt aus dem Zweiten Weltkrieg. Angeblich sollen die Nazis das Ding hier nachträglich unter den Speicher gemauert haben, um Munition zu deponieren für den Endkampf. Weil es immer kühl ist, hatte ihr Vater die tolle Idee, hier Eis zu lagern, um den auf der Ostsee gefangenen Fisch frisch zu halten. Doch da es keine Gullys gibt, durch die das anfallende Tauwasser hätte abfließen können, wurden Leitungen installiert, um den Bunker gleich mit Wasser zu füllen. Für den Lebendfisch. Dem war es hier allerdings zu duster, die Fische kratzten reihenweise ab, der wirtschaftliche Schaden war enorm.
Also blieb der Bunker, was er schon immer war: ungenutzt. Ein dunkles, leeres Loch mit einer zehn Zentimeter dicken Luke aus bestem Krupp-Stahl. Falls der Russe doch noch mal kommt. Oder man eine Geisel verstecken muss.
Die Jungs haben das Mädchen an eine der Wasserleitungen gefesselt und sehen gleichmütig zu, wie Thea fluchend die rostige Stahlleiter hinunterklettert.
»Von wegen, die Ermittlungen sind eingestellt«, schimpft sie. »Warum taucht dann hier ein Kriminalkommissar auf, hm?«
»Ja, das ist seltsam, Thea.«

»Das ist nicht seltsam«, widerspricht sie. »Das ist ein Trick!« Sie nimmt dem Älteren die Presseerklärung der Staatsanwaltschaft ab und zerreißt sie wütend. »Dieser Wisch ist nichts wert, versteht ihr? Damit wollen uns die Bullen nur in Sicherheit wiegen.«

»Aber warum schicken sie uns dann einen?« Das fragt der Jüngere.

»Gute Frage«, findet der Ältere und macht einen auf intellektuell. »Denn es hätte ja keinen Sinn, uns die Einstellung der Ermittlungen vorzugaukeln und dies gleichzeitig durch den Einsatz eines Ermittlers ad absurdum zu führen.«

»Ein dialektischer Widerspruch, geradezu klassisch!«

Thea starrt die Brüder an. Was ist denn mit denen passiert? Haben die was genommen? Tun die plötzlich was für ihre Bildung? Und hat der Jüngere eben tatsächlich fehlerfrei »dialektisch« gesagt?

»Woher weißt du, was ein dialektischer Widerspruch ist?«

»Weiß er ja nicht«, meint der Ältere. »Denn das wäre ja ein Widerspruch, der die Grundthese stützt.«

»Was ist denn die Grundthese, du Schlaumeier?«

»In unserem Fall gibt es keine.« Der Ältere kratzt sich das kahle Haupt. »Nur zwei völlig gegensätzliche Behauptungen. Die Staatsanwaltschaft sagt, die Ermittlungen sind eingestellt, die Anwesenheit des Bullen aber bedeutet, sie sind es nicht.«

»Klarer Fall von good cop, bad cop«, pflichtet der Jüngere bei.

»Nein, Jungs. Die Sache ergibt keinen Sinn.« Thea geht zum gefesselten Mädchen und zwingt es, sie anzuschauen. »Hör mal, Kleine! Bist du sicher, dass deine Mutter alles tun würde, um dich zu retten?«

»Ja«, nickt das Mädchen zitternd, »ganz sicher.«

»Die würde also nichts machen, was dich gefährden könnte?«

»Niemals. Bestimmt nicht.«

Thea wendet sich wieder den Jungs zu. »Ich verstehe das nicht. Warum schickt sie dann einen Bullen?«

»Vielleicht hat sie ihn nicht geschickt«, überlegt der Ältere. »Vielleicht hat sich nur noch nicht überall herumgesprochen, dass nicht weiterermittelt werden darf.«

»Oder der Typ macht auf eigene Faust weiter«, sagt der Jüngere, »sieht man doch immer in Filmen. Die Chefs sagen, jetzt ist Schluss, aber einer denkt, ich check die Sache. Notfalls allein.«

»Das müssen wir klären«, sagt Thea. »Der Typ hieß Oehler. Ein Oberkommissar aus Barth.«

»Okay.« Der Ältere sieht auf das Mädchen. »Was machen wir mit der?«

»Die bleibt erst mal hier«, antwortet Thea. »Jedenfalls so lange, bis wir wissen, was los ist.«

»Wir können sie ohnehin nicht laufen lassen«, findet der Ältere, »die weiß zu viel.«

»Willst du sie umbringen?«

»Nein, bitte tun Sie das nicht«, fleht das Mädchen. »Das wird doch alles immer nur schlimmer für Sie!«

Doch Thea und die beiden Brüder hören nicht auf sie, sondern steigen einfach die Leiter hinauf.

»Was sollen wir sonst machen? Wenn wir sie gehen lassen, wird sie uns verraten.«

»Ich sage nichts«, ruft das Mädchen entsetzt, »ich werde niemandem was verraten, wirklich nicht!«

»In Filmen haben die immer so ein Mittel, wo dann die Leute vergessen, was los war.«

»Das gibt's aber nur in Filmen.«

»Na, wer weiß? Vielleicht kriegen wir ja irgendwie so eine Amnestie hin.«

»Amnesie, heißt das, Bruder. Amnesie.«

Die stählerne Luke fällt ins Schloss, und es wird stockfinster im alten Bunker.

»Oh Gott, lassen Sie mich hier nicht allein! Nicht in diesem Loch! Bitte!«

35 DIE BALTIC TRAWLERS LIMITED in Sassnitz-Mukran ist einer der letzten großen Hochseefischereibetriebe in Deutschland. Sie unterhält drei große Trawler und einen sogenannten Vollfroster, eines der größten und modernsten Fabrikschiffe der

Welt, wo der frische Fang noch auf hoher See zu Konserven, Fischstäbchen und Tiefkühlkost verarbeitet werden kann.

»Zu DDR-Zeiten hatten wir hier über dreißig Hochseetrawler im Einsatz«, erzählt Kai Uwe Rohloff und muss dabei den Lärm übertönen, mit dem nebenan eine neue große Kühlhalle gebaut wird. »Aber das ist ja jetzt alles nicht mehr. Noch in den fünfziger Jahren wurde der Bedarf an Fisch in Deutschland zu neunzig Prozent von der eigenen Flotte gedeckt. Heute sind es nur noch knapp fünfzehn Prozent. Nur mal so als Hausmarke«, fügt er bitter hinzu, »damit Sie wissen, was hier alles in den letzten Jahren den Bach runtergegangen ist.«

Er führt den Kriminaloberkommissar Björn Oehler in eine Baracke am Rande des Kais und bietet ihm in seinem kleinen, schmucklosen Büro einen Stuhl an.

»Eigentlich kann man gar nicht mehr von einer nennenswerten deutschen Hochseefischerei sprechen«, sagt er, während er zwei eiskalte Schnäpse einschenkt und Oehler ein Glas rüberschiebt. »Das lohnt nur noch im Verbund. Wir gehören ja inzwischen auch den Holländern. – Wohlsein!«

»Wohlsein«, prostet Oehler zurück und kippt seinen Schnaps. Kräftiger Korn, doppelt gebrannt. Die Fischer wissen noch, was sich gehört. Der Oberkommissar zeigt hinaus auf den verwaisten Kai. »Wo sind denn Ihre Schiffe?«

»Na, auf See, wo sonst?« Rohloff schenkt noch einen nach. »Im Hafen verdienen sie kein Geld. Momentan sind sie vor der Westküste Afrikas im Einsatz. Und so ab Juni geht's dann rauf in den Nordatlantik. – Wohlsein!«

»Wohlsein!« Der zweite Schnaps schmeckt noch besser, und Oehler spürt ein wohliges Gefühl in sich aufsteigen. Behaglich lehnt er sich zurück.

»Aber Sie sagten doch, Sie wär'n wegen Matthiesen hier. Was hat er denn verbrochen?«

»Das weiß ich nicht«, antwortet Oehler. »Er würde übel zusammengeschlagen. Und dafür muss es einen Grund geben.«

»Dafür kann es Hunderte von Gründen geben.« Rohloff setzt sich ebenfalls. »Der hat die Prügel sicher verdient.«

»Sie mögen ihn nicht.«

»Nee«, bekräftigt Rohloff. »Gar nicht.«

»Sie haben mit dem doch zusammengearbeitet. Im Stralsunder Ordnungsamt.«

»Ja. Das hat gereicht.« Rohloff sieht, dass Oehler sich eine Zigarette anstecken will, und gibt ihm Feuer.

Oehler inhaliert tief. »Sie haben Matthiesen angezeigt. Korruptionsverdacht.«

»Woher wissen Sie das?«

»Von der Staatsanwaltschaft.« Oehler sieht sich nach einem Aschenbecher um. »Aber das Verfahren wurde eingestellt.«

»Richtig.« Rohloff stellt ihm einen Ascher hin. »Und das sind dann keine guten Voraussetzungen für eine weitere Zusammenarbeit. Also hab ich den Bettel hingeworfen und bin wieder in die freie Wirtschaft gegangen.«

»Wollten Sie nur seinen Posten, oder gab es tatsächlich stichhaltige Hinweise auf Korruption?«

»Er hat sich die Genehmigungsverfahren für den Fischbrötchenverkauf unter den Nagel gerissen«, antwortet Rohloff, »obwohl das meine Zuständigkeit war. Und dann wurde von oben entschieden. Ohne Prüfung, aber mit sehr viel Geld.«

»Wer hat gezahlt?«

»Weiß ich nicht.« Rohloff steckt sich ebenfalls eine Zigarette an. »Aber Matthiesen wurde plötzlich stinkreich. Da war klar, dass er die Hand aufgehalten hat. Ich denke mal, dass da das Milieu eine Rolle gespielt hat.«

»Das Milieu?« Oehler macht ein fragendes Gesicht. »Welches Milieu?«

»Rotlicht.«

»Rotlicht?«

»Na, Puffs halt, Tabledance-Bars, Striptease-Schuppen und so weiter«, wird Rohloff deutlicher, »alles, was Hafenstädte so brauchen, um ihre Seeleute glücklich zu machen. Beziehungsweise heute die Touristen. Seeleute gibt's ja kaum noch.« Er will weiter ausführen, doch Oehler kommt nicht so schnell mit.

»Moment«, unterbricht er und hebt beide Hände. »Das müssen Sie mir erklären. Was haben die Genehmigungsverfahren für den Fischbrötchenverkauf mit dem Rotlichtmilieu gemein?«

»Die nutzen das für ihre Altersversorgung«, antwortet Rohloff, als wäre das sonnenklar. »Irgendwann ist für so 'ne Nutte schließlich mal Schluss mit Anschaffengehen. Und da sie keine Rente kriegt, hat ja nie eingezahlt in die Kasse, genau wie die kleinen selbstständigen Ostseefischer hier, bringt man die zwei eben zusammen.«

Oehler vergisst, an seiner Zigarette zu ziehen. Was zum Teufel redet dieser Rohloff hier?

»Das Ganze hängt einerseits mit der deutschen Gesetzgebung und andererseits mit der europäischen Fischereiverordnung zusammen.« Plötzlich klingt Rohloff tatsächlich wie ein Mann vom Ordnungsamt. »Die für die Ostsee international festgelegten Fangquoten sind inzwischen so niedrig, dass immer weniger Fischer von den Erträgen leben können. Sie brauchen ein Zubrot. Zum Beispiel durch den Verkauf von Fischbrötchen. – Noch 'n Schnaps?«

»Gerne.« Oehler schiebt sein Glas über den Tisch.

»Nun sind Fischer nach dem Gesetz Produzenten von Waren und keine Händler oder Gastronomen.« Rohloff füllt die Gläser. »Insofern dürfen sie ihre Ware nicht frei an den Endverbraucher verkaufen. Es sei denn, die Ehefrau übernimmt den Part des Händlers oder der Gastronomin.«

Allmählich geht Oehler ein Licht auf. Welcher Fischer ist schon verheiratet? Per se ist der Beruf des Fischers nur bedingt ehekompatibel. Immer auf See, immer raue Hände und Fischgeruch, dazu die ständige Sorge, ob der Mann heil zurückkommt … Welche Frau macht das schon mit?

»Ein ähnliches Problem haben die Huren auch«, erklärt Rohloff weiter. »Wenn sie zu alt sind fürs Geschäft, sind sie meistens auch zu alt für eine Familie, und nur die wenigsten haben so viel sparen können, dass sie damit bis zum Lebensende durchhalten. Mit anderen Worten: Sie brauchen eine Altersversorgung, und ein Lude wäre kein richtiger Lude, wenn er daraus nicht auch noch ein Geschäft machen würde. Verstehen Sie? – Die Zuhälter verkaufen ihre alten Nutten an Fischer, die ins Fischbrötchengeschäft einsteigen wollen.« Er hebt sein Glas. »Wohlsein!«

»Wohlsein.« Auch Oehler trinkt. »Aber können sich die Fischer das leisten?«

»Eben nicht«, erwidert Rohloff. »Und hier kommt die schöne Thea Magaretha Bunken ins Spiel. Kennen Sie die Dame?«

»Oh ja«, nickt Oehler stolz. »Beeindruckende Frau. Man nennt sie die Fischbrötchenkönigin.«

»Die kontrolliert achtzig Prozent des Geschäfts hier an der Ostseeküste«, weiß Rohloff. »Und nun raten Sie mal, wie sie diese Monopolstellung erreicht hat.«

»Sie finanziert den Fischern die Huren«, nimmt Oehler an. »Ein Kreditgeschäft.«

»Für das sie dann jahrelang abkassiert.«

Klingt wie »Vom Fischer un syn Fru«, überlegt Oehler. Nur wer spielt den Butt? »Was hat Matthiesen mit dieser ganzen Geschichte zu tun?«

Rohloff drückt seine Zigarette aus. »Wir sind im Lebensmittelgeschäft, da sind jede Menge komplizierter Standards zu erfüllen. Hygiene- und Umweltvorschriften: Wie und was wird wo gelagert, wo ist der Standort des Geschäftes, wie sieht's mit der Abfall- und Abwasserentsorgung aus? Jede Menge Auflagen, die nicht leicht zu erfüllen sind. Da kann eine hilfreiche Hand im Amt sehr nützlich sein.«

»Verstehe«, sagt Oehler. »Matthiesen winkt die Anträge durch und kassiert dafür ab.«

»Nur nachweisen konnte man es ihm bislang nicht.«

»Aber irgendwas muss in letzter Zeit schiefgegangen sein. Sonst wäre er doch nicht so böse vertrimmt worden.«

Rohloff lacht. »So, wie ich Matthiesen kenne, wird er versucht haben, irgendwen auszubooten. Sie sollten sich mal Einsicht in die Akten beim Ordnungsamt verschaffen.«

»Das werde ich.« Oehler steht auf und reicht Rohloff die Hand. »Vielen Dank für Ihre Hilfe!« Und mit Blick auf die leeren Schnapsgläser fügt er hinzu: »Und für das.«

36 LEONIE MUSS RAUS HIER. Sie weiß nicht, ob es noch Tag ist oder längst Nacht, aber sie muss hier weg!

Um sie herum gibt es nur Dunkelheit, stockfinster, schwarz, genauso gut könnte sie blind sein. Und still ist es, fast lautlos, wenn nicht ab und zu irgendwo etwas tropfen würde. Das Geräusch einer flüssigen Perle, die in eine Wasserfläche fällt.

Plopp, hallt es dann von den unsichtbaren Wänden zurück. Und wieder: plopp.

Die Abstände sind unregelmäßig. Leonie hat die Sekunden dazwischen zu zählen versucht, aber mal kam sie bis fünf, dann wieder bis acht. Und einmal dauerte es fast fünfzehn Sekunden, bis es wieder ploppte. Da ist sie fast in Panik ausgebrochen.

Sie braucht dieses Geräusch, es ist der Garant dafür, dass sie noch etwas wahrnehmen, dass sie hören, fühlen und ihre Sinne gebrauchen kann. – Dass sie lebt.

Und sie muss etwas gegen die Kälte tun. Sie friert erbärmlich in ihren feuchten Klamotten und muss sich bewegen. Die Kerle haben sie an dieses rostige Rohr gefesselt, die Arme auf den Rücken, die Handgelenke fest mit mehreren Lagen Klebeband zusammengebunden, sodass sie nicht wegkommt.

Aber sie muss raus hier!

Sie weiß nicht, wie lange sie nun schon an diesem Rohr herumruckelt, aber es ist Bewegung.

Und Hoffnung.

Bewegung gegen die Kälte. Hoffnung, sich befreien zu können, denn das Rohr schwingt mit ihren Ruckelbewegungen mit. Erst nur ganz wenig. Inzwischen stärker.

Sie muss raus hier.

Leonie versucht, das Klebeband zu dehnen, indem sie die Handgelenke gegeneinanderdreht. Immer wieder und so stark sie kann.

Und sie ruckelt heftiger. Das Rohr schwingt.

Irgendwo macht es plopp. Der Wassertropfen. Immer wieder plopp.

Und sie ruckelt. Ihr Atem geht schneller vor Anstrengung. Und dehnt sich nicht das Klebeband ein wenig?

Nur nicht nachlassen! Immer weitermachen! Wer aufgibt, hat

verloren. Der Lieblingsspruch ihrer Mutter, damit hat sie Leonie schon im Kindergarten genervt.

Aber jetzt hilft es. Nicht aufgeben! Weitermachen!

An diesem verdammten Rohr ruckeln.

Plopp macht es. Und wieder: plopp! Plopp, plopp, plopp!

Und plötzlich ein Knall. Und Wasser! Ein Strahl, so hart, dass er Leonie auf den Boden wirft. Hastig rappelt sie sich auf, rennt aus dem Wasserstrahl heraus.

Ihre Hände sind zwar immer noch auf dem Rücken gefesselt, aber sie ist von der Wand weg. Offenbar ist das Rohr gebrochen. Und Wasser schießt heraus. Viel Wasser!

Keuchend versucht sich Leonie zu orientieren. Wo war diese verdammte Leiter nach oben?

Links von ihr?

Sie patscht durch Wasser. Es bedeckt schon den Boden. Und es rauscht. Wie lange wird es dauern, bis dieser Bunker vollgelaufen ist?

Sie muss diese Leiter finden. Sie muss unbedingt diese Leiter finden!

37 DIE SACHE MIT DER BOMBENDROHUNG gegen das Ordnungsamt ließ mir keine Ruhe. Einen Tag später fuhr ich erneut nach Stralsund. Die Spurensicherung hatte offenbar ihre Arbeit getan, das Foyer war frei zugänglich, das Amt hatte seine tägliche Arbeit wieder aufgenommen.

Und da soll noch mal einer sagen, deutsche Beamte wären faul.

Vor allem sind sie auch gesprächig, das wusste ich noch aus meiner eigenen aktiven Zeit. Wenn man sich geschickt anstellte, konnte man alles erfahren. Unter dem Vorwand, ein Gewerbe anmelden zu wollen, stellte ich mich an die Portiersloge.

»Was für ein Gewerbe möchten Sie denn anmelden?«

»Eine Detektei«, antwortete ich und bekam sofort einen erstaunten Blick. Offenbar gab es nicht so viele Detektive in

Stralsund. Oder sie meldeten sich nicht an, um steuerfrei arbeiten zu können.

»Dann sind Sie Detektiv?«

»Kriminalpolizist«, antwortete ich. »Ich war fünfundvierzig Jahre im Dienst und sollte daher die nötige Qualifikation für diesen Beruf haben, meinen Sie nicht?«

»Das muss ich nicht beurteilen«, sagte der Beamte und blätterte ein paar Kladden durch.

»Schon was Neues in Sachen Bombendrohung?«, fragte ich neugierig.

»Keine Ahnung. So was hatten wir hier früher jedenfalls nicht.« Der Beamte griff zum Telefon. »Nicht so viel Gemauschel, keine Bombendrohungen und Detektive: Gab es alles nicht.«

»Da war die Welt noch in Ordnung, was?«

»Ruhiger war's auf jeden Fall. – Jensen hier«, sprach er ins Telefon. »Du, ich hab hier einen Senioren, der eine Detektei gründen will. Wo muss ich den denn hinschicken?« Er lauschte einen Moment, dann sah er mich an. »Wie viele Angestellte wollen Sie denn beschäftigen?«

»Keinen.«

»Keinen?«

»Na, vielleicht lege ich mir später mal eine fesche Sekretärin zu«, grinste ich. »Aber für den Anfang …«

»Der macht das vorerst allein«, gab Jensen durchs Telefon weiter und lauschte. »Aha! Gut, dann weiß ich Bescheid.« Er legte wieder auf und notierte sich etwas.

»Gab's denn ein Bekennerschreiben?«

»Bitte?« Offenbar war er nicht ganz bei mir.

»Ein Bekennerschreiben«, wiederholte ich daher, »zur Bombendrohung gestern. War das mit irgendwelchen Forderungen verbunden, Drohungen, haben sich irgendwelche dubiosen Schriftstücke gefunden? Von politischen Gruppierungen etwa, Linksextreme, Rechtsextreme, Terroristen oder sonstige Irre?«

»Na, reden tun Sie ja schon mal wie ein Detektiv«, stellte der Pförtner fest.

»Wie gesagt, ich war lange Polizist. Also?«

»Das war kein Bekennerschreiben, sondern mehr so eine

schriftliche Drohung: Beim nächsten Mal kracht's wirklich, so was in der Art. – Also, wenn Sie mich fragen«, Jensen schob sich ganz dicht an die Glasscheibe heran, »war das die Fischbrötchenmafia.«

»Die Fischbrötchenmafia?« Ich musste lachen. Was sollte das denn sein?

»Haben Sie sich schon mal im Hafen umgesehen?« Jensen blieb ernst. »Diese ganzen Fischverkäuferinnen? Alles Ausländer! Russen, Albaner, was weiß ich. Und kontrollieren tut das alles Bunken Food. Die sind knallhart. Wer denen in die Quere kommt, wird plattgemacht. Das geht ruck, zuck, sage ich Ihnen, der kriegt einen vor den Latz und ist weg.«

»Tatsächlich? Und woher wissen Sie das?«

»Die müssen doch alle ihr Gewerbe hier im Ordnungsamt anmelden und auch wieder ab. Und bei mir kommt die ganze Post an. Da kriegt man eine Menge mit.« Er kam noch näher an die Scheibe und winkte mich zusätzlich heran. »Und seit einem Jahr«, raunte er mir geheimnisvoll zu, »muss jede an das Amt adressierte Post durch eine Sicherheitskontrolle. Hat der Chef verfügt, Matthiesen, unser stellvertretender Amtsleiter. Könnten ja Briefbomben dabei sein. Jetzt hat der Matthiesen einen ...«, er deutet mit den Händen Anführungszeichen an, »... ›Unfall‹ gehabt. Und statt einer Briefbombe liefern sie uns gleich ordentlich Sprengstoff frei Haus. – Noch Fragen?«

Tausende. Aber für den Portier war das Gespräch wohl erledigt. Er hatte gesagt, was er sagen wollte, und schob mir nun ein paar Bögen Papier hin.

»Als Einzelunternehmer brauchen Sie einen Gewerbeschein. Erster Stock, Marke ziehen, und während Sie auf den Aufruf warten, füllen Sie bitte diesen Antrag aus. Wiedersehen.« Demonstrativ wandte er sich ab.

Ich lief die Treppe hinauf, zog wie befohlen eine Marke und suchte nach einem freien Platz im ziemlich überfüllten Warteraum. Zu meiner Überraschung sah ich Paula, die Segeltrainerin, am Fenster stehen und gesellte mich zu ihr.

»So ein Zufall! Brauchen Sie auch einen Gewerbeschein?«

»Ja, ich versuch, mich unabhängiger zu machen«, antwortete

sie. »Da bin ich nicht mehr nur von den Vereinen abhängig und kann die Leute auch privat und überall trainieren.«

»Lassen Sie mich raten: Sie wollen nicht mehr denunziert werden.«

»Kann man sich davor schützen?«

»Wenn man die Denunzianten kennt, schon. Ich hab ihn übrigens schon eine Zeit lang nicht mehr gesehen.«

»Zum Glück. Ohne die Zwerge kann man sich im Nautischen Yachtclub sogar wohlfühlen.« Sie lachte. »Ist ein völlig neues Feeling plötzlich, finden Sie nicht?«

»Ja, aber ist das nicht merkwürdig?«

»Dass die Stimmung besser ist? – Nö.«

»Dass der Denunziant verschwunden ist.« Ich verschränkte die Arme und sah sie an. »Mich wundert das. Der war doch sonst jeden Tag auf seiner Yacht. Und dann ist er auf einmal weg.«

»Ich denke, der wird ordentlich Stress haben. Jetzt, wo sein Schiff abgebrannt ist.«

»Was?« Ich konnte es kaum glauben. »Die ›Batavia‹ ist abgebrannt? Wann?«

»Nicht die ›Batavia‹«, Paula sah zur Anzeige, wie weit die Nummern waren, »sein Kutter im Hafen.«

»Dieser Fischbrötchenkutter? Der gehörte ihm?« Und mir hatte er immer erzählt, er wäre Investor. »Ich dachte, der hätte ein Hotel gebaut.«

»Das auch.« Paulas Pferdeschwanz wippte. »Aber auf dem Kutter hat doch Mai Ling gearbeitet.«

»Seine Frau?« Ich konnte mir die fesche Thailänderin kaum als Fischverkäuferin vorstellen. »Ich dachte, das wäre mehr so 'n Luxusweibchen.«

»Alles nur Show«, sagte Paula und winkte ab. »Eine reine Scheinehe.«

»Und wie kommen Sie darauf?«

»Der Typ ist schwul.«

Das hörte sich jetzt nach typischem Vereinsgeschwätz an. Da war dauernd jemand schwul. Oder bi. Oder pervers. Man brauchte nur das falsche Polohemd zu tragen.

»Schon wie er Mai Ling behandelt! Der kann doch mit Frauen

gar nicht umgehen.« Paula verdrehte die Augen. »Und dann diese homoerotische Beziehung zum Likedeeler.«

Ach, die war homoerotisch? Das wurde ja immer besser.

»Dauernd fotografiert er heimlich Leute, und erst sein dämliches Machogehabe. ›Hey, ich bin der Typ mit den dicken Eiern, der voll die Ahnung hat, Mann‹«, äffte sie ihn mit dunkler Stimme nach. »Echt mal, ich hab nichts gegen Schwule, aber Typen, die zu verklemmt sind, sich sexuell zu outen, nee! – Der hat Sie doch auch angebaggert.«

Angebaggert? Mich?

»Ist Ihnen das nicht aufgefallen? Der ganze Verein hat darüber gelacht. Little Tom und der Krimi-Opa!« Sie kicherte albern.

Sieh einer an, Krimi-Opa nennen sie mich. So wird man zur Berühmtheit, ohne es zu merken.

Und Little Tom? »Hat der auch einen richtigen Namen?«

»Schwenzl, Tom Werner!« Sie dehnte das »Weeer-neer« lustvoll aus und prustete drauflos. »Das ist so abgefahren, echt mal, ey! Wahrscheinlich trägt er heimlich rosa Unterhosen.«

Fein, wenn sie sich darüber amüsieren kann. »Wissen Sie, wo er wohnt?«

»Im Teergang«, antwortete sie. »Da hat er sich ein Haus gebaut und uns alle wochenlang mit seinem Wissen über Baustatik, Installationen und der Gas-Wasser-Scheiße genervt. Weerneer weiß alles, Weerneer kann alles, Weerneer ist so schick. Ein echter Super-Boy!« Die letzten Sätze sprach sie nasal aus und schwenkte dabei aufreizend die Hüften. »Robert hat er auch angemacht.« Wieder äffte sie ihn nach: »›Robbieh, soll ich dir mal zeigen, wie man eine Leine richtig aufschießt?‹ – Da gab es richtig Krach!«

»Wer ist denn jetzt Robert?«

»Mein Freund. Der steht da gar nicht drauf.« Die Anzeige piepte, die Wartenummer wechselte. »Na ja, ich muss jetzt. Das ist meine Zahl. Ciao.«

Und weg war sie.

38 DER TEERGANG war eine Anliegerstraße mit offener Bebauung südöstlich der Barther Innenstadt und nicht weit vom Yachtclub entfernt. Reihenhäuser wechselten mit frei stehenden Einfamilienhäusern, und es gab auch das eine oder andere Bauerngehöft. Auffällig war die große Blockbohlenvilla im Schweizer Chalet-Stil, die mit ihren Geranien auf dem Balkon und dem weit heruntergezogenen Schieferdach eher in eine Alpenlandschaft gepasst hätte.

Schon von Weitem sah ich den BMW Z4 in der Auffahrt stehen. Mit heruntergeklapptem Verdeck, obwohl es schon den ganzen Tag nieselte.

Seltsam, das alles. Sehr eigenartig.

»Tom Werner Schwenzl & Mai Ling« war auf ein Namensschild aus Salzteig neben der Gartenpforte gemalt. Doch auf mein Klingeln reagierte niemand.

Ich stieg über den niedrigen Jägerzaun und ging zum Haus, um mal einen Blick durch die Fenster zu werfen. Drinnen schien alles in Ordnung zu sein. Genauer überprüfen konnte ich das nicht, denn sämtliche Fenster und Türen waren abgeschlossen. Und hinten hatte irgendwer quer über die Terrassentür mit dicker weißer Farbe das Wort »WICHSER!« gemalt. Der Pinsel lag noch auf dem Boden, der Farbeimer dazu stand auf dem Terrassentisch. Die Farbe war längst ausgetrocknet, was darauf hindeutete, dass der Kurze von der »Batavia« beziehungsweise Tom Werner Schwenzl und seine Mai Ling schon eine Weile nicht mehr hier gewesen waren.

Vielleicht, seit ich ihn nicht mehr gesehen hatte. Aber das würde bedeuten, dass sein Roadster hier auch seit Tagen offen herumstand.

Was war hier los? Und wo steckte Mai Ling, seine Frau?

Merkwürdig.

Eine Viertelstunde später war ich im Yachtclub, wo Jann Giehrling mit trostloser Miene auf seiner Bank saß und ein Bier nach dem anderen trank.

»Wollen Sie erst die gute«, ich setzte mich neben ihn, »oder die schlechte Nachricht hören?«

Statt einer Antwort bekam ich wortlos ein Bier in die Hand gedrückt. Offenbar hatte der Yachtwart heute keine Lust auf Gespräche. Aber mit irgendwem musste ich meine neuen Erkenntnisse teilen.

»In Stralsund glaubt man, dass sich der Likedeeler mit der Mafia angelegt hat«, sagte ich daher.

»Mit der Mafia?« Ungläubig sah mich Giehrling an.

»Mit der Fischbrötchenmafia«, präzisierte ich. »Ich weiß, das klingt drollig, aber irgendwie muss er denen in seiner Eigenschaft als stellvertretender Amtsleiter in die Quere gekommen sein. Das behauptet zumindest der Portier im Ordnungsamt. Der ist davon überzeugt, dass die Bombendrohung und die Prügelattacke auf Matthiesen zusammengehören.«

»Ist das jetzt die gute oder die schlechte Nachricht?«, fragte Giehrling.

»Die gute«, antwortete ich, »denn das würde Sie ja entlasten, was den Angriff auf Matthiesen betrifft. Und es könnte auch erklären, warum er keine Anzeige gestellt hat.«

»Und die schlechte?«

»Die schlechte Nachricht ist, dass ich mir zunehmend Sorgen um unseren Denunzianten hier mache. Da hat jemand ›Wichser‹ an sein Haus geschrieben.«

»Wo er recht hat …« Der Yachtwart trank von seinem Bier.

»Da stimmt was nicht!« Ich genehmigte mir ebenfalls einen Schluck. »Sein Auto steht im Regen mit offenem Verdeck. Wahrscheinlich seit Tagen schon. Oder ist er hier inzwischen mal wieder aufgetaucht?«

Giehrling schüttelte den Kopf. »Ich war vorhin mal an seinem Boot. Da stinkt's.«

»Da stinkt es? Wonach?«

»Na, so gammelig halt.« Der Yachtwart öffnete sich ein frisches Bier. »Der wird da ein paar Lebensmittel an Bord gelassen haben, die jetzt ein Eigenleben entwickeln.«

Das gibt's doch nicht!

Keine Minute später stand ich vor der »Batavia«. Alles sah ganz normal aus an dem Schiff, doch Giehrling hatte recht. Es stank.

Und zwar mächtig. Wie nach verdorbenem Fleisch. Aber woher kam der Geruch?

Ich schlug die Persenning auf, mit der das Cockpit der »Batavia« abgedeckt war, und prallte zurück. Hier war der Gestank schier unerträglich, und es flogen auch jede Menge Fliegen umher.

Überall summte es, und die meisten Fliegen krabbelten über einen grauen Leinenbeutel, der zusammengeschnürt am Ende des Großbaumes hing.

Was war das?

Es kostete mächtig Überwindung, ins Cockpit zu steigen, doch meine Neugier war stärker als der Ekel, und ganz eindeutig war der Leinenbeutel die Quelle des Gestanks. Er war nicht groß, vielleicht so, dass ein Schuhkarton hineinpassen würde. An den Seiten warb ein verblichener Schriftzug für die Bioland-Fleischerei Thorn in Ribnitz-Damgarten.

Erste Erkenntnis: Auch Biofleisch stinkt, wenn es verdorben ist. Vorsichtig wedelte ich die Fliegen beiseite und band den Beutel vom Großbaum los.

Gott, war das widerlich. Der üble Gestank raubte mir fast den Atem, und Hunderte von Fliegen summten um mich herum, als ich den Beutel öffnete.

Und das, was ich dann sah, schickte meine vorige Mahlzeit in die verkehrte Richtung: In dem Leinensack lag etwas Fleischiges, spärlich Behaartes am Beginn der Verwesung. Dennoch erkannte ich sofort, was es war: ein männlicher Hoden.

Jemand hatte dem »Batavia«-Mann die Eier in den Großbaum gehängt.

39 ALS MAIKE HANSEN in die Barther Dienststelle zurückkommt, sitzt Kriminalhauptkommissar Stefan Keil schon auf gepackten Koffern.

»Das sind Sie ja endlich«, schimpft er drauflos. »Die Ermittlungen zum Futterkutter sind von der Staatsanwaltschaft längst eingestellt worden. Seit vier Stunden warte ich hier. Ich könnte längst zurück in Schwerin sein.«

»Und warum sind Sie nicht längst zurück in Schwerin?«

»Weil ich mich hier von Ihnen anständig verabschieden wollte. So wie sich das gehört unter Kollegen.« Er hält Maike die Hand hin. »Wiedersehen.«

»Tschüss«, sagt Maike, denn auf ein Wiedersehen mit Keil kann sie verzichten. Immerhin gibt sie ihm die Hand. »War ein kurzes Gastspiel, was?«

»Ja. Aber ich komme bestimmt wieder.« Es klingt wie eine Drohung. »Sie wissen ja, man trifft sich immer zweimal im Leben.«

Maike lacht auf. »Das hat mir schon mal einer gesagt, bevor er auf Nimmerwiedersehen verschwunden ist.«

»Das können Sie doch gar nicht beurteilen, Frau Hansen.« Keil lacht auf. »Wie jung sind Sie? Zwanzig?«

»Vierundzwanzig.«

»Na, sehen Sie«, Keil schnappt sich seine Aktentasche, »da kommt noch einiges auf Sie zu.« Er will zur Tür, stockt. »Ach, nur für die Akten, es gibt keinen Schwänzel.«

»Bitte?« Maike versteht nicht.

»Na, ich habe den halben Vormittag damit verbracht, den Betreiber des Futterkutters ausfindig zu machen.« Er verzieht mitleidig das Gesicht. »Das war nicht möglich, und wissen Sie, warum?« Er macht eine Kunstpause und gibt die Antwort dann selbst: »Weil es keinen Schwänzel gibt. Weder in Stralsund noch in Barth noch in Rostock. An der gesamten Ostseeküste nicht!«

»Na, vielleicht lebt der ja in Bayern.«

»Sehen Sie, und genau das ist das Problem mit euch Provinzkriminalisten.«

Oh nee! Maike stellt entsetzt fest, dass der Keil sich wieder hinsetzt und zu einem längeren Vortrag ausholt.

»Denn obwohl ihr das Ziel genau vor Augen habt«, fährt er überheblich fort, »und nur noch abzudrücken braucht, schießt ihr vorbei. Immer knapp, aber eben vorbei.« Er wedelt sich mit den Händen vor dem Gesicht herum. »Ihr trefft einfach nicht. Weil ihr den Wald vor lauter Bäumen nicht seht, ist Ihnen das schon mal aufgefallen?«

»Na, jetzt, wo Sie's sagen.« Maike holt ihr Tablet aus der Tasche und setzt sich an ihren Schreibtisch. »Wollten Sie nicht nach Schwerin?«

»Ich bin gleich weg. Aber das müssen Sie sich noch vor Augen führen.« Er gestikuliert. »Ich sage, es gibt keinen Schwänzel. An der ganzen Ostseeküste nicht. Sie sagen, vielleicht lebt der in Bayern. Und haben fast recht damit, aber nur fast! Knapp vorbei, wie gesagt. Denn der Schwenzl stammt tatsächlich aus Bayern, lebt aber inzwischen hier in Barth. Nur eben nicht der Schwänzel mit ›ä‹, sondern der Schwenzl mit ›e‹. Alles klar?«

Nee. Gar nicht. Aus Maikes Sicht redet Keil völlig wirr.

»Und wem haben wir diese Konfusion zu verdanken, Frau Hansen? – Natürlich Ihrem Chef, der Inkompetenz in Person. Ich frage den noch: Schwenzel, wie man es spricht? Und der sagt: Nee, ohne ›e‹. Und genau da lag der Fehler. Den kann man nicht finden.« Keil springt wieder auf. »Jedenfalls nicht, wenn man alphabetisch sucht. Denn dieser Tom Werner Schwenzl wird eben doch mit ›e‹ geschrieben, nicht wie Schwanz, ich buchstabiere Ihnen das mal, nur für die Akte.« Auffordernd sieht er sie an. »Na los: Stift und Zettel, zack, zack!«

Maike stöhnt genervt auf, holt sich aber den Notizblock heran.

»Samuel – Cäsar – Heinrich – Wilhelm … Und jetzt kommt's: *Emil*, nicht Anton, sondern *Emil*, streichen Sie sich das ganz dick an. Gefolgt von: Nordpol – Zacharias – Ludwig. Alles klar?«

»Schwenzl«, liest Maike. »Na, da hatte der Chef doch recht. Ohne ›e‹.«

»Sind Sie hier alle völlig neben der Spur?« Keil reißt ihr den Zettel aus der Hand und starrt darauf. »Da steht's doch. *Schwenzl*. Eindeutig. Sie haben es doch richtig geschrieben. Mit ›e‹.«

»Hinten ohne«, wiederholt Maike stoisch. »Wo jeder ein ›e‹ erwarten würde, weil es gesprochen so klingt. ›Zl‹ kann doch kein Mensch sagen. Macht jedenfalls keiner.«

»Sie sind 'ne ganz Penible, was? Na, meinetwegen.« Er gibt ihr den Zettel wieder zurück. »Ich sagte ja, nur für die Akten. Damit es hinterher keine Missverständnisse gibt, falls der Fall doch wieder aufgerollt werden muss.«

Endlich!

Maike atmet auf, denn der Keil scheint jetzt wirklich fahren zu wollen. Zielstrebig steuert er die Tür an, und gleich ist er weg ...

Nee, ist er nicht. Er hat zwar die Türklinke in der Hand, dreht sich aber noch mal zu Maike um. »Bevor ich es vergesse: Diese Staatsanwältin hat schon dreimal angerufen.«

»Und was wollte sie?«

»Keine Ahnung, hat sie nicht gesagt. Sie wollte Oehler sprechen. Angeblich ist der mobil nicht erreichbar.«

»Das ist der so gut wie nie.« Maike tippt gelangweilt auf ihrem Tablet herum. »Haben Sie der Staatsanwältin gesagt, dass Sie ihn suspendiert haben?«

»Wieso sollte ich? Das hat sich doch mit Einstellung dieser Ermittlung erledigt. Insofern ist er wieder in Amt und Würden. Sie müssen ihm nur Waffe und Dienstmarke zurückgeben. Schaffen Sie das?«

»Aber klar doch«, erwidert Maike Hansen. Es klingt wie: Nun hau endlich ab!

»Gut«, sagt er und starrt sie an. »Ich bin dann mal weg.«

Die Tür klappt, und Maike atmet tief durch. Nicht zu fassen. So eine Nervbacke, also ehrlich mal.

Aber jetzt ist er Geschichte. Durch die Fenster sieht sie ihn mit seinem Mercedes davonfahren.

Maike schnappt sich das Diensttelefon, um den Chef ganz amtlich darüber zu informieren, dass seine freien Tage vorbei sind und er wieder ihr Chef ist. Aber er geht natürlich nicht ran.

Na, dann wird sie ihn eben auf seiner »Swantje« besuchen. Maike erhebt sich und will zur Tür hinaus, als das Diensttelefon zu klingeln anfängt.

Maike geht wieder zum Schreibtisch zurück, hebt den Hörer ab und meldet sich vorschriftsmäßig: »Kriminalkommissariat Stralsund, Außenstelle Barth, Ka-Ha-Em Hansen am Apparat?«

»Kilius hier«, meldet sich die Staatsanwältin am anderen Ende der Leitung mit belegter Stimme. »Ist der Oehler endlich da?«

»Nein, aber ich wollte gerade zu ihm«, erwidert Maike. »Worum geht es denn?«

»Nicht am Telefon. Können wir uns irgendwo unauffällig treffen?«

Unauffällig? Was tut die Kilius denn so geheimnisvoll?

»Wie gesagt, ich wollte gerade zum Chef. Und der wohnt auf der ›Swantje‹. Der alte Fischlogger, kennen Sie ja.«

»In Ordnung. Ich bin in einer halben Stunde da.« Die Staatsanwältin legt grußlos auf.

Maike guckt verblüfft auf den Hörer, zuckt mit den Schultern und macht sich dann selbst auf den Weg.

40 DIE LANGE FAHRT von Sassnitz nach Barth in öffentlichen Verkehrsmitteln macht durstig. Kein Wunder, erst die Bimmelbahn von Rügen und dann der Bus, der in jedem Kaff hält und jetzt um die Nachmittagszeit, wenn die Leute in ihren Feierabend aufbrechen, sogar recht voll ist.

Oehler kommt gar nicht dazu, ein Nickerchen zu machen. Permanent schieben sich Leute an seinem Sitz vorbei, ständig steigt irgendwer ein oder aus, und hinter ihm sitzen ein paar bekloppte Halbwüchsige, die mit ihren Smartphones beschäftigt sind und alles, was sie dort sehen, lautstark kommentieren müssen, obwohl sie unfähig sind, ganze Sätze zu sprechen.

»Geil! – Kumma hia! – Alter, wie krass! – Nee, ne! – Machste nich nach, so wat! – Möönsch! – Kumma, wie geile Titten! – Echt nice Bräute, aber der Typ ist 'n Spast!«

So geht das bis Barth, wo Oehler den Bus dann auch fluchtartig an der ersten Haltestelle verlässt.

Es ist Zeit, auf ein Bierchen bei seinem alten Freund Jann Giehrling vorbeizuschauen.

Der Yachtwart sitzt wie immer auf seiner Bank vor der Happy-Charter-Basis und starrt mit verlorenem Blick auf den Bodden.

»Mensch, Jann!« Oehler haut ihm aufmunternd auf die Schulter. »Was ist los? Für Liebeskummer bist du doch wohl zu alt.« Er zieht sich ein Bier aus dem angebrochenen Sixpack unter der

Bank und lässt die Flasche aufploppen. »Na, prost erst mal, nicht wahr?«

Ohne ein Wort stößt der Yachtwart mit ihm an und trinkt. Björn sieht ihn verwundert an. »Jann? Alles kloar?«

»Nix is kloar, Björn.« Jann Giehrling klingt tonlos, fast tragisch. »Du kennst das nicht, ne? Wenn du plötzlich vorm Abgrund stehst? Wenn sich dein Leben so mir nix, dir nix und ganz unverhofft auflöst? – Nee, kennst du alles nicht.«

»Sag mal, bist du krank oder was? Soll ich 'nen Bestatter rufen?«

»Kerngesund, Björn. Aber ich werd hier gerade vernichtet.«

Oehler ist perplex. Eigentlich ist der Yachtwart immer ein sehr unbeschwerter, zufriedener Kerl gewesen. Ein bescheidener Junggeselle wie er selbst. Wer sollte ihn da vernichten?

Giehrling starrt trübsinnig vor sich hin. »Ich hab mich völlig abhängig gemacht, quasi versklavt, und das freiwillig. Und jetzt hab ich die Quittung.«

»Na, wie 'n Sklave siehst du aber nicht aus, Jann. Schon mal ›Spartacus‹ gesehen? Kirk Douglas? – Das war ein Sklave.«

»Der Gladiatorenkampf steht mir noch bevor, Björn.« Giehrling köpft zwei frische Biere. »Die Arena ist schon auf, ich warte nur noch auf die Löwen und den grausamen Neger.«

»Den grausamen Neger?«

»Na, hatten die doch da in ›Spartacus‹. Da war doch so 'n Kampfneger, so 'n richtiges Tier war das! Vor dem hatten immer alle Angst.«

»Und wovor hast du Angst, Jann?« Oehler legt ihm eine Hand auf die Schulter. »Erzähl mal, was ist los?«

»Matthiesen hat mich rausgeschmissen.«

»Wieso Matthiesen?« Das verwundert Oehler. »Der liegt doch im Krankenhaus. Dem sind alle Knochen gebrochen, der kann dich nicht mehr rausschmeißen, den hat jemand vorher plattgemacht.«

»Das weißt du schon?« Giehrling sackt erschrocken zusammen.

»Wir ermitteln in dem Fall.«

»Bist du deshalb hier?« Giehrling wirkt plötzlich wie ein gehetztes Tier. »Habt ihr einen Verdächtigen?«

»Nee.« Oehler winkt ab. »Ich bin sowieso raus aus dem Fall.«

»Dann haben Sie ja Zeit für einen neuen«, mischt sich plötzlich ein hagerer älterer Herr von Ende sechzig, Anfang siebzig ein, der mit seiner Glatze wie eine Mischung aus John Malkovich und dem späten Henry Fonda wirkt und eine leichte Segeltuchjacke trägt.

»Ach nee!« Oehler erkennt diesen Mann sofort. Vor ein, zwei Jahren haben sie zufällig mal einen Fall gemeinsam gelöst. »Der Kriminalrat a. D.! Was treibt Sie denn in den Nautischen Yachtclub? – Waren Sie segeln? Sie sehen ein bisschen blass um die Nase aus.«

»Das kommt vom Gestank«, weiß Giehrling und sieht den Kahlköpfigen an. »Verdorbenes Fleisch, was?«

»Verdorbenes Fleisch, ja.« Der Kriminalrat nickt langsam, und Oehler versucht, sich an dessen Namen zu erinnern. Das war was Kurzes, Einsilbiges, aber mit gedehntem Vokal, so was wie Haack oder Hoog ... Mist, Oehler kommt nicht drauf.

»Verdorbenes Fleisch eines menschlichen Hoden am Großbaum der ›Batavia‹.«

»Sagen Sie das noch mal!« Der Yachtwart macht große Augen. »Ein menschlicher ...? Auf der ›Batavia‹? Im Großbaum? Also so 'n echter Sack oder was ...?«

»Na, ein Hodensack eben. Schon im Zustand der Verwesung, aber vollständig. Mit Inhalt, wie es scheint. Abgerissen oder abgeschnitten.« Der Kriminalrat schüttelt sich. »Furchtbar! Das habe ich auch noch nicht erlebt. In fünfundvierzig Jahren nicht.« Er sieht Oehler an. »Ich fürchte, da kommt Arbeit auf Sie zu, Oberkommissar.«

Knoop! Jetzt hat er's. Der Mann heißt Knoop, Hans Dieter. Na, gut, dass das Oehler noch eingefallen ist. Aber ansonsten: »Wovon reden Sie eigentlich?«

»Dem Schwenzl haben sie die Eier in den Großbaum gehängt!« Giehrling ist völlig außer sich. »Das ist ja irre!«

»Ergo muss es jemand aus dem Yachtclub gewesen sein«, folgert der Kriminalrat, »jemand, der weiß, wie der Kerl tickt, und ein Faible für morbiden Humor hat.«

»Noch mal, bitte.« Oehler kann nicht folgen. »Von was wird hier gesprochen?«

»Von einer Leiche. Oder zumindest einem Teil davon«, präzisiert Knoop, »eben ein menschlicher Hoden.« Er zeigt in eine Richtung. »Da drüben am Großbaum der ›Batavia‹.«

»Ein menschlicher Hoden?«

»Den muss irgendwer dahin gehängt haben«, sagt Knoop. »In einem Leinenbeutel einer Biofleischerei.«

»Sind Sie sicher? Ein Hoden? Also, so richtig vom Mann?«

»Gibt's auch weibliche Hoden?«

Keine Ahnung, wer weiß das schon so genau? Oehler ringt um Fassung. Ein Hoden, unglaublich! Mein Gott, wer macht denn solche Sachen?

Trotzdem will er keine voreiligen Schlüsse ziehen. »Ein Hoden bedeutet noch keine Leiche.«

»Na, ich weiß nicht, Björn«, gibt Jann Giehrling zu bedenken. »So lange überlebst du das nicht ohne deinen Sack. Ich mein, das blutet doch sicher wie Sau. Und weh tut's auch. Das hält doch keiner lange durch. Stell dir mal vor, dir schneidet einer die Eier ab, und ...«

»Ich will mir das nicht vorstellen, Jann!« Oehler springt genervt auf. Das darf doch alles nicht wahr sein. »Ich bin ohnehin nicht im Dienst. Bis auf Weiteres suspendiert.«

»Suspendiert?«, fragt Knoop ungläubig. »Was haben Sie angestellt?«

»Nun, ich stehe im Verdacht, ›Störtebekers Futterkutter‹ versenkt zu haben.«

»Und?« Der alte Kriminalrat sieht ihn durchdringend an. Vermutlich sein früherer Vernehmerblick. »Haben Sie?«

»Wenn, dann würde ich Ihnen das ganz bestimmt nicht auf die Nase binden.« Oehler gibt sich einen Ruck. »Also gut. Auf geht's. Wo ist dieser Hoden?«

Kurz darauf stehen alle drei unschlüssig vor der »Batavia«.

»Vielleicht sollten Sie das einfach der KT überlassen«, schlägt Knoop vor.

»Na, erst mal schau ich mir das an.« Oehler zögert. »Nicht dass wir hier umsonst die Pferde scheu machen.«

Der Gestank ist jedenfalls ziemlich übel. Und viele Fliegen surren herum.

»Okay.« Es hilft ja alles nichts. Oehler hält sich die Nase zu und klettert an Bord.

»Gott, was für eine Scheiße«, hört man ihn entsetzt unter der Persenning fluchen. Dann kommt er wieder hervor und erbricht sich über die Reling.

»Jann«, würgt er nach einer Weile hervor. »Ich glaub, ich muss mal an dein Telefon.«

»Wieso? Hast du kein Handy?«

»Nicht bei mir«, keucht Oehler und wischt sich über den Mund. »Aber hier sollten Rechtsmediziner und Spurensicherung ran.«

»Nur, wenn du mir nicht ins Büro kotzt!«

»Schon gut, ich glaub, ich bin durch damit.« Schwer atmend klettert Oehler von Bord und stiefelt zur Charterhütte des Yachtwartes zurück.

41 MIST, DER CHEF ist auch nicht auf der »Swantje«. Einmal mehr zieht Maike ihr Smartphone hervor und versucht ihn anzurufen.

Doch er geht nicht ran. Stattdessen hört man unter Deck sein Handy drauflospiepsen. Na, da liegt es gut.

»Hallo? Sind Sie da?«

Das ist die Stimme der Staatsanwältin. Sie klingt etwas verhalten.

»Hier!« Maike springt auf und geht an die Reling. »Kommen Sie rauf.« Sie hilft der Staatsanwältin an Bord und lächelt entschuldigend. »Leider ist der Chef noch immer nicht da. Keine Ahnung, wo der steckt. Sein Handy ist hier, hören Sie es? Ich rufe es gerade an.«

»Leonie ist entführt worden.«

Maike fällt fast das Smartphone aus der Hand.

»Das bleibt aber unter uns«, mahnt die Staatsanwältin eindringlich, »ich möchte auf keinen Fall das Leben meiner Tochter gefährden, verstehen Sie?«

»Schon klar.« Maike muss das erst mal schlucken. »Was wollen die? Lösegeld?«

»Die Einstellung der Ermittlungen zum Futterkutter«, antwortet die Staatsanwältin. »Entsprechend habe ich das veranlasst.« Ihre Stimme zittert ein wenig. »Wir müssen irgendwem ganz mächtig auf die Füße getreten sein.«

»Und Leonie ist noch nicht wieder aufgetaucht?«

»Nein. Die gehen auf Nummer sicher.«

Nummer sicher? Was heißt Nummer sicher? Maike will nachfragen, doch dann wird ihr klar, dass sie das eigentlich lieber nicht wissen will.

Stattdessen sagt sie: »Um Himmels willen, wir müssen Leonie da rausholen. Wo immer sie steckt.«

»Deshalb bin ich hier«, erwidert die Staatsanwältin knapp. Sie hält Maike ein Blatt Papier hin. »Das hing heute Morgen an meiner Tür.«

Maike liest: »Wenn Du Deine Tochter wiedersehen willst, stell die Ermittlungen ein!« Dazu der Artikel aus der Ostsee-Zeitung mit dem Foto von Frau Dr. Annetta Kilius vor Mikrofonen und dem mit rotem Filzstift eingekreisten Gesicht Leonies dahinter.

»Das war idiotisch.« Die Staatsanwältin fängt an zu weinen. »Ich hätte sie nie mit zu einem Pressetermin nehmen dürfen.«

»Beruhigen Sie sich! Das alles ist schrecklich, aber wir brauchen jetzt einen klaren Kopf.« Maike legt ihr tröstend die Hand auf den Arm. »Haben sich die Entführer schon gemeldet?«

»Mit einem Video«, antwortet die Anwältin und tupft sich die Tränen von den Wangen. »Es kam ungefähr eine Stunde später per Mail.«

»Warten Sie, das haben wir gleich.« Maike holt ihr Tablet hervor und setzt sich auf eine der Bänke auf Oehlers Vordeck. »Geben Sie mir die Zugangsdaten für Ihren E-Mail-Account?«

Kurz darauf hat Maike das kurze grausame Filmchen auf ihrem Bildschirm. Leonie patschnass und schlammüberströmt im Morast versinkend. Und eine Textnachricht: »WIE LANGE WIRD ES DAUERN, BIS DIE KLEINE ERSOFFEN IST? – DIE ZEIT LÄUFT AB, ANNETTA!«

»Ich habe sofort alle Forderungen erfüllt«, die Staatsanwältin unterdrückt ein Schluchzen, »die Ermittlungen sind eingestellt, ich hab das auch sofort an die Presse gegeben und …« Sie unterbricht sich und setzt sich schniefend neben Maike. »Können Sie damit etwas anfangen?«

»Mal sehen.« Maike tippt eifrig auf ihrem Laptop herum. »Das ist mit einem Mobiltelefon aufgenommen und versendet worden. Schauen wir mal, von wo.«

Sie greift zu ihrem Smartphone und wählt eine Nummer.

»Yo, hier die Maike, Jungs. Leben noch frisch? – Yo, viel Arbeit an der Gesetzeshüterfront. Deshalb ruf ich an, du. Ich brauch mal 'ne schnelle Handyortung. – Nee, 'ne Nummer hab ich nicht, aber eine IP, von der eine Mail verschickt wurde, und die Uhrzeit. Ich schick euch das mal durch. – Danke.«

Sie legt auf und nickt der Staatsanwältin zu.

»Wenn diese Idioten ihr Handy nicht zwischendurch mal ausgeschaltet haben, kriegen wir sie.«

»Wen haben Sie da angerufen?«, fragt die Kilius. »Für so was braucht man doch eigentlich einen richterlichen Beschluss.«

»Eigentlich«, nickt Maike und tippt geschäftig auf ihrem Tablet herum. »Aber nur eigentlich. Es ist immer gut, wenn man alte Kontakte aufrufen kann.«

Sie verschweigt der Staatsanwältin, dass sie selbst mal in der Hackerszene unterwegs war. Damals, als es noch darum ging, sich irgendwie das Studium zu finanzieren, ohne nebenher jobben zu müssen. Ein guter Hack kann zehn Kellnerjobs ersetzen. Und man hat viel mehr Zeit zum Lernen.

»Brauchen wir nicht wenigstens die Telefonnummer von denen?«

»Eigentlich schon«, antwortet Maike und grinst, »aber diese Hirnis haben Ihnen ja hübsch eine E-Mail auf den Computer geschickt und somit eine IP generiert, die zurückverfolgt werden kann. Aber nur, solange deren Handy eingeschaltet bleibt. Wenn wir Pech haben … Ach, reden wir nicht von Pech!«

Ihr Smartphone singt los, und sie geht sofort ran.

»Was habt ihr für mich? – Na, Manno, die Funkzelle hab ich auch. Ist aber viel zu ungenau. Wozu haben die heute alle Navis?« Sie wartet und flüstert der Staatsanwältin zu: »Wir gucken mal, ob wir das per GPS tracken können. – Ja, ich höre«, spricht sie wieder in ihr Smartphone und ruft gleichzeitig auf dem Tablet ein Navigationskartenprogramm auf. »Wann war das? – Okay, klingt super, ich guck mir das gleich mal an. Danke, Jungs.«

Sie zoomt sich durch die Karte. Stralsund – Innenstadt – Altstadt – Hafenviertel … Am Fährkanal blinkt ein kleiner grüner Punkt auf.

»Bingo«, macht Maike und zeigt der Anwältin den Bildschirm. »Da ist das Handy, von dem das Video verschickt wurde. Und wenn wir Glück haben, ist da auch Leonie.« Sie zeigt auf den blinkenden Punkt. »Genau hier.«

»Das ist ja unheimlich«, staunt die Staatsanwältin. »Ich wusste nicht, dass so was technisch geht. Und so zügig.«

»Die offenbar auch nicht.« Maike packt ihre Sachen zusammen. »Aber wenn man weiß, wonach man suchen muss, geht technisch fast alles. Zumindest bei elektronischen Kommunikationsgeräten. Wären die hübsch bei der analogen Variante geblieben«, Maike tippt auf das weiße Papier mit dem Zeitungsausschnitt, »hätten wir dumm in die Röhre geguckt. – Gehen wir?«

42   DER BULLI DER KRIMINALTECHNIK und der Kombi der Rechtsmedizin versperren den Weg zur Steganlage. Zusätzlich passen zwei Polizisten auf.

Vor ihnen stauen sich die Bootsbesitzer des Nautischen Yachtclubs. Sie machen hämische Bemerkungen über Schwenzl, »den bayerischen Eierkopp«, stellen wilde Mutmaßungen an, was passiert sein könnte, oder regen sich darüber auf, dass sie jetzt nicht zu ihren Booten können.

Hinter der Absperrung sieht man Leute in weißen Ganzkörperoveralls wie Außerirdische über die Stege tappen. Vorsichtig wird eine blickdichte Tupperschale »zur Bergung menschlicher Überreste« an Bord der »Batavia« gereicht.

»Konzentrieren Sie sich, Knoop!« Oehler starrt den pensionierten Kriminalrat an. Der ist sowieso an allem schuld. Findet einen männlichen Hoden auf einem fremden Schiff. Was hat er da überhaupt gesucht? Noch mehr interessiert Oehler etwas anderes: »Wann haben Sie den Yachtbesitzer zum letzten Mal gesehen?«

»Jaaah ...« Der alte Herr legt den Kopf nach hinten und denkt angestrengt nach. »Als ich gestrandet bin.«

»Gestrandet?«

»Er hat Land gekauft, Björn«, präzisiert der Yachtwart, »Prerower Sand. Da ist er auf Grund gelaufen.«

»Ich musste mein Schiff mit einem Motorboot von der Sandbank ziehen«, berichtet Knoop bedeutungsvoll, »und da habe ich ihn gesehen.«

»Wo, auf der Sandbank?«

»Nein, hier im Hafen natürlich. Da hat er wieder seine Mai Ling angebrüllt.«

»Angebrüllt?« Oehler stutzt. »Was heißt angebrüllt?«

»Er hat sie zusammengestaucht, Björn«, mischt sich der Yachtwart wieder ein. »Die hatten dauernd Trouble, weil sie immer irgendwie was nicht richtig gemacht hat beim Segeln. Mai Ling war jetzt auch nicht so unbedingt eine begeisterte Seglerin. Die wäre vermutlich lieber schön shoppen gegangen.«

»Na, wenn man dauernd angemeckert wird.« Knoop tippt sich gegen die Stirn. »Wer lässt sich schon gerne anschreien, was?«

»Gut, er hat sie angeschrien«, stellt Oehler fest. »Und wann war das?«

»Gute Frage.« Knoop denkt schon wieder sehr lange nach.

»Eigentlich hat er die jeden Tag angeschrien«, meint Jann Giehrling, »also dann, wenn sie da war. Der hat die doch gezwungen, hat er die doch. So kam mir das jedenfalls manchmal vor.«

»Gezwungen?« Oehler muss aufpassen, nicht den Faden zu verlieren. »Wozu?«

»Na, zum Segeln«, antwortet Giehrling. »Die wollte das nicht, das hat man gesehen. Das hat der alles zu sehr geschaukelt auf dem Wasser.«

»Die hat schon gekreischt, wenn sie aufs Boot gestiegen ist«, setzt Knoop hinzu.

»Wann Sie den Mann das letzte Mal gesehen haben, will ich

wissen«, regt sich Oehler auf, »und nicht, ob dessen Frau gekreischt hat. Also, wann haben Sie ihn gesehen?«

»Na, an dem Tag, als ich gestran…«

»Wann sind Sie gestrandet, Herrgott noch mal?«

Und schon muss er wieder überlegen. »Warten Sie, das muss an dem Abend gewesen sein, bevor der Likedeeler zusammengeschlagen worden ist.«

Giehrling zuckt erschrocken zusammen. »Ich war das nicht. Damit das mal klar ist.«

»Wer redet denn von dir?«, faucht Oehler und starrt Knoop an. »Woher wissen Sie denn, wann der Matthiesen verprügelt wurde?«

»Ach, das weiß man doch«, mischt sich der Yachtwart rasch wieder ein. »Das war hier sofort rum am nächsten Tag.«

»Der hat mich fotografiert, dieser dämliche Denunziant. Und abends kam dann der Likedeeler und hat einen Riesenaufriss gemacht.« Der alte Kriminalrat macht eine abwertende Handbewegung. »Das sind Terrier, diese Zwerge.«

Giehrling nickt. »Stimmt. Ein richtiges Zwergenregime ist das hier.«

Oehler kann schon wieder kaum folgen. »Sie haben den also nicht gemocht…«

»Was heißt gemocht?«, erwidert Knoop. »Das war ein Wichtigtuer, dieser Likedeeler, klein von Wuchs, aber ein Riesenego.«

»Ich rede hier vom Besitzer der ›Batavia‹!«

»Das war ein kleiner Denunziant«, antwortet Knoop. »Typische Blockwartmentalität, so 'n ganz Korrekter. Der hätte früher auch jeden Juden ans Messer geliefert. – Stehe ich jetzt unter Verdacht?«

Woher soll Oehler das wissen? »Dazu müsste zunächst einmal geklärt werden, wem dieser Hoden gehört. Und wie ich schon sagte, bedeutet dieser Fund nicht zwingend, dass es dazu auch eine Leiche geben muss, nicht wahr.«

»An seine Terrassentür hat jemand ›Wichser‹ gemalt, und sein Auto steht mit offenem Verdeck im Regen«, regt sich jetzt auch Knoop auf, »vermutlich schon seit Tagen. Und Sie bezweifeln, dass dem Mann was passiert ist?«

»Ich sage nur, dass er nicht zwingend tot sein muss.«

»Morgen ist Hotel-Eröffnung«, sucht Jann Giehrling die Gemüter zu beschwichtigen, »dann wissen wir's.«

»Was?« Knoop und Oehler starren den Yachtwart fragend an.

»Na, ob dem Schwenzl was passiert ist.« Giehrling findet das logisch. »Ansonsten wird er doch zur Einweihung seines Hotels kommen, oder etwa nicht? Macht man doch so als Besitzer.«

Kommt drauf an, denkt Oehler. Man steckt halt nicht drin in der Materie.

»'tschuldigung mal kurz?« Einer der Spurensicherer tippt ihm auf die Schulter. »Die Rechtsmediziner sind fertig. Wir würden dann jetzt gern rauf auf die Yacht.«

»Nur zu! Hauptsache, ihr findet auch was.« Oehler sieht sich nach den Rechtsmedizinern um und rennt ihnen nach. »Moment mal bitte!«

Die Rechtsmediziner, zwei jüngere Herren im Ganzkörperdrillich, die sich von den Kollegen der Kriminaltechnik nur durch ihre intellektuellen Brillen und die fehlenden zwei Buchstaben »K« und »T« auf ihren Overalls unterscheiden, drehen sich fragend um.

»Ich wollte nur mal hören«, erkundigt sich Oehler schnaufend, »wann wir ungefähr wissen, welche Identität der äh ... Hoden hat?«

»Wenn Ihre Frage darauf zielt, wann wir wissen, *zu* welcher Identität der Hoden *gehört*«, diese Besserwisser von Medizinern grinsen amüsiert, »können wir Ihnen nur antworten, dass das von der Qualität sowohl des Hodens als auch unserer Gendatenbanken abhängt.«

»Das heißt, es dauert länger?«

»Nicht zwingend.« Die Rechtsmediziner packen die Tupperdose vorsichtig in den Kofferraum ihres Kombis. »Wir melden uns, sobald wir etwas haben.«

»Und wo bleibt die Analyse der Knochenteile aus dem Futterkutter?«

»Die ist längst raus«, antworten die Mediziner fast im Chor. Und einer fügt an: »Fragen Sie die Staatsanwaltschaft in Stralsund.«

Das werde ich, denkt Oehler grimmig. Und dann werde ich

mich bei der schönen Annetta auch über meine Suspendierung beschweren. Denn mit dem Hodenfund ist das ein anderer Fall.

Mit anderen Worten: Ich bin da, Jungspund! Zieh dich schon mal ganz warm an.

43 DAS WASSER STEIGT.

Und es steigt schnell.

Es ist, als wollte es Leonie folgen, die sich im Bunker bei absoluter Finsternis bis zur Luke hochgearbeitet hat. Eine mühsame Sache mit auf den Rücken gefesselten Händen, auf einer senkrecht an die Wand montierten, glitschig rostigen Leiter.

Zweimal schon ist sie abgestürzt und zurück ins eiskalte Wasser gefallen. Da hat sie gemerkt, dass das Wasser schon so tief ist, dass sie nicht mehr drin stehen kann. Und dann war es noch schwieriger, die Leiter wiederzufinden, weil sie mit den zusammengebundenen Händen auf dem Rücken kaum schwimmen und sich in dieser totalen Dunkelheit noch weniger orientieren kann.

Am Ende ist sie an den Wänden entlanggeschwommen und hat sich zu Metallrohren vorgetastet, die sich wie die Leiter anfühlten. Bis sie gemerkt hatte, dass diesen Rohren die Sprossen fehlen, es sich also kaum um die Leiter handeln kann, war sie fast erfroren.

Aber dann erreichte sie sie doch noch. Und nun war es noch schwieriger, in den schweren nassen Klamotten an der Leiter hochzukommen, sie rutschte ab, fiel wieder ins Wasser, und alles begann von vorn.

Aber jetzt hat sie endlich die schwere Stahlluke erreicht. Da sich Leonie mit den gefesselten Händen an der Leiter festhalten muss, versucht sie die Luke mit dem Kopf aufzudrücken.

Vergebens. Wahrscheinlich ist die Luke von außen verriegelt worden. Aber dahinter geht es nach draußen, da beginnt das Licht, da sind Menschen und Leben. Leonie muss sich nur bemerkbar machen.

Doch versuch mal, an eine Luke über dir zu klopfen, wenn

du in totaler Finsternis, klatschnass und am ganzen Leibe schlotternd mit auf den Rücken gefesselten Händen auf einer rutschig glitschigen Leiter stehst!

Leonie muss sich ziemlich verrenken, um mit den Füßen gegen die Luke treten zu können. Doch da kommt kein Ton. Nichts, der Stahl der Luke ist viel zu massiv.

Leonie versucht es noch einmal, mit einem kräftigeren Tritt. Und noch mal. Und noch mal.

Und beim vierten Mal rutscht sie wieder ab und fällt erneut von der Leiter zurück ins Wasser. Diesmal ist ihr Sturz nicht mehr lang, denn das Wasser steht schon sehr viel höher.

Trotzdem findet sie die Leiter wieder lange nicht. Als sie sie endlich erreicht, kann sie sie mit ihren klammen Fingern kaum noch greifen.

Und es dauert endlos lange, sich Sprosse für Sprosse an der Wand emporzuschieben.

Und dann ist sie schon an der Luke. Ihre Füße sind noch nicht mal aus dem Wasser raus. Noch höchstens anderthalb Meter, dann ist der Bunker vollgelaufen.

Leonie kämpft gegen die Verzweiflung an. Sie will nicht aufgeben, aber hat sie überhaupt eine Chance?

Das Wasser steigt viel zu schnell. Und sie kommt aus dem Bunker nicht raus.

Sie kommt hier nicht raus, verdammt!

Sie kommt hier nicht raus.

Hilfe!

– »HILFE!«

44 »HIER MUSS ES SEIN.«

»Hier?« Die Staatsanwältin Frau Dr. Annetta Kilius lässt den Wagen langsam ausrollen und stoppt. »Wo?«

»In dem Speicher, nehme ich an.« Maike hat ihr Tablet auf dem Schoß und vergleicht die Daten auf der elektronischen Karte mit der tatsächlichen Umgebung.

Der gewaltige alte Backsteinspeicher ist das einzige in Frage kommende Haus hier auf der Hafeninsel zwischen Fährkanal und Strelasund. Vorn ist die Kaikante, hinten ein Parkplatz. Ansonsten gibt's nur noch den Fischkutter »Anja« am Westkai und die kleine Baracke der Hafenkneipe. Aber beide liegen außerhalb der Koordinaten. Ebenso die »Gorch Fock« am Ostkai und das Ozeaneum.

»Das muss hier sein.« Maike packt ihr Tablet weg und steigt aus dem Wagen.

Es ist spät. Die Dämmerung hat sich über die Hafeninsel gelegt, überall gehen die Lampen an. Trotzdem ist wenig los hier. Menschen sind kaum zu sehen. Ende April hat die Saison noch nicht richtig begonnen, und die letzte Fähre nach Hiddensee ist auch schon weg. Zudem ist es kühl heute, und es hat fast den ganzen Tag genieselt. Da bleiben die Leute lieber zu Hause.

»Der Speicher ist riesig«, stellt die Staatsanwältin fröstelnd fest. »Wie wollen wir da meine Tochter finden?«

Na, die ist gut, denkt Maike. Verglichen mit vor einer Stunde hat sich das Suchgebiet verwinzigfacht, da wussten wir noch gar nichts über Leonies Aufenthaltsort. Wir haben einen Riesenfortschritt gemacht. Und den werden wir nutzen.

»Vielleicht sitzen die ja im Restaurant.« Doch das hat heute geschlossen. Ruhetag. Maike schaut prüfend durch die Fenster, kann aber nichts erkennen. Alles dunkel da drin. Auf der Rückseite des Speichers gibt es ein großes Tor. Schwere Eichenholzbohlen und ebenfalls geschlossen. Daneben ist ein kleines Schild an der Wand angebracht: »Bunken Food GmbH«. Überwachungskameras sind keine zu sehen. Aber eine Alarmanlage werden sie haben. Zumindest ist oberhalb des Tores eine gelbe Rundumleuchte angebracht.

Okay, überlegt Maike, das ist ein Lagerhaus, in dem Lebensmittel gelagert werden. Zumindest offiziell. Was sich wirklich hinter diesen Mauern abspielt, kann man nur erfahren, wenn man hinter sie blickt.

»Ich muss da rein.«

»Allein?«, fragt die Staatsanwältin.

»Wenn wir hier mit einem SEK aufmarschieren, haben wir

nichts gewonnen«, antwortet Maike. »Im Gegenteil, wir riskieren nur Leonies Leben. – Ja, ich denke, ich gehe da allein rein.«

»Und wie?«

»Na, klingeln werde ich nicht.« Leichtfüßig läuft Maike noch einmal um den Speicher herum. Zum Fährkanal hin schließen sich ein paar niedrigere Gebäude an, und eines hat eine Feuerleiter, die direkt aufs Dach führt. Und von dort aus sollte es ein Leichtes sein, an eine der hohen, schmalen Öffnungen zu kommen, die in grauer Vorzeit dazu dienten, in luftiger Höhe das Innere des Speichers trocken zu halten, heute aber zu echten Fenstern umgebaut worden sind. Aus einigen schimmert Licht.

Ich bin echt gespannt, was dahinter ist, denkt Maike. Und: Sobald ich drin bin, Lage sondieren und schnellstmöglich handeln. Und dabei verdammt vorsichtig sein.

Langsam geht sie zur Staatsanwältin zurück.

»Hinten kommt man über die Dächer rein«, erklärt sie ihr. »Ich checke das. Sie warten hier. Wenn ich nicht in einer Stunde wieder draußen bin, haben Sie freie Hand. Aber erst in einer Stunde. Ich will Leonie lebend da rausholen.«

»Geht mir genauso«, antwortet die Staatsanwältin. »Trotzdem ist das, was wir hier tun, extrem unprofessionell.«

»Haben wir eine Wahl?« Maike schüttelt den Kopf und sieht auf die Uhr. »Einundzwanzig Uhr dreißig. Eine Stunde. Ab jetzt.«

»Viel Glück! Und seien Sie vorsichtig.«

Maike schaut sich nach allen Seiten um. Keine Kameras, keine Zeugen. Okay!

Behände wie eine Katze entert sie die Feuerleiter und steht kurz darauf auf dem Dach des Nebengebäudes. Aber die schmalen Fenster des Speichers sind immer noch recht hoch. Da hilft nur Klettern.

Sie krallt sich mit den Fingern in den Fugen zwischen den Ziegeln fest und zieht sich langsam hinauf. Mit den Füßen stützt sie sich an den unteren Fugen ab und krabbelt so langsam, aber stetig wie ein Freikletterer an der Wand hoch, auf ein Fenster zu, dass nur angelehnt scheint.

Jetzt lohnt sich der Freeclimber-Kurs, den sie vor einem Jahr im Elbsandsteingebirge gemacht hat, weil sie irgend so einen supertollen österreichischen Kletter-Star beeindrucken wollte, der dann trotzdem nichts von ihr wissen wollte und mit einer schwedischen, von Höhenangst geplagten Kellnerin abgezogen ist. So ein Idiot!

Wahrscheinlich sind die schon gar nicht mehr zusammen, und der Ösi steigt jetzt depressiv in den Alpen herum, um heimlich von der hübschen Maike Hansen aus Vorpommern zu träumen.

Ja, Pech gehabt, Trottel, das hättest du dir früher überlegen müssen.

Sie hat das erste Fenstersims erreicht, und ein kurzer Blick in die Tiefe signalisiert ihr, dass sie sich um jeden Preis festhalten muss. Ein Sturz aus dieser Höhe hätte in jedem Fall fatale, wenn nicht tödliche Folgen.

Also klammere dich fest, Maike Hansen, bleib locker, aber an der Wand.

Vorsichtig zieht sie sich am Sims hoch und späht durch das Fenster. Es lässt sich tatsächlich öffnen, und dahinter ist kein Licht.

Maike Hansen zieht ihre kleine Mag-Lite hervor, die sie stets bei sich trägt, weil man immer mal eine Taschenlampe braucht, und leuchtet vorsichtig in das Fenster hinein. Der Schein der Taschenlampe wird von Fliesen reflektiert und dann – Maike erschrickt mächtig, weil sie einen Moment lang glaubt, es leuchte jemand zurück – von einem Wandspiegel. Darunter gibt es ein Waschbecken und gegenüber eine Dusche.

Aha. Scheint ein Badezimmer zu sein. Und es ist leer. Maike zieht sich über das Sims und landet polternd in einer Badewanne, die aber glücklicherweise nicht gefüllt ist.

Einen Moment verharren. Warten, ob sich irgendwo etwas rührt.

Nichts passiert. Also weiter. Maike schleicht zur Tür des Badezimmers, öffnet sie und lugt in einen breiten gemauerten Flur, der durch indirekt beleuchtete glänzende alte Ritterrüstungen an den Wänden in ein schummeriges Licht getaucht ist. Zwischen den Rüstungen gehen einzelne Türen ab.

Maike überlegt, ob sie jeden einzelnen Raum dahinter durchsuchen soll, als sie plötzlich entfernt mehrfaches Klatschen und Gejohle hört. Eine Frau mit rauchiger Stimme hält eine Ansprache, es hallt wie in einem Saal, und es geht um alte Freundschaften, um Liebe und verlorene Jugend, um ewige Treue im Alter. Und es geht um Loyalität bis über den Tod hinaus.

Was ist das hier? – Eine Sekte?

Maike läuft den Gang hinunter, den Stimmen entgegen. Doch dann geht irgendwo eine Tür auf, und zwei Männer mittleren Alters treten heraus.

Hastig drückt sich Maike hinter eine der Ritterrüstungen und wartet ab.

Die Männer sehen aus, als wollten sie zu den Karl-May-Festspielen in Bad Segeberg. Der eine trägt Wildlederklamotten, Mokassins und hat eine Vogelfeder im schwarz gefärbten Haar, der andere ist in Jeans, Cowboyhemd und Lederweste mit Sheriffstern gekleidet und trägt einen Stetson auf dem Kopf.

»Loverboy«, kichert der Cowboy. »Ernsthaft?«

»Loverboy«, nickt der Indianer. »Sie nennt mich einfach Loverboy. Da fragt man sich, wozu diese Verkleidung, wofür all die Mühe, wenn sie dich nur Loverboy nennt? Da hätte ich auch mit Samtjäckchen und Cordhosen kommen können.«

»Ich bin Buffalo Bill«, sagt der Cowboy lachend.

»Buffalo Bill ist klassisch«, findet der Indianer anerkennend, »ehrlich, dagegen ist nichts einzuwenden, aber Loverboy ...«

Derart schwatzend trotten sie den Gang hinunter, und Maike folgt ihnen vorsichtig.

Doch dann tauchen immer mehr Leute auf, und Maike muss verschwinden. Aber wohin?

Ihr fällt auf, dass die Kassettendecke über dem Flur eher in ein altes Landhaus passen würde als in so einen Lagerspeicher. Wahrscheinlich ist das nur eine später eingezogene Zwischendecke aus Gips.

Maike klettert auf eine dekorativ herumstehende, sehr rustikale Bauernkommode und untersucht die Decke. Sie ist noch nicht mal aus Gips, sondern besteht aus Platten, die zwar wie Stuckkassetten aussehen, aber aus Styropor sind. Sie sind passgenau in ein Metall- oder Aluminiumgitter eingehängt.

Maike triumphiert innerlich. Wenn sie eine dieser Platten abnimmt, auf die Zwischendecke klettert und die Platte wieder hinter sich einhängt, ist sie unsichtbar. Sie muss nur darauf achten, auf den gitterartigen Aluminiumträgern zu bleiben, wenn sie hier oben weiterkriecht. Und durch die dünnen Styroporplatten kann sie sogar die Gespräche mithören, die unten geführt werden.

Unter ihr müssen jetzt sehr viele Menschen sein, die Gespräche mischen sich zu einem Stimmengewirr, zu einer Kakophonie aus Gelächter, Gläserklirren und angeregtem Geplauder. Hört sich an wie eine Party oder so ...

Plötzlich Gitarrensound. Eine rockige Siebziger-Jahre-Disco-Nummer im Spaghetti-Western-Style. Maike fetzt es fast die Ohren weg. Inzwischen muss sie direkt über der Halle sein, aus der eben noch die Ansprache kam.

Vorsichtig hebt sie eine der Styroporplatten etwas an und lugt hinunter.

Himmel, sie ist direkt über der Bühne! Und unter ihr tanzt eine Frau. Sie ist nicht mehr jung, hat aber eine tolle Figur, die sie mit ihrem knappen Westernlook noch geschickt zu betonen weiß. Auch sie trägt einen Stetson auf der langen dunkelblonden Mähne.

»*Uh huh, make me tonight, tonight*«, beginnt sie zu singen, und etwa vierzig, fünfzig Männer, die auch alle nicht mehr jung und wie die Statisten aus einem Sergio-Leone-Film gekleidet sind, jubeln ihr frenetisch zu.

*»Tonight
Make it right
Uh huh, make me tonight
Tonight
Tonight ...«*

Was sie da hört, ist »Atomic«. New Wave. Blondie. Kennt sie von ihrem Vater. Der ist ganz verrückt nach Debbie Harry. Doch hier singt die Westerntussi mit ihrer dunklen, verrauchten Stimme. Klingt gar nicht mal so übel. Die Männer im Raum sind jedenfalls begeistert und wiegen sich im Takt, viele, wenn nicht gar alle, scheinen die Sängerin regelrecht anzuhimmeln. Sie ist ganz klar der Star hier auf ihrer kleinen privaten Bühne und weiß damit zu spielen. Mit erotischen Hüftschwenks heizt sie ihr durchweg männliches Publikum immer weiter an, während sie rauchig ins Mikrofon haucht:

»*Oh, uh huh make it magnificent*
Tonight
Right
Ah-hah
Your hair is beautiful
Ah-hah
Aah tonight
Atomic ...«

Die Luft vibriert. Die Bässe wummern, das Schlagzeug dröhnt. Die Lichtorgel wirft bunte Streifen durch den Raum. Und plötzlich gibt die Zwischendecke unter Maike nach. Vielleicht hat sie ihr Gewicht nicht korrekt auf den Aluminiumträgern verteilt, vielleicht hat sie sich zu weit vorgewagt. Am Ende ist der freie Fall. Maike kracht, gefolgt von einem Haufen zerbröselnder Styroporplatten, mitten auf die Bühne.
  Aua!
  Die Musik erstirbt, die verdutzte Sängerin im Westernlook beugt sich über Maike, die Männer johlen. Wahrscheinlich halten sie es für einen Teil der Show.
  »Oh«, haucht die Sängerin ins Mikrofon, »wer ist denn da vom Himmel gefallen? Wahrlich ein Engel. Aber er hat keine Flügel. Kein Wunder, wenn er abstürzt!« Sie wendet sich Maike wieder zu. »Wer bist du, mein Engel?«
  »Maike ...« Ihr tun alle Knochen weh, und sie ist ziemlich benommen vom Sturz. Aber sie scheint sich nichts gebrochen zu haben.
  »Maike«, ruft die Sängerin, als wäre das eine Sensation. Sie hilft der Gestürzten auf und wiederholt: »Maike! Begrüßt unsere Maike, Männers!«

Die Männer johlen, jubeln, pfeifen und werden weiter angeheizt.

»Macht Party, feiert! Tanzt!« Die Sängerin gibt dem Mann am DJ-Pult ein Zeichen, und Musik donnert los.

Diesmal ist es »Call Me«, das Blondie-Original mit Debbie-Harry-Stimme. Während die Männer ausgelassen rocken und tanzen, wird Maike von der Westerntussi gepackt und hinter die Bühne gezerrt, wo sie zwei hakennasigen Kahlköpfen in Bomberjacken übergeben wird.

45 »HÄNDE AUF DEN RÜCKEN! Festbinden! – Und auf den Stuhl da!« Thea ist außer sich. Vermasselt ihr dieses Blondlöckchen einfach die Show!

Während Maikes Hände von den Brüdern in bewährter Klebebandtechnik auf den Rücken gefesselt werden und sie auf den einzigen Stuhl in dieser neongrellen Garderobe gesetzt wird, marschiert Thea aufgebracht hin und her. Sie weiß gar nicht, welche Frage sie zuerst stellen soll.

»Was soll das? Wer bist du? Wie kommst du hier rein?«

Statt einer Antwort haben die Brüder das Schulterholster unter Maikes Lederjacke entdeckt.

»Dammich! Die hat 'ne Knarre!« Der Jüngere legt beeindruckt die Dienstpistole auf den Schminktisch. »Und wat für 'ne Kanone!«

»Heckler & Koch«, der Ältere untersucht die Waffe fachmännisch, »*Striker Fired*, Browning-Verschluss, vorgespannter Schlagbolzen, Kaliber neun mal neunzehn Millimeter. Jau, da steckt ordentlich Wumms hinter.« Er legt die Waffe zurück.

»Wo hast 'n die geklaut, Süße?« Der Jüngere ist schwer begeistert. »Gehörst du zu irgendeiner harten Gang?«

»Quatsch, das ist eine nagelneue Polizeiwaffe«, entgegnet der Ältere. »Ist im letzten Herbst gegen die P6 ausgetauscht worden.« Er grinst Maike an. »Hab ich recht, Knuddelchen?«

»Ich bin nicht Knuddelchen!« Maike ruckelt an ihren Fesseln.

»Sondern Kriminalhauptmeisterin Hansen von der Kripo Barth. Und jetzt macht mich los, das ist Behinderung der Staatsgewalt bei ihren hoheitlichen Aufgaben!«

»Oho, eine Hoheit«, höhnt der Jüngere, »wollte ich schon immer mal ficken!«

»Du kannst dich ins Knie ficken, Blödkopp!«

»Ruhe!«, schnauzt Thea. Ihre Gesichtsfarbe wechsel zwischen Zornrot und Kreidebleich, denn sie hat die Polizei im Haus, und das bereits zum zweiten Mal an diesem vermaledeiten Tag. Diesmal zwar in Gestalt einer beneidenswert jugendlichen Person, geradezu niedlich, dennoch ungeheuerlich. Verunsichert sieht sie Maike an. »Haben Sie auch einen Dienstausweis?«

»In meiner Jacke. Binden Sie mich los!«

»Alles zu seiner Zeit, Schätzchen.« Thea greift in die Innentasche von Maikes Jacke und holt eine Geldbörse und ein Smartphone hervor.

»Verdammt«, schreit der Jüngere, reißt Thea das Smartphone aus der Hand, wirft es auf den Boden und trampelt hektisch darauf herum.

»Was machst du denn?«

»Das muss vernichtet werden, damit können sie uns orten.« Er hört nicht auf, bis das Smartphone völlig zersplittert ist und keinen Mucks mehr von sich gibt.

»Der Dienstausweis ist in der Außentasche«, sagt Maike.

Thea zieht ihn heraus und besieht ihn sich genau. Der Ausweis ist auf eine KHM Hansen, Maike, ausgestellt, Dienststelle Kriminalkommissariat Stralsund, Außenstelle Barth – Moment mal! Thea stutzt. War dieser Kommissar von heute Mittag nicht auch aus Barth? – Wieso kommen die alle aus Barth? Und was wollen die hier? Was geht hier vor, verdammt?

»Was haben Sie hier denn für Aufgaben, Frau Hansen?«

»Es geht um eine verdeckte Ermittlung.«

»In meinem Haus?« Thea schüttelt den Kopf. »Ich denke nicht, dass Sie das dürfen. Ich habe Sie nicht eingelassen, soweit ich weiß. Haben Sie einen entsprechenden Beschluss?«

»Für eine verdeckte Ermittlung braucht man keinen richterlichen Beschluss.«

»Oh doch, den brauchen Sie, Schätzchen!« Nicht umsonst ist Thea bestens vernetzt in der Stadt. Vor ein paar Tagen erst hat sie bei einem ausgedehnten Abendessen mit Polizeidirektor Peters und dem Landgerichtspräsidenten über diese Fragen leidenschaftlich diskutiert. Man braucht für alles einen Beschluss. Ohne geht es nicht. »Sie sind hier widerrechtlich eingedrungen. Und ich frage mich, warum.«

»Wir haben Hinweise, dass hier ein Mädchen festgehalten wird.« So. Jetzt war es raus.

Thea wechselt einen besorgten Blick mit den Jungs, gibt sich aber ungerührt. »Ein Mädchen? Was für ein Mädchen?«

»Die Tochter der Staatsanwältin«, erklärt Maike. »Damit soll die Einstellung der Ermittlungen zu einem Anschlag auf einen Fischbrötchenkutter in Barth erpresst werden. Das Leben des Mädchens ist womöglich in Gefahr. Sie sollten also kooperativ sein.«

Thea hätte sich jetzt gern gesetzt, aber ihr Schminkstuhl ist ja von dieser hübschen Kriminalhauptmeisterin besetzt. Sie sieht zwar nicht aus wie jemand, der professionell Geiseln befreit, aber genau kann man so was nie wissen. Immerhin ist sie bis hierher vorgedrungen.

»Schleichen noch mehr Jungbullen durchs Haus?«

»Genug«, antwortet Maike cool, »ein ganzes Spezialkommando wartet nur darauf, zuzuschlagen. Also kooperieren Sie!«

Na, Bluffen ist nicht ihre Stärke. Denn wäre hier wirklich noch ein Polizeikommando, hätten die spätestens zugeschlagen, als das Mädchen aus der Decke fiel.

Sehr seltsam, das alles. Normalerweise koordinieren die Bullen doch solche Aktionen. Die lassen doch nicht so eine kleine Beamtin allein operieren. Und woher weiß sie, dass das Mädchen hier ist? Wahrscheinlich haben Kirstens idiotische Söhne bei ihrer Entführung irgendwas nicht bedacht oder übersehen.

Thea sieht die Jungs an. »Okay, bringt sie zu der anderen.«

»Du willst sie hierbehalten?« Das sagt der Ältere.

»Hey, ganz ruhig«, mischt sich Maike Hansen nervös ein, »was habt ihr vor? Ich sagte Kooperation, nicht …«

»Schnauze!« Der Jüngere verpasst ihr einen kräftigen Kinnhaken. Sie ist sofort k.o. und hält erst mal den Mund. »Geiler Schlag, was?«

»Das ist immerhin eine Polizistin«, mahnt der Ältere.

»Freilassen können wir sie trotzdem nicht«, erwidert Thea knapp.

»Ja«, nickt der Ältere, »ich mein ja nur: Bullen reagieren immer sehr nervös, wenn es um ihre Kollegen geht.«

»Genau«, Thea lächelt kühl, »wir erhöhen den Druck.«

»Verstehe.« Der Ältere steckt sich Maikes Dienstpistole in den Hosenbund und wendet sich seinem jüngeren Bruder zu. »Nun pack mal mit an!«

Sie nehmen die bewusstlose Polizistin links und rechts an den gefesselten Armen und schleifen sie aus dem Raum. Als die Tür geöffnet wird, hört man für einen Moment das ausgelassene Gefeiere der Männer draußen. Die Musik hat gewechselt, aber es ist immer noch Blondie: »Sunday Girl«.

»Hey, I saw your guy with a different girl
Looks like he's in another world
Run and hide, Sunday Girl ...«

Dann fällt die Tür wieder zu. – Stille.

Das war's. Thea ist plötzlich klar, dass auch für sie die Tür unweigerlich geschlossen wird. Sie sitzt in der Falle, und daran sind die bekloppten Brüder schuld. Entführen ausgerechnet die Tochter der Staatsanwältin! Dabei heißt es doch immer, der Staat lässt sich nicht erpressen. Haben die wirklich geglaubt, dass sie damit Erfolg haben? – Gott, wie dämlich!

Aber warum kreisen keine Hubschrauber über dem Haus? Warum explodieren keine Blendgranaten? Warum stürmen nicht schwer bewaffnete Sondereinsatzkräfte den Speicher und suchen nach der Entführten?

Stattdessen fällt diese kleine Provinzkriminalistin vom Himmel.

Thea versteht es nicht. Was immer hier vorgeht, sie muss das schmale Zeitfenster nutzen, das ihr noch bleibt, bis die Tür endgültig ins Schloss gefallen ist. Den immer kleiner werdenden

Spalt, durch den sie entwischen muss. Es gilt, keine Sekunde mehr zu verlieren.

Sie greift zum Haustelefon und ruft Eugen an. »Sag mal, wie viel Bargeld haben wir im Haus?«

Circa einhundertfünfzigtausend Euro, wird ihr geantwortet.

Das sollte für den Anfang reichen. Dazu kommen die Kreditkarten für die Schweizer Konten und jede Menge Pfundnoten in einem Schließfach auf der Kanalinsel Jersey. Der Notgroschen, vor langer Zeit eigens für solche Fälle dort sicher geparkt.

»Pack alles ein, Eugen«, gibt sie dem Chauffeur Bescheid, »und mach die Yacht klar, wir hauen ab.«

46   »OH GOTT! – Gott, bitte hilf mir!«

Leonie stößt mit dem Kopf an die Bunkerdecke und kann das Gesicht nur noch knapp über dem Wasser halten.

Und es steigt weiter. Sie muss den Kopf schon weit in den Nacken legen, um noch atmen zu können. An der Stirn spürt sie den kalten Stahl der Luke, in den Ohren rauscht das Wasser.

Sonst fühlt sie nicht mehr viel. Arme und Beine sind taub. Als wären sie längst abgestorben.

Eine Weile lang hat sie noch gegen die Luke getreten. Immer wieder, damit sie jemand hört. So stark, dass sie bei jedem Tritt untergegangen ist. Das war ihr egal. Hauptsache, sie kommt hier raus.

Aber es war alles vergebens.

Jetzt kann sie nicht mehr. Die Kälte des Wassers hat ihr alle Kraft geraubt. Ihr Organismus fährt nach und nach die Funktionen herunter. Als würde er sich auf den Tod vorbereiten.

Ihr Körper ist ganz steif. Wie ein Eisblock treibt er unter der Luke. Aber Leonie friert nicht mehr. Das hat aufgehört. Und wenn kein Wunder geschieht, macht sie gleich ihre letzten Atemzüge.

»Gott, hilf mir!«

Oder auch nicht, ist auch egal. Mit dem Tod hätte diese verdammte Scheiße endlich ein Ende, das sinnlose Warten auf Rettung, diese bescheuerte Illusion einer Hoffnung.

Sie weiß nicht, wie lange sie hier jetzt schon kämpft, völlig verzweifelt und ohne jede Chance. Sind es Stunden? Tage? Oder Jahre?

Fast kommt es ihr vor, als wäre sie schon ihr ganzes Leben hier unten. Eine Kreatur, deren einziger Sinn darin besteht, in aussichtsloser Lage, eiskaltem Wasser und absoluter Dunkelheit möglichst lange zu überleben.

Wasser läuft ihr in den Mund. Sie verschluckt sich, muss husten und knallt dabei mit dem Kopf gegen die Stahlluke, geht unter und taucht wieder auf.

Verdammt, sie will ja sterben, doch ihr Körper wehrt sich dagegen. Warum schläft sie nicht einfach ein, und gut ist?

Vielleicht würde sie ja dann aus diesem Alptraum erwachen? Im Mansardenzimmer in Prerow. Die Sonne scheint durch die Fenster, sie würde den Kopf schütteln über so einen bescheuerten Traum. Und spätestens beim Frühstück unten in der Küche hätte sie ihn vergessen.

Ja, denkt Leonie, das ist alles nur ein Traum. Sie muss nur abwarten. Solange sie die Nase aus dem Wasser halten kann, hat sie eine Chance. Solange sie noch atmen kann, ist Rettung möglich.

Sie muss nur warten. Vielleicht hat der Traum ja ein gutes Ende. Und wenn nicht, wird sie spätestens wenn das Wasser über ihr zusammenschlägt und ihre Lungen kollabieren, schweißgebadet in ihrem Bett erwachen.

Dann ist der Wahnsinn vorbei, und Leonie kann wieder lachen.

Es war ja nur ein blöder Traum …

47 DER KERL HAT SIE echt ausgeknockt! Mit einem Uppercut voll auf die Zwölf. Feige Sau! Man schlägt keine Mädels. Schon gar nicht, wenn sie gefesselt sind.

Benommen hebt Maike den Kopf. Die Kerle schleifen sie eine Treppe hinunter. Offenbar geht es in den Keller. Durch ein niedriges gemauertes Backsteingewölbe.

»Wusstest du, dass das hoheitliche Aufgaben sind?« Das fragt der Jüngere. »Halten sich die Bullen für was Besseres oder was?«

»Damit ist gemeint, dass sie die Gesetzeshoheit durchsetzen«, antwortet der Ältere, »das hat jetzt weniger mit Höhergestellten zu tun, sondern mit den unantastbaren Grundlagen unserer Gesellschaft. Sonst würde das ja nicht funktionieren.«

»Und deshalb solltet ihr euch auch mal an die Grundlagen unserer Gesellschaft halten.« Maike ist wieder wach und beginnt, wild um sich zu treten. »Ihr Arschlöcher! Und mich nicht in der Ausübung meiner hoheitlichen Aufgaben behindern ...«

»Autsch!« Der Jüngere hat von ihr die Ferse in die Knie bekommen, dass er auf den Boden sackt. »Miststück!« Er will wieder hoch, fällt aber über seinen Bruder, den ihm Maike mit einem gekonnten Schulterwurf judomäßig vor die Füße geworfen hat.

Und das mit auf den Rücken gefesselten Händen. Das soll ihr erst mal einer nachmachen.

Sie will gleich ordentlich nachtreten, blickt aber in den Lauf ihrer eigenen Dienstpistole. Der Ältere hat sie in den Händen und zielt, noch am Boden liegend, genau auf ihre Stirn.

»Ganz ruhig, Knuddelchen! Wenn du nicht gleich eine Kugel im Schädel haben willst, solltest du zur Abwechslung mal ganz hoheitlich aufgeben.«

»Genau: hoheitlich aufgeben«, der Jüngere rappelt sich beeindruckt wieder auf, »statt hoheitliche Aufgaben. Geiles Wortspiel, Alter.« Er stutzt und schaut den Gang hinunter. »Was'n da los?«

»Was soll sein?« Der Ältere lässt Maike nicht aus den Augen.

»Da kommt Wasser aus dem Bunker!«

»Was?« Sofort ist der Ältere auf den Beinen.

Und tatsächlich fließt unter dem Stahldeckel Wasser in den Kellergang. Um die Luke herum hat sich schon eine richtige Pfütze gebildet.

»Oh fuck!« Der Ältere lässt die Waffe fallen und wetzt drauflos. Hastig löst er die Verriegelungen, klappt den schweren Deckel auf und taucht kopfüber in den gefluteten Bunker.

»Verdammt!«, entfährt es auch dem Jüngeren, und er tappt verzagt seinem Bruder hinterher. Wasser schwappt über den Lukenrand und ergießt sich in den Gang. »So ein Scheiß! Wo kommt denn die ganze Brühe her?«

Um Maike kümmert sich keiner mehr. Sie geht langsam in die Knie und nimmt vorsichtig mit ihren auf dem Rücken zusammengebundenen Händen die Dienstwaffe an sich. Schießen kann sie so zwar nicht so richtig. Aber die Waffe ist wieder da, wo sie hingehört.

Nach einer Weile taucht der Ältere prustend aus dem Bunker auf. »Hab sie«, keucht er atemlos. »Ey, hilf doch mal!«

Und dann muss Maike mit ansehen, wie die beiden Brüder Leonie aus dem Wasser holen und auf dem Boden ablegen. Sie ist ebenfalls gefesselt, völlig durchnässt und rührt sich nicht mehr.

»Ist sie tot?« Der Jüngere starrt entsetzt auf den leblosen Körper des Mädchens.

»Sieht so aus«, antwortet der Ältere und wringt seine klitschnasse Bomberjacke aus. »Ersoffen wahrscheinlich.«

»Nehmt mir die Fesseln ab«, schreit Maike drauflos und lässt die Dienstwaffe wieder fallen, »verdammt, ich brauch freie Hände!«

Die Brüder glotzen sie blöde an.

»Ich bin Freiwillige bei den Seenotrettern«, ruft sie hektisch und hält den Brüdern ihre mit Klebeband fixierten Hände hin. »Na, macht schon, ich kenn mich mit Ertrinkenden aus, vielleicht können wir sie retten!«

»Klingt nach 'ner Maßnahme.« Der Ältere holt sein Messer hervor und schneidet Maike die Fesseln durch.

»Aber keine Tricks«, mahnt der Jüngere.

»Wir werden alle Tricks brauchen, du Idiot«, Maike reißt Leonie den klatschnassen Anorak auf, »wenn wir sie zurückholen wollen.« Sie horcht am Brustkorb – »Atmet nicht, Mist!« – und beginnt sofort mit der Herzdruckmassage.

»Wer ist der Stärkere von euch?«, fragt sie nach einer Weile.

»Ich«, sagt der Ältere.

»Ich«, sagt auch der Jüngere.

»Hört auf zu spinnen«, keucht Maike zunehmend atemloser, »ich brauch jemanden, der das hier übernimmt ...« Mit beiden

Händen bearbeitet sie das Sternum des Mädchens. »Hintereinander weg, zack, zack, zack, dreißigmal ...«

Sie hört mit der Massage auf, drückt Leonies Kopf in den Nacken und beatmet sie zweimal. Dann pumpt sie weiter. »Na los! Freiwillige vor!«

»Okay, krieg ich hin.« Der Ältere kniet sich über Leonie und übernimmt die Herzdruckmassage.

»Mitzählen und bei dreißig stoppen«, erklärt Maike und sieht den Jüngeren an. »Du rufst die Hundertzwölf.«

»Was?«

»Den Rettungswagen«, wird Maike deutlicher, »eins, eins, zwo, klar?«

»Okay, bin schon dabei.« Der Jüngere rennt los, um ein Telefon zu suchen.

»Dreißig!« Der Ältere stoppt.

Maike dreht Leonies Kopf wieder in den Nacken und beatmet sie erneut zweimal von Mund zu Mund. »Weitermachen«, sagt sie dann, »wieder dreißigmal.«

Während der Ältere pumpt, schlägt sie dem Mädchen behutsam auf die Wangen. »Nun mach schon, komm wieder zu dir, Leonie! – Tu uns das nicht an! – Tu's vor allem deiner Mutter nicht an.«

Plötzlich knallt's mehrfach mächtig im Obergeschoss, man hört, wie Türen aufgebrochen werden, Stiefelgetrappel und wildes Geschrei: »Polizei – Alle auf den Boden! – Hände an den Hinterkopf! – Sichern! – Auf den Boden, hab ich gesagt!«

Offenbar ist die Stunde rum, und die Staatsanwältin hat das SEK alarmiert.

Der Ältere stockt, doch Maike schnauzt ihn sofort an: »Weitermachen!«

»Dreißig«, sagt der Ältere ruhig, »wir müssen beatmen.«

Maike presst ihre Lippen auf Leonies halb geöffneten Mund und drückt ihr zweimal ordentlich Luft in die Lungen. »Weiter!«

Der Ältere fängt wieder an zu pumpen.

»Polizei! Alles auf den Boden! Hände an den Hinterkopf!« Schwer bewaffnete Sondereinsatzkräfte poltern die Kellertreppe herunter. »Na, wird's bald!«

Maike macht ein beschwichtigendes Zeichen. »Wir reanimieren hier!«

Einer der Bewaffneten greift zum Funkgerät und meldet knapp: »Verletzte im Untergeschoss! Sanitäter!«

»Dreißig«, sagt der Ältere.

Maike beginnt wieder zu beatmen. Beim zweiten Mal bäumt sich das Mädchen plötzlich wie im Krampf auf, hustet und würgt.

»Endlich!«, ruft Maike erleichtert und hilft Leonie auf die Seite. »Glück gehabt!« Sie klopft ihr auf den Rücken, Leonie erbricht sich, Wasser vor allem, viel Wasser, und ringt dabei heftig röchelnd nach Luft.

Maike hilft ihr in die stabile Seitenlage, hält ihren Kopf in Nackenstellung, damit die Atemwege frei bleiben, und redet behutsam auf sie ein.

»Ganz ruhig, keine Panik. Das Schlimmste ist schon überstanden. Langsam durchatmen, ganz langsam. Das wird wieder ...«

Von oben kommen zwei Sanitäter mit einer Trage herunter, und im Obergeschoss hört man den aufgeregten Chef herumbrüllen:

»Wo ist die Lütte? – Heiliger Klabautermann, Hansen, wo stecken Sie? – Hansen!«

Kurz darauf kommt er wie eine Dampflok die Treppe heruntergeschnauft. »Hansen, na endlich! Es gibt Arbeit, verdammt noch mal! Wir haben einen Hoden ...«

Er stockt verblüfft, sieht die Lütte am Boden knien und Sanitäter, die eine klatschnasse Leonie auf einer Trage wegbringen. Er sieht den durchnässten Älteren und jede Menge schwer bewaffnete SEK-Beamte in ihren kugelsicheren Westen. Ratlos hebt er die Hände.

»Was ist hier eigentlich los?«

Und draußen auf dem Strelasund dampft die alte, sehr elegante Motoryacht »Queen Of The Fish Bun« neuen, ungewissen Zielen entgegen. Früher soll das Schiff unter dem Namen »Nadeshda Krupskaja« in Odessa seinen Heimathafen gehabt und zur Privatflotte des sowjetischen Staats- und Parteichefs gehört haben.

Und dort drüben in den Sesseln auf dem von einem Bimini

geschützten Achterdeck hat unser großartiger Kanzler Helmut Kohl mit dem Sowjetführer Michail Gorbatschow die deutsche Einheit verhandelt. Hier wurde Geschichte geschrieben.

»Ach, Thea«, stöhnt Eugen, »das war im Kaukasus.« Er hat seine alte Kapitänsuniform angezogen, die Schirmmütze verwegen auf dem Haupt, und steht würdevoll am großen Steuerrad. »Kohl und Gorbatschow waren wandern und trugen Strickjacken. So stand das zumindest in den Zeitungen.«

»Eugen, glaubst du immer, was in den Zeitungen steht?« Thea schüttelt den Kopf ob so viel Naivität. Das ist doch alles Lügenpresse. Und die Geschichte von der Yacht ist viel zu schön, als dass man sie nicht glauben könnte.

Sie lehnt mit einem Glas Champagner an der Reling und blickt nicht ohne Wehmut zurück auf die nächtliche Stadt und ihren in das funkelnde Blaulicht unzähliger Polizeifahrzeuge gehüllten Speicher.

»Das war knapp«, prostet sie sich zu, »nicht wahr, Eugen, das war verdammt knapp. Ab sofort müssen wir wohl kleinere Brötchen backen.«

»Was meinen Sie, wie weit wir mit unseren Ersparnissen kommen?«

»Na ja, wir sind ja nicht nur auf unsere Ersparnisse angewiesen.« Thea schenkt auch ihrem Käpt'n ein Glas ein und tritt ins Ruderhaus. »Ich bin zwar auf der Flucht, aber nicht enteignet. Wir brauchen nur einen loyalen Mann, der die Geschäfte in Deutschland für uns eine Zeit lang weiterführt.«

»Da kenne ich einen sehr anständigen alten Fischer«, überlegt Eugen, »mit dem ich früher auf der Seefahrtsschule war.«

»Darauf sollten wir trinken.« Thea reicht ihm sein Glas, blickt ihm tief in die Augen und stößt mit ihm an.

48 ICH BIN ZU NEUN UHR bestellt worden. Jetzt ist es halb zehn, und ich warte immer noch auf dem einzigen Stuhl im winzigen Vorzimmer des kleinen Barther Kriminalkommissariats.

Die Beamten müssen wohl eine aufregende Nacht hinter sich haben. Zumindest eine, die leidenschaftlich diskutiert werden muss.

»Diese ständigen Alleingänge werden Sie noch Kopf und Kragen kosten, Hansen«, höre ich den Oberkommissar durch die geschlossene Bürotür brüllen. »Was da alles hätte passieren können!«

»Ich hatte die Situation jederzeit unter Kontrolle«, verteidigt sich die junge Kriminalhauptmeisterin und fügt etwas kleinlauter hinzu: »Jedenfalls bis ich durch diese blöde Styropordecke gekracht bin.«

»Derartige Einsätze erfordern Spezialkräfte«, man hört den Oehler aufgebracht durch das Büro stiefeln, »die sind für so was ausgebildet, und dafür haben wir die schließlich. Man versucht niemals, verstehen Sie mich, *niemals*, alleine eine Geisel zu befreien. Das kann nur schiefgehen, so was.«

»Es ging aber nicht schief. Wir haben das Mädchen gerettet, die Geiselnehmer gefasst, und außerdem hatte ich die Rückendeckung der Staatsanwaltschaft.«

»Ach, papperlapapp! Die Kilius war doch emotional komplett überfordert«, schimpft Oehler. »Es ging immerhin um deren Tochter. Da braucht man einen kühlen Kopf. Und deshalb hätten Sie mich sofort informieren müssen, Hansen. Ich bin immerhin Ihr Vorgesetzter. Wenn ich nicht zufällig erfahren hätte, dass ...«

»Zufällig?« Jetzt wird auch die Hansen laut. »Wir haben den ganzen Tag versucht, Sie zu erreichen, Chef! Sowohl ich als auch die Staatsanwältin. Aber Sie gehen ja nie ans Handy.«

»Ich hatte es nicht dabei«, regt sich Oehler auf. »Wozu denn, ich war suspendiert, schon vergessen? – Und jetzt Schluss damit! Wir haben diesen Hoden, und draußen wartet der Mann, der ihn gefunden hat. Den kennen Sie ja noch von Ihrem illegalen Tauchgang an der ›Büchner‹ damals. Das war auch so ein bescheuerter Alleingang. Mann, Mann, Mann, Hansen. Wegen Ihnen«, und jetzt reißt er die Tür auf, »kriege ich noch graue Haare.« Er starrt mich an. »Da sind Sie ja endlich!«

Endlich? Ich warte seit einer halben Stunde.

»Na, kommen Sie schon rein.« Er hält mir die Tür auf.

Ich trete ein, und dann geht die Sonne auf. Diese wunderbare Assistentin des Oberkommissars: das zarte Gesicht von blonden langen Locken gerahmt. Riesige blaue Augen über einer goldigen Stupsnase und ein sinnlicher Mund, der immer etwas zu schmollen scheint. Und dann ihr zierlich schlanker, fast zerbrechlich wirkender Körper, der zum betont kernigen Verhalten der Kriminalistin überhaupt nicht passt und doch gerade in dieser Kombination besonders reizvoll wirkt ...

»Alles in Ordnung?«

Vermutlich starre ich sie an wie einen göttlichen Geist.

»Alles gut«, sage ich, während ich langsam wieder zu mir komme. »Guten Morgen, Fräulein Hansen.«

»Na, das Fräulein lassen wir mal besser weg.« Sie gibt mir lächelnd die Hand. »Schön, Sie wiederzusehen, Herr Knoop. Ich dachte, Sie besuchen mich mal.«

»Ach, Sie wissen ja, wie das ist. Rentner haben niemals Zeit.« Ich muss ihr nicht sagen, dass ich mich ganz bewusst von ihr ferngehalten habe, um mich auf meine alten Tage nicht unglücklich zu machen. Das Mädchen könnte meine Enkelin sein.

»Sie haben also die Eier von dem Schwenzl gefunden?« Sie behandelt das Thema offenbar sehr salopp.

»Ja«, antworte ich. »Die hingen am Großbaum. So wie er das immer angekündigt hat.«

»Der hat das angekündigt?«

»Das war so ein Spruch von ihm«, klärt Oehler auf und bittet mich auf die Besuchercouch. »Das sind alles Segler da im Nautischen Yachtclub. Die gehen etwas rauer miteinander um.«

»Und hängen sich gegenseitig die Eier in den Großbaum?« Maike Hansen setzt sich kopfschüttelnd auf ihre Schreibtischkante. »Klingt ja super. Hatte er Feinde?«

»Er war nicht besonders beliebt«, antworte ich, »mit seinen heimlichen Fotos.«

»Heimliche Fotos?«

»Ja, er hat die Leute bei vermeintlichen oder tatsächlichen Verstößen gegen die Vereinsordnung oder irgendwelche Regeln fotografiert. Und diese Bildbeweise dann an den Vereinsvorsitz gesimst. Wer hat schon gerne einen Denunzianten an Bord?«

»Aber bringt man ihn deshalb um?«

»Keine voreiligen Schlüsse, Hansen«, mahnt Oehler, »wir wissen weder, ob er tot ist, noch, ob dieser, ähm ...«, er sucht nach einem geeigneteren Wort, findet aber keins, »... äh, äh, äh, also dieser Hoden überhaupt zum Schwenzl gehört, nicht wahr. Es kann also auch sein, dass sich da nur wer einen üblen Scherz erlaubt hat.«

»Und dem Schwenzl einen Hoden in den Großbaum hängt?«

»Na ja«, meint Oehler, »wenn er das doch immer zu anderen gesagt hat ... Hat jemand gedacht, machen wir das doch mal.«

»Mit einem menschlichen Hoden?« Maike fröstelt. »Dann wäre das aber ein sehr makabrer Scherz.«

»Und es würde die Frage aufwerfen, wem der Hoden dann gehört«, überlege ich laut und sehe erst Oehler, dann Maike an. »Wird noch jemand vermisst? – Männlich? Hodenträger?«

»Nicht hier in Barth«, antwortet Oehler und sinkt schnaufend hinter seinen Schreibtisch.

»Und sein verlassenes Haus«, gebe ich weiter zu bedenken, »wo jemand ›Wichser‹ an die Terrassentür geschrieben hat? Das Auto im Regen mit aufgeklapptem Verdeck?«

»Nicht zuletzt sein abgebrannter Kutter«, setzt Maike hinzu. »Klingt, als hätte da wer eine Rechnung beglichen.«

»Und deshalb sind Sie hier, Herr Knoop«, wendet sich mir Oehler zu. »Nun erzählen Sie mal! Sie waren doch mit dem Schwenzl befreundet.«

Ich war mit dem befreundet? »Wer sagt das?«

»Na, Sie waren immerhin mit dem segeln und Motorboot fahren. Er hat Sie auch mal nach Hause gebracht.« Oehler knetet seine Hände, dass es knackt. »Klingt doch nach einer sehr innigen Beziehung, oder nicht?«

Na, das sind vielleicht ein paar Quatschköppe da im Nautischen Yachtclub. »Hören Sie, ich hatte weder mit dem Schwenzl eine Beziehung, noch war ich mit dem befreundet.«

»Gut, aber Sie waren mit dem enger zusammen.« Oehler lässt nicht locker. »Wie war er denn so? Hat er was erzählt? Dass er Stress hat? Unter Druck gesetzt wird, zum Beispiel wegen des Futterkutters?«

»Ich wusste gar nicht, dass ihm der Futterkutter gehört«, beteuere ich, »ich habe ihn für irgendeinen Investor in der Hotelbranche gehalten. Ich kannte noch nicht mal seinen richtigen Namen. Das war für mich immer nur der ›Batavia‹-Fahrer. Oder der Kurze.«

»Der ›Batavia‹-Fahrer?« Die Hansen guckt fragend. »Oder der Kurze?«

»Er war nicht besonders groß. Ein Dreikäsehoch, wie es so schön heißt. Genau wie Matthiesen.«

»Und sein Schiff heißt ›Batavia‹«, fügt Oehler hinzu. »Die geben sich da alle irgendwelche Spitznamen, sind halt Segler. Matthiesen zum Beispiel nennen sie den Likedeeler.«

»Oder The Brain«, füge ich hinzu.

»*The brain?*«

»So hat ihn der Kurze, also der Schwenzl, genannt. Das meinte der aber ironisch.«

»Was hatten die denn für eine Beziehung?«

Dieser Oehler immer mit seinen Beziehungen. Aber gut. »Kleinwüchsige Wichtigtuer unter sich, würde ich sagen. D'Artagnan hat mal seine Frau nach Hause gefahren. Aber gemocht haben die sich auch nicht.«

»D'Artagnan?«

»Ja. So hab *ich* ihn genannt.«

»Wen?«

»Na, den Likedeeler. Matthiesen, wegen seines sorgfältig gezwirbelten Bartes. Wie bei den drei Musketieren.«

Die Hansen kichert.

»Ruhe«, schnauzt Oehler und starrt mich an. »Also, der Matthiesen hat die Mai Ling nach Hause gefahren?«

»Na, weil kein Platz mehr in Schwenzls BMW war. Das ist doch so ein Z4, ein Zweisitzer.«

»Na, dann reicht es doch.«

»Nicht, wenn ich im Wagen sitze, weil er lieber mich nach Hause bringen will.«

»Sag ich doch.« Oehler grinst. »Eine innige Beziehung. Sind mal irgendwelche dubiosen Typen bei ihm aufgetaucht? Wurde er bedroht?«

»Nicht dass ich wüsste.« Ich zucke mit den Schultern.
»Sie müssen sich doch über irgendwas unterhalten haben.«
Das haben wir. »Aber es ging immer nur ums Segeln. Ausweichregeln, Lee vor Luv und dergleichen. Wie man die Segel richtig trimmt und eine plötzliche Böe abwettert.« Und dann fällt mir die Segellehrerin ein. »Genau, Paula! Über die haben wir auch geredet.«
»Paula?«
»Die Opti-Trainerin«, präzisiere ich, »die bringt den Jüngsten das Segeln bei. Schwenzl war ganz aufgeregt, weil sie einen Freund hat.«
»Das hat ihn aufgeregt?«
»Nur, weil sie sich für ein Schäferstündchen ...«
Die Hansen lacht belustigt auf.
»... das Motorboot ausgeliehen haben.« Nein, ich werde den Klatsch von Schwenzls vermeintlichem Schwulsein nicht auch noch ausbreiten. »Es verstößt aber gegen die Regeln, wenn man ein Vereinsboot für ...«
»... ein Schäferstündchen«, feixt die Hansen, »ich fass es nicht!«
»... für Privatfahrten benutzt«, beende ich meinen Satz. »Das musste er unbedingt fotografieren und dem Vorstand melden.«
»Scheint ja ein sympathischer Mann zu sein«, stellt Oehler fest.
»Das war er«, nicke ich. »Manchmal.«
»Gut.« Oehler öffnet einen A4-Umschlag und zieht ein paar Fotos heraus. »Schon mal gesehen?«
Da muss ich mir die Brille aufsetzen. Meine Augen sind auch nicht mehr das, was sie mal waren.
»Aha!«
Die typischen Aufnahmen einer erkennungsdienstlichen Behandlung. Sie zeigen zwei junge Männer, jeweils einmal von vorn und zweimal im Profil. Die Männer haben die Köpfe kahl rasiert und sehen sich auch sonst recht ähnlich. Beide haben markante Hakennasen und ein vorspringendes Kinn. Vielleicht sind sie Brüder, aber gesehen habe ich die zwei zuvor noch nie.
»Tut mir leid«, bedaure ich und gebe die Fotos zurück. »Wer soll das sein?«

»Jean Luc und Etienne Bunken«, antwortet Oehler und steckt die Aufnahmen wieder in den Umschlag zurück. »Sind Sie sicher, dass Sie diese zwei noch nie getroffen haben? Im Zusammenhang mit Schwenzl oder Matthiesen?«

»Ganz sicher.«

»Gut.« Oehler wirft der Hansen einen bedeutungsschwangeren Blick zu und wendet sich wieder an mich. »Dann holen wir das jetzt nach.«

»Was?« Ich verstehe nicht.

»Jean Luc und Etienne Bunken haben Leonie Kilius, die Tochter unserer Staatsanwältin Frau Dr. Annetta Kilius, entführt«, setzt mich Maike Hansen ins Bild. »Damit wollten sie die Einstellung der Ermittlungen zum Anschlag auf den Futterkutter erpressen.«

»Absurd«, finde ich das, »damit rufen sie die Polizei doch erst recht auf den Plan. Das ist wie Feuer mit Benzin löschen.«

»Ja, die löschen ganz gerne mit Benzin«, meint Oehler grimmig. »Sind nicht die hellsten Köpfe, wissen Sie? Aber stur. Verdammt stur.«

Sind sie das nicht alle hier im hohen Norden?

»Wir können den Brüdern zwar die Entführung gerichtsfest nachweisen«, erläutert Maike Hansen mit einer professionellen Sachlichkeit, die mich schon wieder völlig fasziniert, »kommen aber sonst nicht weiter. Wegen der Forderung, die diesbezüglichen Ermittlungen einzustellen, nehmen wir an, dass sie etwas mit dem Anschlag auf ›Störtebekers Futterkutter‹ hier in Barth zu tun haben. Und somit möglicherweise auch für das Verschwinden von Tom Werner Schwenzl verantwortlich sind.«

»Die könnten auch hinter der Bombendrohung im Stralsunder Ordnungsamt stecken«, setzt Oehler hinzu, »und diesen Matthiesen vertrimmt haben.«

Verstehe. »Aber was habe ich damit zu tun?«

»Wie gesagt, die Brüder sind schwer zu knacken.« Maike Hansen setzt sich neben mich und schlägt ihre langen, in hautengen Jeans steckenden Beine ganz entzückend übereinander. Und wie sie mich ansieht ...

»Sie sind doch ein alter Fuchs, Herr Knoop. Sie waren über vierzig Jahre lang bei der Mordkommission in Berlin, zuletzt als

Kriminalrat. Da haben Sie es doch mit ganz anderen Kalibern zu tun gehabt. Vielleicht können Sie die Brüder zum Reden bringen. Mit ein paar psychologischen Tricks aus Ihrem reichen Erfahrungsschatz könnte das doch klappen, oder?«

Möglicherweise. Und es schmeichelt natürlich enorm meiner Eitelkeit, von dieser schönen, jungen Kriminalhauptmeisterin und ihrem knorrigen Chef um Mithilfe gebeten zu werden. Tja, manchmal ist das alte Eisen doch noch zu gebrauchen.

Allein der Gesetzgeber steht uns im Weg. »Ich bin außer Dienst. Eine reine Privatperson. Ich darf die Männer nicht vernehmen, selbst wenn ich wollte.«

»Das wissen wir natürlich«, erwidert Oehler. »Sie sollen die Brüder ja auch nicht selbst vernehmen. Sie stehen einfach nur hinter der Scheibe und schauen sich die Sache an.«

»Und dann geben Sie uns ein paar gescheite Tipps«, setzt Maike Hansen hinzu.

Na, hoffentlich hab ich die auf Lager. Aber kann man einer schönen Frau widerstehen?

»In Ordnung«, sage ich nach einer Weile. »Versuchen wir's. Was muss ich wissen?«

»Das wird Ihnen die Lütte im Auto erzählen«, knurrt Oehler und drängt zum Aufbruch. »Denn man tau, Leute, Zeit ist Geld und das Leben endlich!«

49 AUF DER KNAPP dreißigminütigen Autofahrt in die Kriminalpolizeiinspektion von Stralsund, wo die Brüder in Gewahrsam genommen wurden, klärt mich Maike Hansen über den Stand der Dinge auf:

Jean Luc und Etienne Bunken, die aufgrund ihrer frankophilen, in Paris lebenden Mutter Kirsten die französischen Vornamen verpasst bekommen haben, arbeiten für die Bunken Food GmbH in Stralsund. Das Unternehmen wird von ihrer Tante Thea Magaretha Bunken geführt, einer Fischerstochter, die nach dem Tod ihres Vaters den kleinen familiären Fischereibetrieb in einen Fischvertrieb umgewandelt hat, ebenjene Bunken Food GmbH.

Heute kontrolliert die Bunken Food GmbH Fischimbissbuden zu Wasser und zu Lande an der gesamten Ostseeküste, weshalb Thea Magaretha Bunken von den Einheimischen die Fischbrötchenkönigin genannt wird.

In Stralsund ist Thea Magaretha Bunken bestens vernetzt. Sie sitzt im Vorstand der Mittelstandsvereinigung von Mecklenburg-Vorpommern, ist Mitglied des Deutschen Hochseefischereiverbandes sowie des Bundes der Deutschen Fischverarbeitungsindustrie, gilt als enge Freundin des Oberbürgermeisters, engagiert sich in der Parteienfinanzierung vornehmlich für die CDU und pflegt beste Kontakte zu Wirtschaftsverbänden, der Finanzindustrie und zur lokalen Presse.

Auch sonst hat Thea Magaretha Bunken kaum Berührungsängste. Ihre Monopolstellung im Fischbrötchenverkauf verdankt sie innigen Beziehungen zum Rotlichtmilieu, reduzierten Fischfangquoten auf der Ostsee und der deutschen Gesetzgebung.

»Das müssen Sie mir genauer erklären, Frau Hansen«, sage ich.

»Aufgrund internationaler Abkommen gegen die Überfischung der Meere und zum Schutze der Artenvielfalt sind die Fangquoten für die Fischerei auf der Ostsee immer weiter reduziert worden«, erklärt die junge Kriminalistin. »Das trifft vor allem die kleinen Fischer, die ihren Fang nicht mehr profitabel auf den Markt bringen können. Fisch gibt's billiger an jeder Supermarkttheke. Um wirtschaftlich zu bleiben und ihre Existenz zu retten, müssten die Fischer ihre Ware aufpeppen. Zum Beispiel, indem sie sie als Mahlzeit, als fertiges Gericht, als Fischbrötchen anbieten. Das verbietet aber die deutsche Gesetzgebung, denn Fischer gelten als Warenproduzenten und nicht als Gastronomen und dürfen daher an den Endverbraucher nichts verkaufen.«

Interessant, denke ich. »Aber was hat das mit dem Rotlichtmilieu zu tun?«

»Huren haben zwar keine Probleme mit den Fangquoten, sind aber rein altersbedingt viel früher aus dem Geschäft«, erwidert Maike Hansen. »Und dann stehen sie vor dem Nichts. Sie konnten nie in die staatlichen Rentensysteme einzahlen und nur in den seltensten Fällen eine private Altersvorsorge aufbauen. Aber Prostituierte gelten nach dem deutschen Gesetz seit 2002 als Dienstleisterinnen im Bereich der Gastronomie. Sie dürfen nicht nur ihren Körper, sondern natürlich auch Fischbrötchen verkaufen.«

»Und hier kommt Thea Magaretha Bunken ins Spiel.« So allmählich fällt bei mir der Groschen. »Sie bringt die Huren mit den Fischern zusammen, die sie dann als Fischbrötchenverkäuferin einsetzen, und kassiert dafür anteilig eine schöne Provision?«

»Ein lukratives Geschäftsmodell«, nickt Maike Hansen, »das auch andere anlockt.«

»Zum Beispiel Thies Matthiesen«, mischt sich Oberkommissar Oehler am Steuer sitzend ein, »der hatte als stellvertretender Amtsleiter des Ordnungsamtes in Stralsund Einblick in die Genehmigungspraxis bei der Vergabe von Konzessionen zum Fischbrötchenverkauf und bekam so vermutlich mit, was da läuft. Das jedenfalls legen die Aussagen von Kai Uwe Rohloff nahe, der für die Vergabe der Konzessionen verantwortlich war, bis ihm die Zuständigkeit dafür von Matthiesen entzogen wurde. Der Amtsleiter entschied fortan selbst und wollte dafür geschmiert werden. Plötzlich kam er zu Geld, baute sich ein teures Haus – und wurde dann zusammengeschlagen.«

»Wir nehmen an, dass die Bunken Food GmbH dahintersteckt«, erklärt Maike, »denn Thea wollte nicht schmieren. Darauf deuten Unterlagen hin, die wir in ihrem Speicher gefunden haben. Ein wütender Briefwechsel zwischen ihr und dem stellvertretenden Amtsleiter, Mitschnitte von vertraulichen Telefongesprächen und, und, und ...«

»Aber einen konkreten Hinweis, dass sie in den Angriff auf Matthiesen involviert ist, haben Sie nicht?«

»Leider nein«, gibt Maike zu, »deshalb hoffen wir ja, aus den Brüdern etwas herauszubekommen. Aber es gibt eine zweite Sache, die ebenfalls in diese Richtung weist, und das ist der Anschlag auf den Futterkutter. Wir glauben, das war ein Testballon.«

»Ein Testballon?«

»Ja«, bekräftigt Maike Hansen. »Die Konzession für diesen Kutter wurde von Matthiesen an Tom Werner Schwenzl vergeben, und auch der hat eine ehemalige Prostituierte auf seinem Kutter beschäftigt. Mai Ling.«

»Ich denke, das ist seine Frau.«

»Das ist sie ja auch. Alle diese Frauen werden mit den Fischern verheiratet, damit das Geschäftsmodell eine Zukunft hat und nicht morgen schon wieder platzt. Durch die Ehe entsteht eine Verbindlichkeit, verstehen Sie, beide Partner hängen jetzt finanziell drin in der Geschichte und müssen sie zum Erfolg führen. Denn die Luden im Rotlichtmilieu geben ihre Huren ja nicht kostenlos ab, sondern lassen sich das teuer bezahlen. Das können sich die Fischer natürlich nicht leisten, also finanziert Thea vor. Eine Art Kredit, der mit ordentlich Zinsen abbezahlt werden muss. Und jetzt kommt's!«

Maike Hansen macht ein wunderbar spannendes Gesicht. Ich schmelze fast dahin.

»Tom Werner Schwenzl ist kein armer Fischer. Im Falle des Futterkutters hat er die Ablöse bei den Luden bezahlt. Dadurch blieb Thea außen vor. Das muss sie mächtig gewurmt haben.«

»Eine reine Mutmaßung«, winke ich ab. »Sie haben nichts in der Hand.«

»Von Moppi im ›Vinetablick‹ wissen wir, dass sie nicht zimperlich im Umgang mit Konkurrenten ist«, entgegnet Björn Oehler. »Als Moppi in seinem Laden Fischbrötchen verkaufen wollte, hat sie sofort ihre Männer fürs Grobe geschickt. Und warum versucht sie, die Einstellung der Ermittlungen zu erpressen, wenn sie mit dem Anschlag auf den Kutter nichts zu tun hat?«

»Wo ist Thea denn jetzt?«, erkundige ich mich.

»Tja.« Maike Hansen seufzt. »Die hat es geschafft, sich in all dem Wuhling letzte Nacht abzusetzen. Ihre Yacht, die ›Queen Of The Fish Bun‹, ist verschwunden. Wir haben natürlich sofort die Küstenwache alarmiert, aber wie das so ist auf See: Wenn man nicht weiß, wo man suchen soll …«

Ja, das ist das Tolle am Meer, denke ich. Wer aus der Zwölf-Meilen-Zone raus ist, ist wirklich frei. Kein Land der Welt, kein Gesetzeshüter und kein Tugendwächter kann dir etwas, wenn du außerhalb der Hoheitsgewässer bist.

»Die Frage ist doch«, überlege ich laut, »warum der Schwenzl überhaupt eine ehemalige Prostituierte für den Kutter kauft. Der hat doch Hotels, der ist doch selbst Gastronom. Der hätte doch keine Probleme mit dem deutschen Gesetz.«

»Und genau deshalb glauben wir, dass der Futterkutter ein Testballon war«, erwidert Maike Hansen. »Matthiesen und Schwenzl wollten selbst in das Geschäft einsteigen, das Thea so reich gemacht hat, verstehen Sie? Die haben keine Erfahrung mit dem Rotlichtmilieu, die wollten das erst mal testen. Wie das so läuft mit dem Hurenverkauf oder so. Und arbeitslose Fischer gibt es viele. Ich bin sicher, dass die expandieren wollten. Der Schwenzl will Störtebeker zu einer Marke machen. ›Störtebekers Boddenblick‹, ›Störtebekers Futterkutter‹. Ich bin sicher, da wären in einigen Jahren überall weitere Störtebekers aufgetaucht. Aber Thea hat das verhindert.«

Das gilt es herauszufinden.

Du lieber Himmel, da kommt ja was auf mich zu, wenn das alles diese Brüder beantworten sollen.

50 ETIENNE UND JEAN LUC BUNKEN sitzen in getrennten Vernehmungszimmern. Beide haben eine von innen blickdichte Scheibe, durch die man aber von außen hineinschauen kann.

Ich sehe mir die Brüder genau an. Sie machen einen auf coole Gangster und sind sich äußerlich wirklich sehr ähnlich.

»Jean Luc ist der Ältere von den beiden«, erklärt mir Maike Hansen, »angeblich nach Godard benannt, irgend so einem französischen Filmregisseur …«

Irgend so einem? Ich fasse es nicht. »Jean Luc Godard ist ein Wegbereiter der Nouvelle Vague. Nie ›Außer Atem‹ gesehen? ›Die Außenseiterbande‹? ›Vorname Carmen‹?«

»Sagen Sie bloß, Sie sind auch frankophil?«

Nee. »Ich mag gute Filme und bin entsetzt, wenn die Jugend diese bedeutenden Werke nicht mehr kennt.«

»Sie können sie mir ja bei Gelegenheit einmal zeigen.«

Nur zu gern, denke ich. Meine Herren! Was löst diese Kriminalhauptmeisterin immer bei mir aus? Andere Männer in meinem Alter sind da sehr viel ruhiger. Oder tun die nur so?

»Also, Jean Luc ist der Ältere«, erklärt sie weiter. »Macht gern einen auf intellektuell, ist aber sonst nicht sonderlich clever. Braucht Autoritäten und erledigt dann zuverlässig, was man ihm sagt.« Wir gehen zur nächsten Scheibe. »Etienne ist der kleine Bruder und benimmt sich auch so. Da die Mutter früh fort ist, hat Jean Luc so eine Art Vaterfunktion für ihn. Jedenfalls bewundert er ihn sehr und würde nichts tun, was seinem Bruder schadet. Auch keine Leuchte, scheint meist seinen Bruder für sich denken zu lassen. Ich denke, den beiden fehlt jede Empathie, und das macht sie so kaltblütig. Immerhin hat Jean Luc bei der Reanimation des Mädchens geholfen. Vielleicht nicht, weil er sich um die Kleine gesorgt hat, sondern eher, weil ihr möglicher Tod das Problem für ihn, seinen kleinen Bruder und Thea vergrößert hätte. Die beiden vergöttern ihre Tante, sie ist das Maß aller Dinge. So eine Art Ersatzmutter für die zwei.«

Eine Polizistin mit Einfühlungsvermögen und psychologischem Scharfblick, denke ich beeindruckt, die kleine Hansen hat das Zeug zu einer großartigen Ermittlerin. Vorausgesetzt, sie hebt nicht ab und verliert nicht den Kontakt zum unschönen Tagesgeschäft. Lächelnd sehe ich sie an. »Haben die Jungs schon mit ihren Anwälten gesprochen?«

»Nein.« Maike Hansen schaut auf die Uhr. »Die müssten in etwa einer Stunde hier sein.«

»Gut, dann nutzen wir die Zeit. Versuchen Sie, alles aus den Jungs herauszukitzeln, was geht.«

»Wie gesagt«, mischt sich Oehler ein, »die reden nicht mit uns.«

»Dann reden Sie«, erwidere ich. »Machen Sie denen klar, dass ihre tolle Tante Thea sie hat sitzen lassen. Um ihre eigenen Schäfchen ins Trockene zu schippern. Dass die sich auf ihrer Yacht vergnügt, während die Neffen für sie in den Knast müssen. Sprechen Sie von Verrat. Bringen Sie die Jungs dazu, wütend zu werden auf ihre Tante und Chefin. Machen Sie ihnen klar, dass sie nur ausgenutzt und betrogen worden sind. Vielleicht werden sie dann gesprächiger.«

»Okay.« Maike Hansen klatscht aufgeregt in die Hände. »Probieren wir's. Ich nehme den Älteren. Jean Luc. Den kenne ich besser, mit dem habe ich immerhin Leonie reanimiert.«

»Gut, dann knöpfe ich mir mal den Kleinen vor«, knurrt Oehler grimmig.

»Nicht vorknöpfen«, ermahne ich ihn, »sprechen Sie mit ihm auf Augenhöhe. Zeigen Sie ihm, dass Sie ihm nichts Böses wollen. Dass für alles nicht er, sondern einzig und allein Thea verantwortlich ist.« Oehler nickt und erhebt sich wortlos.

Wenig später schaue ich ihm zu, wie er sich gemächlich zu Etienne an den Tisch setzt.

»Hör mal, min Jung«, beginnt er ganz wie ein guter Großvater, der gleich seinen Enkel mit Schokoladenbonbons versorgt, »ich weiß, dass du kein Böser bist, mhm?«

Was ganz schlecht ist, denn an der Reaktion des Jüngeren ist klar erkennbar, dass er so gerne ein richtig gefährlicher Böser wäre.

»Wichser«, kläfft er den Oehler an, »ich häng dich an den Eiern auf.«

Immerhin eine interessante Ansage, überlege ich, denn »Wichser« hat auch jemand an Schwenzls Terrassentür gemalt. Und Eier hängte der auch immer gerne wohin. Vielleicht ergeben sich ja doch noch ganz interessante Erkenntnisse.

Aber mehr kommt nicht von dem Jungen.

Obwohl sich Oehler sehr bemüht. Er bietet ihm Kaffee und Zigaretten an, erklärt, dass er weiß, wie sehr Etienne seine Mutter vermisst, und dass er ihn für seinen Mut bewundert, kriminelle Sachen anzustellen. Das hätte Oehler auch gewollt in seiner Jugend. Aber er hat sich nie getraut. Und so wurde er Bulle. Weil er Gangster bewundert. Und eigentlich auch ganz gern so einer geworden wäre.

»Erzähl doch mal, Etienne! Das ist doch sicher total spannend, dein Leben. Und wie ihr dem Schwenzl einen mitgegeben habt …«

»Wichser«, bellt Etienne wieder und zieht sich völlig in sich zurück, »blöder Bullenwichser!«

Maike Hansen geht die Sache geschickter an. Sie dankt Jean Luc erst mal für seine Hilfe bei der Rettung des Mädchens.

»Klasse reagiert. Da hast du echt schnell geschaltet, Mann. Wenn du die nicht so schnell rausgeholt hättest aus dem Bunker, hätten wir keine Chance mehr gehabt. Und für die Herzdruckmassage hast du Talent. Schon mal überlegt, in den medizinischen Bereich zu gehen?«

»Nee«, Jean Luc schüttelt den Kopf, »da war bislang keine Gelegenheit zu. Obwohl ich sicher ein guter Arzt wäre. Ich hab früher meine Kaninchen gesund gepflegt.«

»Du hattest Kaninchen?«

»Ja, und die haben sich den Magen verdorben, weil sie den Löwenzahn vom Nachbarn gefressen haben. Dabei war der immer mit Schädlingsbekämpfungsmitteln kontaminiert. Gegen Blattläuse und so. Hat der Nachbar seinen ganzen Garten mit eingesprüht. Und meine Karnickel wurden dann krank, und ich musste sehen, wie ich sie wieder auf die Hinterbeine kriege. Die lagen dann immer so auf der Seite und zuckten rum.«

»Klingt ja furchtbar.« Maike zeigt ehrliches Interesse. »Wie hast du sie behandelt?«

»Mit Äpfeln, Erdbeeren, Tomaten«, erklärt Jean Luc fachmännisch, »alles, was viel Wasser hat. Kaninchen trinken ja nicht, die nehmen die Flüssigkeit mit der Nahrung auf. Die wollten das nicht fressen, aber ich hab ihnen das Zeug regelrecht reingezwungen. Damit sie Durchfall kriegen und den vergifteten Löwenzahn wieder ausscheißen konnten. Ja, und dann Möhren. Jede Menge Möhren. Die stopfen. Eine Woche, und die Karnickel waren wieder putzmunter.«

»Super«, staunt Maike, »das könnte ich nicht.«

»Ja, da muss man ein Gefühl für haben. Und verrecken lassen konnte ich die nicht. Die wollten wir ja im Herbst noch essen. Ich hab immer im Frühjahr so zwei kleine Karnickel gekriegt und die dann bis Herbst schön angefüttert. Man kann die Viecher ja lebend würzen sozusagen. Ich hab da ein bisschen herumexperimentiert mit der Futterauswahl, das beeinflusst dann hinterher den Geschmack des Fleisches. Am besten ging das mit Minze. Da hatte das Karnickel dann im Herbst echt so 'n Pfefferminzaroma. Ist vielleicht nicht jedermanns Sache, aber mir hat das geschmeckt.«

»Kann ich mir vorstellen«, nickt Maike. »Da hast du bestimmt was drauf.«

»Ja, ich bin so 'n tierlieber Typ«, bekräftigt Jean Luc, »ich mag einfach Viecher. Die sind treu und nerven nicht rum. Ich weiß, wie die ticken. Deshalb konnte ich ja auch gleich gut mit der Dogge von der Kleinen. Schöne Tiere, diese Doggen. Unser Reichskanzler Otto von Bismarck hatte auch welche. Die Deutsche Dogge gilt als der Apoll unter den Hunden. Und sie sind stark. Haben im alten Rom die Hunde von Molossis niedergekämpft.«

»Mit griechischer Mythologie kennst du dich auch aus?«

»Ja, Knuddel, da bin ich Spezialist. Aber hier geht es nicht um griechische Mythologie, weißt du. Hier geht es um römische Geschichte. Das Imperium Romanum war das Amerika des Altertums. Es existierte fast tausendzweihundert Jahre.«

»Du könntest auch Historiker werden.«

»Richtig.« Jean Luc lehnt sich nachdenklich zurück. »Oder Philosoph. Obwohl ich mich dafür nicht in die Tonne legen würde. Ich könnte alles Mögliche machen, aber wie gesagt, mir fehlt die Zeit. Ich muss mich um meinen kleinen Bruder kümmern, und Thea braucht uns auch.«

»Tatsächlich?« Maike Hansen versucht, allmählich die Kurve zu kriegen. »Was tust du denn so für deine Tante?«

»Alles Mögliche«, antwortet Jean Luc unbestimmt, »die würde ja ohne mich und meinen Bruder überhaupt nichts auf die Reihe kriegen.« Er lacht. »Wie Frauen so sind, die amüsieren sich lieber. Man muss sich kümmern, und sie sind zufrieden ...«

»So, das war's!« Die Anwälte sind schneller da als gedacht. Geschäftig stürmen sie mit ihren Aktentaschen die Vernehmungszimmer. »Unsere Mandanten sagen gar nichts mehr, bis wir Akteneinsicht genommen und uns mit der Sachlage vertraut gemacht haben.«

Und das kann erfahrungsgemäß dauern.

Bedröppelt kommt die Hansen wieder zu mir heraus in den Gang.

»Und ich war so dicht davor!« Sie zeigt mit Daumen und Zeigefinger, wie dicht. »Keine zehn Minuten, und der hätte ausgepackt.«

»Und ich hab dem Jüngeren meine ganze Lebensgeschichte erzählt«, auch Oehler kommt heran, »und durfte mir immer nur anhören, was ich für ein blöder Wichser bin. Ohne seinen großen Bruder sagt Etienne gar nichts.«

»Dafür redet Jean Luc umso mehr«, stelle ich fest, »nur leider hat er zum Fall nichts ausgesagt.«

»Das kommt noch.« Da ist sich Maike Hansen sicher.

»Das kommt nicht mehr«, widerspreche ich, »denn jetzt reden die Anwälte der Jungs. Und die werden nur das zugeben, was wir beweisen können.«

»Also die Entführung.« Oehler seufzt. »Mist!«

»Ich könnte mal mit den Anwälten reden«, schlage ich vor.

»Ich denke, das dürfen Sie nicht.« Maike Hansen schaut mich aus ihren wunderbaren Augen an.

»Doch, mit Anwälten darf ich reden«, antworte ich, »das sind ja freie Bürger. Die sitzen nicht in Polizeigewahrsam, verstehen Sie. Die Frage ist, ob sie mit mir reden wollen. Und wir sollten die Staatsanwaltschaft verständigen. Ich muss denen schließlich was anbieten können.«

Zwei Stunden später sitze ich in der »Weinwirtschaft«, einem Restaurant im Baltic-Hotel um die Ecke, und esse mit den Anwälten zu Mittag.

Dr. Lutz Schnaider und Wiegand Eckle aus der Rostocker Anwaltskanzlei Schnaider-Eckle-Bittermeier sind Gesprächen grundsätzlich nicht abgeneigt, solange sie sich abrechnen lassen. Und sie wissen um die Wichtigkeit von Deals vor Gericht.

Noch so ein neumodisches Ding. Früher wurden die Fälle ordentlich ausermittelt, dann erhob die Staatsanwaltschaft Anklage, und das Gericht entschied.

Zum Ende meiner Dienstzeit wurde fast nur noch gedealt im Sinne von Vorabsprachen – *Wenn die Staatsanwaltschaft diese Anklage fallen lässt, wird mein Mandant bei einer anderen Sache kooperativ sein, vorausgesetzt, das wird vor Gericht anerkannt* und so weiter und so fort.

Deals eben.

Und genau so einen Deal will ich jetzt machen. Um Maike

Hansen zu beeindrucken. Und um eine Lösung herbeizuzaubern. Hans Dieter Knoop, der olle coole Magier ...

»Sie sind also ein Kriminalrat a. D. aus Berlin?« Die Anwälte scheint das zu amüsieren. »Und unterstützen hier die Polizei bei der Arbeit?«

»Wenn Sie das so sehen wollen.«

»Wie sind Sie in diese Geschichte hineingeraten?«

»Zufällig«, antworte ich. »Wir sind im selben Yachtclub, zwei der Opfer und ich. Ich will wissen, was da gelaufen ist. Und dazu brauche ich die Aussagen Ihrer Mandanten.«

»Und im Gegenzug?« Die Anwälte sehen mich gespannt an. »Was bieten Sie an?«

»Ich überzeuge die Staatsanwaltschaft davon, von einer Mordermittlung abzusehen.«

»Mord?« Das ist den Anwälten neu. »Was für ein Mord?«

»Auf dem versenkten Kutter sind menschliche Knochen gefunden worden«, antworte ich. »Die verbrannten Reste einer Leiche.«

»Warum steht davon nichts in den Akten?«

»Weil die Ermittlungen dazu zwischenzeitlich eingestellt worden sind. Das haben Ihre Mandanten mit der Entführung des Mädchens erreicht. Jetzt, da sie gefasst sind, wird der Fall natürlich wieder aufgerollt.«

Die Anwälte sehen einander ungläubig an. »Wie wollen Sie nachweisen, dass unsere Mandanten damit zu tun haben?«

»Das liegt doch auf der Hand. Ihre Mandanten werden der erpresserischen Freiheitsberaubung angeklagt. Daran gibt es nichts zu deuteln. Damit wollten sie die Einstellung der Ermittlungen zu einem versenkten Fischbrötchenkutter erreichen. Ein Kutter, in dessen verbranntem Wrack die Reste einer Leiche gefunden wurden.« Ich sehe die Anwälte an. »Vielleicht sehen Sie das anders, aber für mich ist damit völlig klar, dass Ihre Mandanten in ziemlichen Schwierigkeiten stecken.«

»Ja, aber ob man ihnen den Mord nachweisen kann?« Die Anwälte bezweifeln das.

»Wollen Sie es drauf ankommen lassen?« Ich gebe mich betont gelassen. »Dann riskieren Sie's. Vielleicht zocken Sie ja gern.

Mit dem Risiko, furchtbar auf die Schnauze zu fallen. Aber Sie müssen das ja nicht ausbaden, nicht wahr? Es sei denn, die Presse erfährt davon, und Sie stehen als große Prozessverlierer da.« Ich beuge mich vor. »Oder hätten Sie vielleicht doch lieber eine sichere Lösung für Ihre Mandanten? Die seriöse Variante? Nichts Spektakuläres, kein Futter für die Zeitungsheinis, und alle können ihr Gesicht wahren? – Überlegen Sie es sich.«

Die Anwälte denken lange nach, und ich winke schon mal demonstrativ den Kellner heran. »Die Rechnung, bitte!«

»Sie wollen eine umfangreiche Aussage?« Schnaider klappert mit seinem Besteck.

»Alles«, erwidere ich, »von A bis Z.«

»Und die Leiche verschwindet?«

»Aus den Akten, aus dem Sinn«, lächele ich. »Manchmal verschwinden Dinge auf ganz rätselhafte Weise, hab ich recht?«

»Wir müssten das allerdings vorher mit der Staatsanwaltschaft besprechen«, meint Eckle.

»Natürlich«, gebe ich mich verständnisvoll. »Ich bin sicher, Sie werden dort ein offenes Ohr finden.«

Der Kellner bringt die Rechnung. Ich will zahlen, werde aber davon abgehalten.

»Wir übernehmen das, danke.«

»Ich habe zu danken, meine Herren.« Ich erhebe mich, nicke den Anwälten zu und entferne mich.

51   EINE BAYERISCHE TRACHTENKAPELLE spielt den Laridah-Marsch mit ordentlich Tschingderassabum, die Fahnen Bayerns, Mecklenburg-Vorpommerns, Deutschlands und Europas knattern im Wind.

Vollbusige Dirndl-Mädchen reichen Häppchen, es gibt Pyraser Landbier vom Fass, und eine rotwangige, dralle Hotelmanagerin spricht in breitem Fränkisch von einem Symbol der Völkerverständigung und meint damit das neue Hotel, das hier heute seine Eröffnung feiert.

»Störtebekers Boddenblick« ist mitten in den Vogelzug des Barther Bodden gebaut worden, eine auf Stelzen weit ins Röhricht hineingestellte Bettenburg im Allgäuer Stil mit weit heruntergezogenem Satteldach und riesiger Terrasse zum Wasser hin.

»Hier können S' dann schon beim Frühstück die Kraniche beobachten, gell«, sagt die Hotelmanagerin stolz, und Yachtwart Jann Giehrling knurrt hinter vorgehaltener Hand: »Wenn das hier Schule macht, werden wohl bald keine Kraniche mehr kommen.«

Gut drei Hektar Naturschutzfläche wurden für das umstrittene Projekt plattgemacht, für Zuwegungen und Straßen, für Parkflächen, die Kanalisation sowie die Elektro- und Wasserversorgung.

Und während feierlich das in Frakturschrift gehaltene Schild mit dem Hotelnamen enthüllt wird, entschuldigt die Hotelmanagerin das Fehlen »unseres großartigen Investors Tom Werner Schwenzl, der das hier alles möglich g'macht hat. Er ist leider unabkömmlich, aber seine Frau ist hier als Taufpatin: Mai Ling!«

Oehler reckt den Hals. »Sehen Sie, das ist die kleine Chinesin.«

Ach. Ich hielt sie immer für eine Thailänderin.

»Sie ist Vietnamesin«, weiß Yachtwart Jann Giehrling und trinkt genießerisch sein Bier. »Ah, also brauen können die Bayern, das muss man ihnen lassen.«

Man hört nicht genau, was Mai Ling sagt, aber am Ende ihrer kurzen Rede hebt sie lachend ihr Glas und ruft »Plost, hahaha« in die Menge der sehr zahlreichen Gäste, die sich zunehmend von einer Lautsprecherstimme gestört fühlen, die »den grassierenden Raubbau an der Natur« beklagt.

»Oh Gott, das ist mein Vater!« Maike Hansen versteckt sich rasch hinter ihrem Oberkommissar, der das nur logisch findet.

»Na, als Ranger im Naturpark isses doch kloar, das Vattern hier für den Erhalt der Biotope kämpft, nicht wahr. Da muss man sich nicht schämen für, Hansen.«

Es ist ein buntes Grüppchen, das vor dem Hotel für den Erhalt der Natur demonstriert. Sie schwenken grüne Fahnen mit Sonnenblumen drauf und Plakate, die »Kein Bayernschloss im Pommernwald« fordern. Obwohl hier ja gar kein Wald ist, sondern Schilf.

Die Trachtenkapelle spielt immer lauter, um die blechernen Proteste gegen »diesen Schandfleck in unserem Naturschutzgebiet« zu übertönen, und ich denke noch, na, so schlimm ist der Schandfleck ja nun nicht, da passiert's:

Es knallt dumpf. Dann stehen die zwei nagelneuen, eigens für das Hotel angeschafften Kleintransporter in hellen Flammen. Kurz darauf stürzen mit bleichen Gesichtern Zimmermädchen, Köche und Servicepersonal aus dem Haus und übergeben sich würgend vor den erstarrten Anwesenden.

Was ist passiert?

Oberkommissar Björn Oehler und seine junge Hauptmeisterin Maike Hansen sind sofort im Dienstmodus. Mit erhobenen Schusswaffen stürzen sie auf das Hotel zu.

»Alles evakuieren! Sofort! Alle weg hier!«

Die Gäste machen, dass sie fortkommen. Alle rennen durcheinander und doch in Richtung des Parkplatzes, der nur über einen langen Steg erreichbar ist.

Was ich total unpraktisch finde, weil man dann als Gast immer seine Koffer über diese endlosen Planken schleppen muss. Na, vielleicht haben sie genug Hotelboys, die das für ein Trinkgeld übernehmen.

»Ja, das war's dann wohl mit der Party«, bemerkt der Yachtwart lakonisch und nimmt sich noch rasch vier Humpen Bier mit, bevor auch wir vom Gelände getrieben werden. Zwei davon drückt er mir in die Hand. »Wegzehrung«, sagt er dazu, »man will ja nicht durstig sterben.«

Weit kommen wir ohnehin nicht, denn jetzt ist auf dem Parkplatz mächtiges Tohuwabohu, weil alle gleichzeitig mit ihren Autos losfahren. Es ist ein Hupen und ein Fluchen, da heulen die Motoren auf, da steigt das Adrenalin.

Und von Ferne hört man Sirenen.

»Ich bin gespannt, was das war«, sage ich zum Yachtwart. »Warum haben die alle gekotzt?«

»Das werden wir schon noch erfahren«, bleibt Giehrling gleichmütig. »Eins ist mal klar, den Schwenzl mag hier keiner.

Den wollen die weghaben. Deshalb fackeln sie den Kutter und seine Autos ab. Wundert mich, dass nicht noch das Hotel brennt.«

»Aber Schwenzl ist doch weg«, gebe ich zu bedenken, »vielleicht sogar tot ...«

»Die wollen das alles weghaben«, erwidert Giehrling. »Nutzt ja nichts, wenn er tot ist und das Hotel trotzdem aufmacht.«

»Wer steckt dahinter?«

»Umweltschützer«, weiß Giehrling, »sind auch manchmal ganz schön militant. Letztens wollten mich so ein paar durchgeknallte Veganer vom Steg schmeißen, weil ich geangelt hab. Na, denen hab ich erst mal Bescheid gestoßen, hab ich denen.«

»Und? Was gefangen?«

»Nee. Noch nicht mal das.«

»Buttersäure!« Maike Hansen steht wieder neben uns und sieht ein bisschen grün um die Nase aus. »Das stinkt vielleicht in dem Hotel, das ist echt nicht auszuhalten.« Sie atmet tief durch und kämpft offenbar auch mit der Übelkeit.

Polizeifahrzeuge und ein Löschzug orgeln heran. Die Beamten müssen zunächst den Verkehr auf dem Parkplatz regeln, damit die Feuerwehren durchkommen. Dann tritt einer der Polizisten zu uns.

»Was war hier los?«

»Anschlag mit Buttersäure«, antwortet Maike Hansen und zeigt ihm ihren Dienstausweis. »Und zwei Fahrzeuge brennen. Kriminaloberkommissar Oehler ist vor Ort, der wird Sie einweisen. Wir müssen erst mal den Tatort sichern. KT ist angefordert ...« Sie sieht mich hilflos an. »Wer war das denn jetzt?«

Woher soll ich das wissen?

»Unsere Bunken-Brüder können es ja nicht gewesen sein.«

Nee, denke ich, wahrscheinlich nicht.

52 »UNSERE MANDANTEN können es nicht gewesen sein«, erklären am nächsten Morgen auch die Anwälte von Jean Luc und Etienne Bunken. »Ihr Täter, Herr Kriminalrat Knoop, läuft

noch frei herum, das sollten Sie den Barther Ermittlern mal schonend beibringen, falls die noch nicht selbst darauf gekommen sind.«

Sie legen mir einen A4-Umschlag vor, den ich aber noch nicht öffnen kann, weil Herr Dr. Lutz Schnaider die Hand draufhält und wieder das Wort ergreift.

»Ich sage Ihnen, wie das jetzt läuft: Unsere Mandanten haben nichts mit dem Brandanschlag auf den Futterkutter zu tun. Die Mordermittlung gegen sie geht damit ins Leere.«

Ich glaube einen gewissen Triumph in Dr. Schnaiders Stimme zu hören.

»Im Übrigen haben unsere Mandanten weder diesen Matthiesen tätlich angegriffen, noch ist ihnen die Bombendrohung gegen das Ordnungsamt vorzuwerfen. Sie haben nichts, Herr Knoop, aber auch gar nichts gegen unsere Mandanten in der Hand.«

»Und was ist mit der Entführung des Mädchens?«, frage ich. »Der Erpressung der Staatsanwaltschaft? Haben Ihre Mandanten damit auch nichts zu tun?«

»Doch.« Jetzt antwortet der andere Anwalt, Wiegand Eckle. »Daran können wir aufgrund der erdrückenden Beweislage nicht rütteln. Und das geben unsere Mandanten auch zu. Sie haben das Mädchen entführt und das erpresserische Video aufgenommen. Punkt.« Er starrt mich an, als wollte er durch mich hindurchsehen. »Das war's. Die haben im Auftrag ihrer Tante Thea gehandelt. Die kannten weder den Futterkutter, noch wussten sie, um welche Ermittlungen es da gehen sollte. Die haben das Mädchen entführt, ohne über die Hintergründe Bescheid zu wissen. Und jeder psychologische Sachverständige wird uns vor Gericht bestätigen, das Jean Luc und Etienne Bunken genauso ticken. Die machen, was die Tante fordert. Ohne nachzufragen. Und entführen das Mädchen. Mehr gibt es nicht zu sagen.« Er zeigt auf den Umschlag auf dem Tisch. »Das ist das Geständnis.«

Und Schnaider fügt hinzu: »Viel Spaß damit.«

Na, vielen Dank auch. Ich sehe den Anwälten nach und nehme den Umschlag an mich.

Knoop, der alte Kriminalrat. Der große Magier, der mal eben

Ergebnisse zaubern kann, indem er mit den Anwälten dealt. Großartig! Das ist ja wunderbar in die Hose gegangen.

Jetzt muss ich das nur noch dem lieben Kriminaloberkommissar Oehler und seiner reizenden Hauptmeisterin beibringen. Das Leben wird auch im Alter nicht einfacher.

Eine halbe Stunde später sitze ich vor den Ermittlern im kleinen Barther Kriminalkommissariat und setze sie über die neue Lage ins Bild.

Maike Hansen sieht ziemlich bedröppelt aus, und Björn Oehler steht kurz vor der Explosion.

»Das können die doch nicht machen«, regt er sich auf, »damit kommen diese Rechtsverdreher doch nie durch.«

Ich fürchte doch.

»Und jetzt?«, fragt Maike Hansen. »Was jetzt? Alles von vorn oder was?

»Alles auf Anfang«, nicke ich. »Und weiterermitteln. Was haben Sie denn bisher?«

»Das ist es ja.« Oehler knallt wütend einen Ordner auf den Tisch. »So gut wie nichts.« Er fängt an, die Akten aufzudröseln. »Analyse der KT zum Futterkutter: keine verwertbaren Spuren. Rechtsmedizinisches Gutachten zu den menschlichen Überresten an Bord: Identität der Leiche kann ohne genetisches Vergleichsmaterial nicht festgestellt werden! Ortsbefragung Hafen Barth: keine Zeugen, niemand hat etwas gesehen. – So geht das immer weiter!« Er wirft die Papiere durcheinander. »Analyse KT im Ordnungsamt: jede Menge Fingerabdrücke, normal in einem Amt mit Kundenbetrieb, aber nichts Tatrelevantes. Untersuchung Sprengsatz: negativ. Keine Spuren. Keine Zeugen. Diese dubiose Drohung dazu wurde mit dem Erpresserbrief an der Haustür der Staatsanwältin verglichen. Das verwendete Papier stammt zwar in beiden Fällen aus derselben Verkaufscharge, aber das waren achthundert Kartons zu je tausend Blatt …«

»Notfalls müssen Sie dem nachgehen«, unterbreche ich ihn.

»Machen Sie Witze?«

Nein. Das meine ich ganz ernst. Wir haben in Berlin manchmal ganz andere Sisyphusarbeit geleistet. Allerdings hatten wir auch mehr Leute.

»Achthundert Kartons sind überschaubar. Ich kann mir vorstellen, große Unternehmen wie die Bunken Food GmbH kaufen ihr Papier im Großhandel. Vielleicht haben die ja einen Großteil der Charge aufgekauft. Ansonsten müssen Sie feststellen, an welche Einzelhändler die Kartons ausgeliefert wurden, und das dann irgendwie einkreisen.«

»Ja, irgendwie.« Man sieht Oehler an, dass er darauf absolut keine Lust hat.

»Was ist mit Matthiesen?«, fragt Maike Hansen.

»Wieso«, knurrt Oehler, »was soll mit dem sein?«

»Ich kann mir vorstellen, dass er auspackt«, antwortet Maike Hansen. »Jetzt, wo Thea auf der Flucht und ihre Neffen in Gewahrsam sind, hat der doch von denen nichts mehr zu befürchten. Vielleicht entschließt er sich ja doch zu einer Anzeige.«

»Gute Idee, Hansen. Nehmen Sie das gleich in Angriff.«

Sie will noch etwas sagen, doch Oehler wiegelt sofort ab. »Jetzt. Unverzüglich. Das ist eine Weisung. Abmarsch!«

Gott, ist der Mann heute schlecht gelaunt. Mitfühlend sehe ich der Hansen nach. Im Hinausgehen stößt sie fast mit einer drallen Dame zusammen, in der ich die Hotelmanagerin von gestern erkenne.

»Ja, grüß Gott miteinand! Entschuldigen S', ich wollt gar nicht stören, gell?«

Warum sind Sie dann hier, scheint der finstere Blick von Oehler zu fragen.

Ich dagegen entschließe mich, die Frau zu begrüßen. »Guten Morgen, Frau ... äh ...«

»Grundig«, antwortet sie mit ihrem fränkisch gerollten R, »Grundig, wie die Fernseher früher.«

»Knoop«, stelle ich mich vor und deute auf den Miesgelaunten hinter dem Schreibtisch. »Das ist Oberkommissar Oehler.«

»Ah, fein!« Die Grundig nestelt in ihrer Handtasche. »Ja, ich hab nach all der Aufregung gestern kaum schlafen können. Und dieser Gestank! Gott, wo kam nur der Gestank her?«

»Buttersäure«, knurrt Oehler. »Das stinkt nun mal.«

»Furchtbar. Ich weiß gar nicht, ob der je wieder weggeht. Ich musste in ein anderes Hotel, bei uns kannst gar nicht nächtigen bei dem Gestank.« Sie wühlt immer noch in den unendlichen Tiefen ihrer Handtasche herum. »Ja, und jetzt versuchen s' halt, das wieder rauszukriegen aus dem Hotel, und bevor Ihre Leute von der Spurensicherung – gell, so heißt's doch, Spurensicherung –, bevor die also das alles so schwarz einpinseln – und dann machen s' ja heut auch viel mit Licht, hab ich mir erklären lassen –, also, da hab ich mir gedacht, schaust halt noch mal die Bilder an, gell ... Wo hab ich's nur ...«

Ja, Handtaschen von Frauen sind schwarze Löcher, denke ich.

»... früher gab's ja immer diese großen Bänder, die hat man besser g'funden, aber heut mit dieser ganzen Elektronik überall ... Ah, da ist's. Schaun S'!« Erleichtert legt sie einen USB-Stick auf den Tisch.

Fragend sieht Oehler sie an. »Was ist das?«

»Na, die Überwachungsbänder«, erklärt sie uns. »Eigentlich speichert's nur für vierezwanzig Stunden, aber wir hatten die Kameras ja noch im Testlauf, und da ist das durchgegangen.« Sie sieht uns auffordernd an. »Sie müssen drei Tage zurückspulen. Haben S' hier net so 'n Ding, wo man's reinstöpseln kann?«

»Doch.« Maike Hansen kommt wieder ins Büro gestürmt.

»Hansen«, ruft Oehler erstaunt, »was machen Sie noch hier?«

»Ich hab an der Tür gelauscht«, gibt sie zu, »und seien Sie froh«, erklärt sie der Grundig, »denn die Männer hier wissen garantiert nicht, was ein USB-Stick ist.« Sie holt ihr Tablet aus der Tasche, setzt sich auf die Besuchercouch und schaltet es ein. »Zum Glück habe ich einen Adapter dabei. Geben Sie mal her.«

Frau Grundig reicht ihr den Stick. »Drei Tage müssen S' zurück.«

Oehler und ich sehen uns verständnislos an, setzen uns aber zu den Frauen auf die Couch und starren auf den Tablet-Bildschirm.

Der ist in vier Quadrate geteilt, die jeweils unterschiedliche Perspektiven der Überwachungskameras aus »Störtebekers Boddenblick« zeigen. Drei Hotelgänge und den Eingangsbereich mit dem Foyer.

Die Bilder laufen sehr schnell rückwärts, doch dann ruft Frau

Grundig: »Stoppen S' da. Und jetzt langsam vorlaufen lassen. Jetzt müsst's gleich kommen.« Sie deutet auf den Ausschnitt, der das Foyer zeigt. Es ist voller Handwerker, die alle schwer beschäftigt sind.

»War ja ordentlich was los«, stellt Maike Hansen fest.

»Ja, so kurz vor der Eröffnung ist scho Stress«, pflichtet die Grundig bei, »nix ist fertig, alles muss überprüft werden und ein Haufen Arbeiter im Haus. Da verliert man schon mal den Überblick. – Schaun S'?«

Wir sehen zwei weitere Handwerker in das Foyer kommen. Einer trägt eine Art Sporttasche, der andere eine Leiter. Sie sehen sich kurz um und streben dann rechts unten aus dem Bildschirmfeld, um kurz darauf auf einem anderen Ausschnitt zu erscheinen.

»Jetzt sind s' hier«, kommentiert Frau Grundig, »das ist im ersten Stock. Und gleich kommt's!«

Die beiden Handwerker stellen die Klappleiter auf, einer steigt rauf und hantiert an der Deckenverkleidung herum.

Was Handwerker eben immer so machen, denke ich, die basteln dauernd irgendwo herum, sonst wären es ja keine Handwerker.

Dann verschwinden sie auch hier aus dem Kamerabereich und tauchen kurz darauf in einem anderen auf. Ein ähnlicher Gang, nur im dritten Stock, wie Frau Grundig erklärt. Wieder wird die Leiter aufgestellt, die beiden hantieren herum, einer auf der Leiter, der andere reicht ihm etwas aus der Tasche, was dann in die Deckenverkleidung eingebaut wird. Die Männer packen alles zusammen und laufen aus dem Bild.

»Und jetzt spulen S' bitte vor«, sagt Frau Grundig, »auf gestern Abend.«

Jetzt stehen unten im Foyer noch mehr Leute, diesmal festlich gekleidet, mit Bierhumpen oder Sektgläsern in der Hand. Sie sehen zu, wie draußen der Namenszug des Hotels enthüllt wird. Ein paar Kellner wuseln dazwischen herum, und ich suche mich auf dem Bild, doch Frau Grundig lenkt unsere Aufmerksamkeit auf die Bildschirmfelder, die die Gänge überwachen. Die sind jetzt so gut wie menschenleer.

Plötzlich blitzt kurz etwas auf, Teile der Deckenverkleidung fallen auf den Boden, und eine Flüssigkeit tropft herunter. Kurz darauf gehen im Gang vereinzelt Türen auf, und Leute laufen, sich die Nase zuhaltend, hektisch aus dem Bild.

Das Gleiche passiert auf dem Ausschnitt, der die Aufzeichnung der dritten Etage wiedergibt.

»Das sind die Stinkbomben«, stellt Maike Hansen fest. »Haben Sie das auch unseren Spurensicherern gezeigt?«

»Ja«, sagt Frau Grundig heftig nickend. »Und die haben g'sagt, ich soll gleich herkommen und es Ihnen zeigen. Und dann haben s' noch g'sagt, ich soll ›Zeitzünder‹ sagen. – Zeitzünder!«

»Na, dann sehen wir uns doch mal die Zeitzünderstinkbombeninstallateure näher an.« Maike Hansen spult wieder drei Tage zurück und zoomt sich an die Handwerker heran, wie sie ins Foyer kommen. Die Auflösung ist nicht so besonders gut, dennoch …

»Könnten das nicht unsere Bunken-Brüder sein?«

»Da wette ich drauf«, erwidert Maike Hansen.

»Scheißkerle«, entfährt es Oehler. »Kriegen Sie die Bilder besser hin?«

»Vielleicht mit einem Bildbearbeitungsprogramm.« Maike Hansen setzt sich mit dem Tablet an ihren Schreibtisch und schaltet auch den großen Dienstcomputer ein. »Ich versuch das mal.«

Oehler sieht aus, als würde er die Grundig gleich umarmen wollen.

»Sehr gute Arbeit«, lobt er sie, »Sie ahnen vermutlich gar nicht, wie sehr viel weiter wir dadurch gekommen sind.«

»Das kann ich mir scho denken«, erwidert die Hotelmanagerin, »deshalb bin ich gleich hergekommen, gell? Und es ist ja auch in meinem Interesse, wenn diese Terroristen endlich g'schnappt werden.«

Interessant, denke ich. Und dann fällt mir etwas ein.

Nachdenklich drehe ich mich zu Oehler. »Sagen Sie, gibt's in diesem Ordnungsamt nicht auch Überwachungskameras?«

»Doch, aber die waren abgeschaltet«, antwortet Maike Hansen, eifrig auf ihrer Computertastatur herumtippend. »Wartungsarbeiten.«

»Wer hat die veranlasst?«

»Das Amt selbst«, erklärt Maike, ohne aufzuschauen, »das sind Routinearbeiten. Werden einmal monatlich durchgeführt.«

»Von wem?«

»Irgendeiner Firma wahrscheinlich.«

Eben. »Wir sollten das überprüfen.« Ich erhebe mich, nehme meine Jacke und wende mich an Oehler. »Und Sie beide fahren mit den Bildern zur Staatsanwaltschaft. Verhören Sie die Brüder im Beisein ihrer Anwälte. Diesmal auf die harte Tour. Wir sind wieder im Spiel.«

53   »MOIN.«

»Moin.« Über das Gesicht des Portiers huscht ein Lächeln. »Ah, der Mann mit der Detektei.«

»Heute bin ich für die Kriminalpolizei unterwegs«, erkläre ich ihm geheimnisvoll, »undercover.«

»Ups.« Der Portier kommt ganz dicht an sein Fenster heran. »Und womit kann ich dienen?«

»Sie haben doch hier Überwachungskameras im Haus, richtig?«

»Da, da und da.« Der Portier zeigt sie mir mit entsprechenden Gesten.

»Und die waren alle ausgerechnet am Tag der Bombendrohung ausgeschaltet?«

»Wie das Schicksal so spielt«, nickt der Portier.

»Und Sie haben auch nicht gesehen, wie hier jemand die Tasche mit dem Sprengstoff abgestellt hat?«

Der Portier schüttelt den Kopf. »An dem Tag war viel los. Und ich kann meine Augen nicht überall haben. Wenn ich zum Beispiel wie jetzt mit Ihnen spreche, sehe ich nicht, ob dahinten einer seine Tasche abstellt. Dafür haben wir ja die Kameras.«

»Aber die wurden gewartet.«

»Richtig.«

»Wie oft werden die denn gewartet?«

»Einmal im Monat. Dann werden die Linsen geputzt, die Speichermedien ausgetauscht und so weiter und so fort.«

»Von einer Firma, nehme ich an.«

»›Watching You‹.«

»Bitte?«

»So heißt die Firma«, erklärt der Portier. »›Watching You‹, in Greifswald.«

Aha. »Und die warten hier monatlich in schöner Regelmäßigkeit die Kameras?«

»Kann man so sagen, ja.«

»Immer am selben Tag?«

»Nein«, der Portier schüttelt den Kopf, »das wechselt. Sonst könnte man das ja nachvollziehen und ausnutzen. Und das soll verhindert werden. Die waren auch schon mal nachts hier. Oder sonntags. – Und wer darf denen dann aufschließen?« Er deutet auf sich. »Und diese Überstunden werden nicht mal bezahlt.«

Verstehe. »Die Wartungstermine werden demnach geheim gehalten?«

»Na, geheim gehalten ...« Er wiegt den Kopf. »Wir erzählen es nicht herum, sagen wir mal so.«

»Wer weiß denn von diesen Wartungsterminen?«

»Na, ich«, antwortet der Portier. »Und diese Watching Yous. Und die von der Verwaltung, die die Termine machen.«

»Der stellvertretende Amtsleiter?«

»Na, der bestimmt.« Da ist sich der Portier sicher. »Wer, wenn nicht die Amtsleitung.«

»Und wie lange vorher werden die Termine geplant?«

»Keine Ahnung.« Der Portier zuckt mit den Schultern. »Das weiß ich nicht. Ich erfahre das immer so zwei, drei Tage vorher.«

Das reicht, denke ich. Thea Bunken war gut vernetzt in der Stadt. Wenn sie das herausfinden wollte, würde sie es herausfinden. Falls nicht, reichen ein paar Geldscheine. Matthiesen hat sich ja, was man so hört, sehr gerne schmieren lassen.

54 DIESMAL HABEN MAIKE HANSEN und Björn Oehler die Brüder für die Vernehmung getauscht. Während sich der Oberkommissar den älteren Jean Luc »zur Brust nimmt«, sitzt Maike dem jüngeren Etienne gegenüber. Neben ihm passt Anwalt Wiegand Eckle auf, dass sein Mandant nichts Falsches sagt.

Auf dem Tisch steht ein Tonbandgerät, das die Vernehmung aufzeichnet. Daneben liegt das vergrößerte Bild aus der Überwachungskamera von »Störtebekers Boddenblick«. Es zeigt die Brüder »bei der Arbeit«.

Trotzdem sagt Etienne noch immer nicht zur Sache aus, sondern beschimpft Maike als »Bullenschlampe«.

»Kooperation, Etienne«, mahnt der Anwalt, »Sie sollten ein wenig kooperativer sein, es sieht hier nicht so gut für uns aus.«

»Ich operiere keine Bullenschlampen«, faucht Etienne, »schon gar nicht ko-. Ich hau sie höchstens k.o., klar?« Finster starrt er Maike an. »Und dann scheiß ich auf dich.«

»Du musst mir nicht bestätigen, dass du das auf dem Bild bist«, bleibt Maike gelassen, »denn das sieht man auch so. Das erkennt jeder. Da habt ihr die Stinkbomben hinter der Deckenverkleidung platziert. Wie die Kriminaltechnik schreibt …«, sie holt den entsprechenden Bericht hervor, »… mit einem ganz einfachen Zeitzünder. Gebaut aus dem Federwerk einer alten Uhr. Zieht man sie auf, läuft sie genau drei Tage. Dann muss man sie wieder aufziehen, sonst bleibt sie stehen. Oder es macht bum!« Maike sieht den Jüngeren an. »Weil dann ein Kontakt geschlossen wird, der einen kleinen Sprengsatz auslöst, der die Buttersäureflaschen zerspringen lässt. Und dann stinkt's. – Habt ihr viele solcher alten Uhren zu Hause? Müsst ihr ja, denn ihr habt gleich drei dieser Zünder gebaut. Zwei für die Stinkbomben und einen für die beiden Autos. Da brauchtet ihr nur einen, denn die standen ja so schön beieinander und wurden vor der Hoteleröffnung nicht bewegt. Geniale Idee eigentlich.« Sie beugt sich etwas zu ihm vor. »Wer hat sich das ausgedacht? Du? Oder dein Bruder?«

»Stopp«, sagt der Anwalt, »darauf musst du nicht antworten, Etienne.«

»Ich rede sowieso nicht mit der Schlampe!«

»Ach komm, Etienne, dein Bruder hat doch auch mit mir geredet. Schon beim letzten Mal.« Maike lehnt sich wieder zurück. »Da hat er mir von seinen Kaninchen erzählt, die er als Kind hatte. Dass die immer krank wurden, weil der Nachbar Schädlingsbekämpfungsmittel im Garten versprüht hat. Und dann hat Jean Luc die Kaninchen wieder gesund gepflegt. Damit ihr sie im Herbst schlachten und essen konntet.«

Man sieht, dass Etienne mächtig verunsichert ist. Unruhig rutscht er auf seinem Stuhl herum. Dann beugt er sich zu seinem Anwalt und zischt: »Wieso hat Jean Luc mit der geredet?«

»Sie sollten auch mit ihr reden, Etienne«, erwidert der Anwalt, »das kommt vor Gericht gut an, wenn Sie sich jetzt nicht weiter sträuben.«

Etienne braucht einen Moment. Er atmet tief durch. Und dann noch mal und noch mal.

»Das Kaninchen hat nach Pfefferminz geschmeckt«, stößt er schließlich angewidert hervor. »Das war eklig!«

Bei einem zunehmend genervten Oehler doziert Jean Luc währenddessen über den Sinn von Disziplinarmaßnahmen.

»Sie kennen das doch, Oberkommissar, zum Beispiel bei Kindern. Die Geschichte vom Zappelphilipp. Man kann ihm hundertmal sagen, er soll stillsitzen, aber er pariert einfach nicht. Am Ende liegt das ganze gute Essen am Boden. Und warum?« Jean Luc weiß natürlich Bescheid, denn er hätte auch ein guter Pädagoge werden können. »Weil man ihn nicht diszipliniert hat. Ein paar links und rechts hinter die Ohren, und alle hätten friedlich essen können. Manchmal braucht es eine harte Hand.«

»Haben Sie Kinder?«

»Nein!« Jean Luc schüttelt den Kopf. »Das nicht. Aber ich liebe Kinder. Die sind ganz süß, solange sie nicht frech werden. Und dann muss man ihnen zeigen, wo der Hammer hängt.«

»Und genau so haben Sie es mit Matthiesen und Schwenzl gemacht?«, fragt Oehler nach. »Mal eben den Hammer hervorgeholt? Weil die frech wurden?«

»Wissen Sie, was meine Tante Thea jetzt sagen würde?« Jean Luc lächelt. »Sie würde den Wahlspruch des schottischen Distelordens zitieren: *Nemo me impune lacessit*. Ist Lateinisch, was

Thea immer sehr seltsam fand, denn die Schotten reden ja wohl eher Englisch, oder? Das erklärt sich nur, wenn man historische Bildung hat. Wenn man weiß, dass Britannien ganz früher römische Provinz war. Und was das Römische Reich so erfolgreich gemacht hat, sollte auch heute noch gelten: ›Niemand reizt uns ungestraft.‹ Man darf sich nicht alles gefallen lassen. Damit macht man sich nur lächerlich.«

Er wirft einen kurzen Blick zum Anwalt Dr. Schnaider, der sich sorgsam Notizen macht, und fügt dann schärfer hinzu: »Matthiesen und Schwenzl haben Grenzen überschritten. Die rote Linie, den Rubikon, Sie wissen schon.«

Nee, weiß Oehler nicht. »Was war denn die rote Linie? Dass die Ihnen Konkurrenz machen wollten im Fischbrötchengeschäft?«

»Ach was, Konkurrenz!« Jean Luc winkt ab. »Konkurrenz belebt das Geschäft. Niemand hat was gegen Wettbewerb. Wenn Matthiesen und Schwenzl nur in unseren Markt hätten einsteigen wollen, bitte.« Er hebt großzügig die Hände und sieht den Oberkommissar fragend an. »Wollen Sie noch ein lateinisches Zitat hören?«

»*Melius homo vincat*«, antwortet Oehler knapp. »›Der Bessere möge gewinnen.‹ Meinen Sie das?«

»Sie überraschen mich, Oberkommissar.« Jean Luc ist beeindruckt. »Seit wann lernen Polizisten Latein?«

»Seit dem alten Rom«, erwidert Oehler, aggressiver werdend, seine Stimme wird mit jedem Satz lauter, »wussten Sie das nicht? Soll ich Ihnen sagen, was die Römer mit Typen wie Ihnen angestellt haben? Leuten, die die Tochter eines Staatsanwaltes entführen und den Staat zu erpressen versuchen? Man hätte sie an der Via Appia ans Kreuz gehängt. Und anschließend den Löwen zum Fraß vorgeworfen.«

»Na, na, na«, macht Anwalt Schnaider und sieht stirnrunzelnd auf. »Sind das Drohungen gegen meinen Mandanten?«

»Ich kläre ihn nur über historische Wahrheiten auf«, erwidert Oehler und ballt innerlich die Fäuste. »Und nun will ich Ihnen mal etwas sagen, Freundchen: Sie haben Matthiesen verprügelt! Sie haben den Futterkutter abgefackelt, dem Ordnungsamt mit einer Bombe gedroht und die Eröffnungsfeier von ›Störtebekers Boddenblick‹ gesprengt. Sie haben den Hammer gezeigt, weil Sie diese Typen weghaben wollten, bevor die Ihnen Marktanteile wegnehmen können. *Der Bessere möge gewinnen?*« Oehler schüttelt den Kopf. »Nein. Sie glauben nur an das Recht des Stärkeren. Aber dann sollte Ihnen eines klar sein: Wer den Hammer hervorkramt, muss damit rechnen, dass ihm womöglich ein Amboss über den Schädel gezogen wird.«

»Sie drohen doch«, stellt Anwalt Schnaider fest.

»Unsinn«, zischt Oehler, »noch ist das ein ganz normales Gespräch unter Männern, nicht wahr, Herr Bunken?«

»Ich bin nicht zimperlich.«

»Na eben.« Oehler versucht sich zu entspannen. »Wir stellen also fest, Sie haben Matthiesen und Schwenzl fertiggemacht, weil die in Ihrem Geschäft mitmischen wollten.«

»Falsch«, entgegnet Jean Luc.

»Falsch?«

»Ja. Darum ging es nicht.«

»Und worum ging es dann, bitte?«

»Um Verantwortung«, antwortet Jean Luc und fängt wieder an zu labern. »Tante Thea hat immer gesagt, wer ein Geschäft führt, trägt Verantwortung. Für das Produkt, was man verkauft. Für die Menschen, mit denen man arbeitet. Und wir haben mit vielen Menschen gearbeitet.«

»Wohl wahr«, sagt Oehler, meint aber: Nun komm mal zum Punkt, Junge.

»Thea hätte gerne einen Mitbewerber am Markt gehabt, das war ihr wichtig, schon allein weil das Finanzamt so genau auf uns geguckt hat. Und dann gibt es ja noch diese Kastellbehörden.«

»Die Kartellbehörden.«

»Genau. Wir wollten kein Kartell sein. Und deshalb hat Thea Matthiesen auch erst mal unterstützt. Natürlich haben wir auch gehofft, dadurch für uns die Genehmigungspraxis im Ordnungsamt zu erleichtern, wenn wir ihm den Einstieg ins Geschäft ermöglichen. Aber vor allem ging's uns darum, nicht mehr die alleinigen Macher am Markt zu sein. Deshalb hat Tante Thea dem Schwenzl ja auch die Mai Ling besorgt.«

Was? Jetzt wird Oehler hellhörig. »Thea Bunken hat das vermittelt? Die hat die Chinesin mit dem Schwenzl zusammengebracht?«

»Wer sonst?« Jean Luc versteht Oehlers Verwunderung nicht. »Anders wären die doch an die Nutte gar nicht rangekommen. Nur Thea hat die entsprechenden Verbindungen. Im Übrigen ist Mai Ling keine Chinesin, sondern Vietnamesin.«

Ja, das hat der Giehrling gestern auch gesagt. Aber tut das was zur Sache? Nee. Asiatin halt, denkt Oehler, ein Detail, das man vernachlässigen kann. Aber dass Thea dem Schwenzl diese Mai Ling …? Das haut Oehlers ganze schöne Theorie über den Haufen. Irritiert schaut er sein Gegenüber an. »Ja und? Wie ging es weiter?«

»Wie gesagt, wir mussten Verantwortung übernehmen. Tante Thea ist daran gelegen, dass es allen Beteiligten gut geht. Wenn alle zufrieden sind, sagt sie immer, ist das die beste Grundlage für das Geschäft. Und wir hätten auch mit Vlad und Igor massive Probleme gekriegt, wenn wir das hätten durchgehen lassen.«

»Vlad und Igor?« Oehler merkt auf. »Sind das diese Rostocker Rotlichtgrößen?«

»Ganz schwere Jungs«, bekräftigt Jean Luc bedeutungsvoll, »mit denen legt man sich besser nicht an. Und die können das gar nicht gut leiden, wenn man ihre Mädchen schlecht behandelt. Wir mussten reagieren.«

Ganz ruhig! Oehler muss das sortieren. Thea besorgt Mai Ling, eine vietnamesische Hure von Vlad und Igor, für diesen Schwenzl, damit der jemanden für seinen Futterkutter hat. Weil der das nicht selbst machen wollte, oder weil er …

»Was heißt hier überhaupt schlecht behandelt?«

»Der hat da so Spielchen getrieben.«

»Wer? Schwenzl?«

»Hat sie geschlagen und so«, nickt Jean Luc. »Mai Ling ist eines Nachts zu Vlad und Igor zurückgerannt und hat nur geheult. Dass sie nicht wieder zurückwill zu dem Schwenzl. Dass der so Sachen mit ihr macht, was nicht abgesprochen war. Ja, und dann kamen die zu uns.«

»Vlad und Igor?«

»Nee, die schicken gleich die Typen mit den ganz großen Knarren. Wenn wir nicht mit Matthiesen und Schwenzl aufgeräumt hätten, dann hätten die das selbst gemacht. Aber dann hätten wir auch nichts mehr zu lachen gehabt.«

Wahnsinn! Will der sich nur rausreden, oder gibt es hier wirklich so ein Gesetz der Mafia?, überlegt Oehler. Bedingungslose Loyalität? Omertà? Wer die Spielregeln nicht einhält, ist tot?

Angenommen, Schwenzl hat sich wirklich an der Prostituierten vergangen und musste sterben. Und dann haben sie den Matthiesen plattgemacht. Das Ordnungsamt eingeschüchtert und dem »Boddenblick« die feierliche Eröffnung ruiniert. Alles im Auftrag der Russenmafia. Destruktion, bis Vlad und Igor zufrieden sind. Was würde das am Ende bedeuten? Sizilianische Verhältnisse an der schönen deutschen Ostseeküste? Nicht zu fassen!

Oehler kratzt sich das Kinn. Rasieren sollte er sich mal. Man kommt zu gar nichts mehr. »Also, wenn ich Sie recht verstehe, haben Sie den Ausputzer gespielt?«

»So kann man das sehen, ja.«

»Sie haben Schwenzl umgebracht und den Futterkutter versenkt?«

»Nein.« Jean Luc hebt entschieden die Hände. »Keine Toten. Das gibt es bei uns nicht. Der Futterkutter ist ganz von alleine abgebrannt.«

Das ist ja eine super Ausrede! »Lieber Herr Bunken, die Kriminaltechnik hat eindeutig festgestellt, dass da Brandbeschleuniger verwendet worden sind ...«

»Wir waren das nicht!«

»... und es sind die Reste einer Leiche in dem Wrack gefunden worden. Seitdem ist Schwenzl verschwunden!«

»Ja, den haben wir auch gesucht.« Jean Luc guckt zu seinem Anwalt, aber der nickt nur. Alles im grünen Bereich. »Der sollte 'ne ordentliche Abreibung kriegen wie der Matthiesen auch. Aber der war weg.«

»Verbrannt«, stellt Oehler fest, »auf seinem Kutter.«

»Kann sein«, sagt Jean Luc. »Aber wir waren das nicht.«

Ach ja? Wer soll denn sonst den Kutter abgefackelt haben? »Ihr habt doch die Staatsanwaltschaft erpresst. Die Einstellung der Ermittlungen gefordert.« Oehler springt erregt auf. »Warum, wenn ihr angeblich gar nichts mit dem Futterkutter zu tun habt, hä? – Wie passt das zusammen?«

»Keine Ahnung«, versichert Jean Luc, »Thea wollte das so.«

»Thea! Na prima! Die ist über alle Berge!« Oehler stiefelt wild im Vernehmungsraum auf und ab. »Das ist doch Verarsche hier. Du willst nur deinen Kopf aus der Schlinge ziehen.«

»Herr Oberkommissar Oehler, ich bitte um Contenance«, mischt sich Dr. Schnaider ein. »Mein Mandant hat hier mehr ausgesagt, als er eigentlich müsste. Wenn er versichert, nicht in den Anschlag auf den Futterkutter verwickelt zu sein, sollten Sie das entweder akzeptieren oder das Gegenteil beweisen. Aber spielen Sie hier nicht den wilden Mann.«

Schon gut. Oehler braucht ohnehin eine Pause. Mal sehen, was die Hansen herausbekommen hat. Er beugt sich zum Diktiergerät und spricht hinein. »Fünfzehn vierundvierzig, die Vernehmung wird beendet.« Und dann schaltet er das Gerät ab.

55 DER NACHMITTAG BRINGT typisches Aprilwetter mit sich. Es ist kalt und windig. Immer wieder schüttet es wie aus Eimern, während dicke schwarze Wolken über den Himmel jagen, als wären sie auf der Flucht. Dazwischen sieht man die rote Sonne im Westen untergehen.

Oberkommissar Björn Oehler und seine Hauptmeisterin Maike Hansen kommen aus dem Neubaukomplex der Stralsunder Polizeiinspektion am Frankendamm, wo sie die Brüder vernommen haben.

Oehler ist völlig außer sich. »Alles hat er zugegeben. Sogar den Angriff auf Matthiesen, obwohl wir denen das gar nicht nachweisen können. Aber was den Futterkutter angeht, da stellen die sich quer. – Wieso?«

»Den Angriff auf Matthiesen werden wir ihnen auch beweisen«, erwidert Maike Hansen und schlägt vor – während beide losrennen, um sich vor dem erneut einsetzenden Regen in Sicherheit zu bringen –, ins Krankenhaus zu fahren und den lädierten stellvertretenden Amtsleiter von der Festnahme der Brüder zu informieren. »Der wird eine Aussage machen, glauben Sie mir.«

Sie setzen sich eilig in den Dienstwagen, auf dessen Dach der Regen so lautstark einprasselt, dass beide lauter sprechen müssen.

»Wieso geben die die Versenkung des Futterkutters nicht zu?« Oehler begreift es nicht. Missmutig legt er den Rückwärtsgang ein und steuert den Opel Astra aus der Parklücke.

»Wegen der Leichenteile im Wrack«, glaubt Maike Hansen. »Die wollen keine Mordanklage riskieren.«

»Aber damit kommen die doch vor Gericht nicht durch.« Oehler steuert den Wagen über das Wulflamufer zwischen Franken- und Weidenteich auf den Frankenwall und an der alten Stralsunder Stadtmauer vorbei Richtung Triebseer Damm. »Alles deutet auf die Brüder als Täter.«

»Alles?« Maike lacht. »Was meinen Sie denn mit alles, Chef? Wir haben doch nichts. Außer der Entführung von Leonie.«

»Reicht das nicht?« Am Hauptbahnhof fädelt sich Oehler rasch in die linke Spur ein, um nicht wieder am Stadtwald zu landen. Das ist ihm schon mal passiert. Der Stadtwald ist zwar recht nett, aber wenn man ganz woanders hinwill … »Was sagt denn der jüngere Bruder dazu?«

»Der beteuert auch, nie am Futterkutter gewesen zu sein«, antwortet Maike. »Die sind erst zu Schwenzls Wohnhaus in den Teergang gefahren und haben die Terrassentür mit weißer Farbe beschmiert. Sein Auto war zwar da, nicht aber der Schwenzl selbst. Dann sind sie zum Hafen. Aber der Kutter brannte schon. Sagt Etienne.«

»Nee!« Oehler schüttelt anhaltend den Kopf. »Die erzählen uns was vom Pferd. Das haut alles vorne und hinten nicht hin.«

Sie fahren jetzt über die Rostocker Chaussee. Typisches Gewerbegebiet mit Autohäusern, Tankstellen, Baumärkten und Outlet-Shops.

»Was ist mit Mai Ling?«, fragt Maike Hansen nach einer Weile.

»Was soll mit der sein?«

»Na, vielleicht hat sie den Schwenzl auf dem Gewissen.« Maike sieht Oehler von der Seite her an. »Ich mein, der schlägt sie. Vielleicht ist sie ja mal ausgerastet und hat zurückgeschlagen. Mit Todesfolge.«

»Und anschließend hängt sie Schwenzls Hoden an den Großbaum seiner Yacht?« Oehler schüttelt den Kopf. »Ich meine, Mai Ling ist zwar Asiatin. Die sind schon anders drauf als wir hier in Europa, vielleicht auch manchmal rabiater, aber so was ... Nee! Die These ist zu gewagt, Hansen. Unbrauchbar eigentlich. Außerdem habe ich den Schwenzl nie auf dem Futterkutter gesehen. Und ich habe direkt nebenan gewohnt. Dann hätte ich doch Schreie hören müssen oder wenigstens einen Streit. Aber da war nie ein Mann.«

»Sind Sie sicher? Denn dann können die verbrannten Knochen auf dem Kutter auch nicht vom Schwenzl sein.«

»Hansen, Ihre Logik macht mich wahnsinnig.« Oehler stoppt den Wagen vor dem Krankenhaus. »Wessen Knochen sollen das denn sonst sein? Es wird niemand weiter vermisst außer Schwenzl. Vielleicht hat er sich ja auf den Kutter geschlichen, und ich habe nur nichts gehört. Und dann brennt das Ding ab, und er kommt nicht mehr raus. Die Frage ist, wer ist dafür verantwortlich? – Doch nur diese Bunken-Brüder. Andere Verdächtige haben wir nicht.«

Sie steigen aus dem Wagen – plötzlich scheint die Sonne wieder – und gehen nachdenklich auf den Krankenhauseingang zu.

»Das gibt's doch nicht!« Dr. Predel erkennt die zwei sofort. »Die niedliche Kriminalhauptmeisterin und ihr Häuptling!«

»Ich bin nicht niedlich«, stellt Maike Hansen klar.

»Und ich bin kein Häuptling, sondern Oberkommissar«, betont Oehler.

»Und? Alles gut?« Dr. Predel strahlt die beiden gut gelaunt an. »Heilen die Brandpfötchen? Hat sich die Hauptmeisterin vom Schrecken erholt?«

»Alles gut.« Oehler zeigt seine Hände, von denen sich die Haut schält. »Juckt ein bisschen, aber sonst ...«

»Das ist gut«, nickt Dr. Predel, »wenn es juckt, dann heilt es.«

»Ja, und wir haben die Schläger vom Matthiesen festgenommen«, sagt Oehler. »Deshalb sind wir hier. Vielleicht entschließt er sich ja doch zu einer Aussage.«

»Nur zu«, Dr. Predel deutet mit einer Handbewegung zur Treppe, »Sie kennen ja den Weg.«

»Nee, nee«, macht der Oberkommissar und zieht Maike Hansen in die andere Richtung. »Heute nehmen wir den Fahrstuhl.«

»Moin, Herr Matthiesen!«

»Was?«

Oehler erklärt der Kriminalhauptmeisterin, dass Matthiesen in seiner Ganzkörpergipshülle schlecht hört. »Sie müssen lauter mit ihm reden, Hansen. So etwa: MOIN, MATTHIESEN«, brüllt er drauflos. »ERKENNEN SIE MICH WIEDER?«

»Ja, Sie sind dieser Kriminalpolizist aus Barth.« Seine Augen wandern zu Maike. »Ist das Ihre Tochter?«

»Nein, meine Assistentin …«

»Was?«

»KRIMINALHAUPTMEISTERIN HANSEN!«

»Und warum kommen Sie heute zu zweit?«

»Wir haben eine gute Nachricht für Sie.«

»Was?«

»WIR HABEN DIE SCHLÄGER VERHAFTET!«

»Welche Schläger?«

»Na, die Sie vertrimmt haben.«

»Was?«

»DIE SIE VERPRÜGELT HABEN!«

»Wieso? Ich bin die Treppe heruntergefallen«, erklärt Matthiesen. »Das habe ich Ihnen doch schon beim letzten Mal …«

»Herr Matthiesen, Sie brauchen sich nicht mehr zu fürchten.«

»Was?«

»SIE MÜSSEN KEINE ANGST HABEN!«

»Angst? Wovor?«

»WOLLEN SIE KEINE ANZEIGE ERSTATTEN?«

»Sie müssen nicht so schreien«, sagt Matthiesen, »ich habe mir alle Knochen gebrochen, aber meine Ohren sind noch gut.«

»Wenn Sie Anzeige gegen die Brüder stellen, wird Ihr Fall auch vor Gericht verhandelt.«

»Was?«

»WOLLEN SIE NICHT, DASS DIE BRÜDER VERURTEILT WERDEN?«

»Welche Brüder? Ich bin von der Treppe gefallen. Das war ein Unfall!«

»DAS WAR KEIN UNFALL!«

»Doch, war es!«

»Nein, war es nicht! Die Brüder haben gestanden!«

»Was?«

»Ach, vergessen Sie's!« Oehler hat die Schnauze voll. »Gehen wir, Hansen!«

»Der hat Dreck am Stecken«, vermutet die. »Und er hat Angst, dass das rauskommt vor Gericht, wenn er aussagt.«

»Ja«, nickt Oehler, »der fürchtet um seine kleine korrupte Existenz!«

56   URSPRÜNGLICH HABE ICH mit dem Gedanken gespielt, ebenfalls in die Polizeiinspektion zu fahren. Wo ich schon mal in Stralsund war.

Aber dann dachte ich, nein, lass das die Barther Beamten machen. Die sind im Dienst, nicht ich. Ich habe mich schon viel zu sehr in deren Fall eingemischt. Mit nur mäßigem Erfolg. Ich bin pensioniert, ich sollte meine freie Zeit genießen. Und vielleicht mal wieder segeln gehen.

Eines wollte ich den zweien aber noch mitgeben, und zwar die Erkenntnis, dass Thea Magaretha Bunken durchaus die Wartungstermine für die Kameraüberwachung im Ordnungsamt in Erfahrung bringen konnte. So sie denn gewollt hat.

Aber das kann ich auch in Barth machen.

Und jetzt drücke ich mich schon gut anderthalb Stunden zwischen dem kleinen Barther Kriminalkommissariat in der Hafenstraße und der Marina am »Vinetablick« herum, wo Oehlers »Swantje« liegt. Doch weder der Kommissar noch seine hübsche Hauptmeisterin sind bislang aufgetaucht.

Sind die immer noch in Stralsund? Bei der Vernehmung der

Bunken-Brüder? Was dauert da so lang, verdammt? Vielleicht hätte ich dort doch nach dem Rechten sehen sollen.

Es gießt wie aus Kannen, und ich habe mich unter die Markise auf der Terrasse des »Vinetablicks« gerettet. Hier hat man die »Swantje« gut im Blick. Wenn Oehler kommt, kann man ihn nicht verpassen. Außer mir sind nur noch zwei Frauen hier draußen. Eine Blondine, die ich auf Ende dreißig, Anfang vierzig schätze. Nicht unattraktiv, dieser typisch unterkühlte nordische Typ. Und eine hübsche südländische Brünette, die noch keine zwanzig Jahre alt ist. Auch die scheinen hier unter der Markise auf etwas zu warten. Und als sich die Blonde eine Zigarette anzünden will, biete ich ihr rasch Feuer an.

»Oh, vielen Dank.« Sie raucht, lächelt kurz und schweigt.

Dass diese Norddeutschen immer so viel reden müssen! Um im Gespräch zu bleiben, lasse ich ein paar Bemerkungen über das Wetter fallen. Dass der Regen gleich wieder aufhören wird, zum Beispiel, und dass diese kurzen, aber heftigen Schauer ja typisch für den April sind.

»Heute ist Walpurgisnacht«, erinnert sie mich, an der Zigarette ziehend. Und dass sie das Aprilwetter allmählich satthabe.

Plötzlich höre ich einen Schrei: »Leonie!«

Dann sehe ich die junge Hansen auf mich zurennen. Oder besser auf die Brünette, denn die schreit »Maike!« und rennt auf die Hansen zu. Mitten im strömenden Regen treffen sie sich und umarmen sich glücklich.

Und schließlich kommt auch Kriminaloberkommissar Oehler um die Ecke. Er scheint jetzt besser gelaunt, denn als er mich sieht, läuft ein breites Lächeln über sein Gesicht. Ein bisschen übertrieben finde ich, wie er seine Arme ausbreitet, um mich willkommen zu heißen ...

»Frau Dr. Kilius!« Oehler läuft an mir vorbei und nimmt die Blonde in den Arm.

»Waren wir nicht schon bei den Vornamen, Björn?« Sie lächelt zurück, und mir ist plötzlich klar, dass es sich bei den Frauen um diese Staatsanwältin und deren Tochter handeln muss.

»Ich freue mich sehr, Annetta«, sagt Oehler gerade, »vor allem auch, dass es Leonie schon wieder so gut geht.«

»Na, sie hat sich ziemlich erkältet«, erwidert die Kilius, »und der Schock über das Erlebte sitzt tief. Aber sie wollte unbedingt Maike wiedersehen. Und ihr danken. Genau wie ich auch.«

»Das machen wir an Bord«, schlägt Oehler vor. »Ich hab einen guten Schnaps, einen guten Wein und gutes Bier.«

Klingt vernünftig, denke ich. Da muss ich mich mal bemerkbar machen.

»Guten Abend, Oberkommissar. Nehmen Sie mich auch mit an Bord?«

»Knoop!«

Na endlich. Er sieht mich.

»Wir haben gedacht, Sie schauen noch in der Inspektion vorbei.«

»Ich dachte, das überlasse ich lieber den Profis.«

»Das sind Sie doch auch.« Oehler stellt mich der Blondine vor. »Das ist übrigens der pensionierte Kriminalrat aus Berlin …«

»Stimmt, Sie wurden mir schon telefonisch angekündigt«, sie reicht mir die Hand, »Kilius, Staatsanwaltschaft. Sie haben mit den Anwälten der Brüder, Dr. Schnaider und Wiegand Eckle, gesprochen, richtig?«

»Ja, aber das hat sich ja nun erledigt.« Wie gerne hätte ich ihr einen Deal präsentiert. Aber gut, vielleicht ein andermal.

»Also an Bord!« Oehler geht voran.

Kurz darauf sitzen wir alle in seinem gemütlichen Salon unter Deck, jeder mit einer Bierflasche in der Hand. Lediglich Leonie und Maike Hansen trinken Tee. Der Oberkommissar brutzelt seine berühmten Bratkartoffeln mit Rührei und Speck und versteht noch immer nicht, wieso die Bunken-Brüder nicht zugeben wollen, auch den Futterkutter überfallen zu haben.

Das ist in der Tat sehr seltsam. Denn mit Leonies Entführung, mit der die Einstellung der Ermittlungen zu dem Fall erpresst werden sollte, ist quasi erwiesen, dass sie mit dem Fall zu tun haben. Sonst hätte das ja alles keinen Sinn gehabt. Und das wird sicher auch das Gericht so sehen. Mit einem umfassenden Geständnis dazu könnten sie die Richter milder stimmen. Warum also streiten sie das ab?

Wegen des Toten an Bord?

»Was haben Sie denn im Ordnungsamt herausgefunden?«, will Oehler von mir wissen.

Ich gebe ihm meine Einschätzung. Dass die Wartungsarbeiten monatlich zu drei Tage vorher festgesetzten Terminen stattfinden. Dass diese Termine zwar nicht öffentlich sind, eine gut vernetzte Frau wie Thea Magaretha Bunken aber durchaus die Möglichkeiten besitze, diese Termine herauszufinden. Um dann ihre Neffen mit einer Tasche Sprengstoff und einer veritablen Drohung dazu ins Ordnungsamt zu schicken.

»Um was damit zu erreichen?«, fragt Annetta Kilius.

»Die Zerschlagung des Netzwerks vom Matthiesen«, antwortet Oehler. »Der fing an, ihr gefährlich zu werden, weil er die Rotlichtkönige von Rostock verärgert hatte.«

»Das müssen Sie mir genauer erklären.« Annetta Kilius blickt verwundert auf. »Was haben die damit zu tun?«

»Das erzähle ich Ihnen nach dem Essen. Die Geschichte ist ein bisschen unappetitlich.«

Er stellt eine große Pfanne Bratkartoffeln auf den Tisch. Maike Hansen bekommt eine kleinere. »Ohne Speck«, wie Oehler betont. »Guten Appetit.«

»Mhm, lecker!« Alle hauen rein, als hätten sie seit Tagen gefastet.

Bis Annetta Kilius den Hoden im Großbaum der »Batavia« erwähnt.

»Wollten wir die unappetitlichen Themen nicht nach dem Essen …?«

»Ich dachte, das interessiert Sie: Der stammt von einem Jürgen Drewes …«

»Jürgen Drews?«

»Drew-es. Nicht der mit dem Bett im Kornfeld. Ein Landwirt aus Malchin, der vor vier Wochen gestorben ist. Herzinfarkt.«

»Und wie kommt dessen Hoden an den Großbaum der ›Batavia‹?«

»Das kriegen Sie mal raus.« Annetta Kilius sieht kauend in die Runde. »Vielleicht hilft bei der Aufklärung dieses Rätsels der Hinweis, dass dieser Drewes im Greifswalder Universitätsklinikum obduziert worden ist. Der hatte seinen Körper freigegeben für Forschungszwecke. Daran haben sich Medizinstudenten versucht.«

»Paula!« Ich verschlucke mich fast. Die Segeltrainerin! Die studiert doch Sportmedizin in Greifswald. Ich fasse es nicht. Alle sehen mich an.

»Nichts«, wiegle ich zügig ab. »Ich hatte eben nur so eine merkwürdige Assoziation. Hat nichts mit dem Fall zu tun.«

Immerhin heiße ich nicht Schwenzl. Ich bin kein Denunziant.

57   ES IST MERKWÜRDIG. Die Deutsche Demokratische Republik existiert schon seit fast dreißig Jahren nicht mehr, doch noch immer hat Oberkommissar Björn Oehler am ersten Mai Trompeten und Fanfaren im Ohr.

Dann hört er das Knattern roter Fahnen und das militärische »die Augeen links« des Volkspolizeimusikkorps, dem er in jungen Jahren als Trommler angehörte. Und dann ging es links, zwo, drei und rattertatam nach Berlin, Hauptstadt der DDR.

Gott, wie aufregend das immer war! Da marschierten sie jedes Jahr am ersten Mai, dem Kampf- und Feiertag der Werktätigen, über die Karl-Marx-Allee, zusammen mit Zehntausenden anderen unter Fahnen und Transparenten, die die Freundschaft mit der Sowjetunion bekundeten, zur antiimperialistischen Solidarität aufriefen und den weltweiten Sieg des Sozialismus propagierten.

»Auf, auf zum Kampf, zum Kampf!
Zum Kampf sind wir geboren!
Auf, auf zum Kampf, zum Kampf!
Zum Kampf sind wir bereit!
Dem Ka-harl Liebknecht haben wir's geschworen.
Der Rosa Luxemburg reichen wir die Hand.«

Und Oehler, der schlug seine Trommel und sang begeistert mit. Was waren das für schöne Lieder, mitreißende Hymnen.

*»Brüder zur Sonne zur Freiheit,
Brüder zum Lichte empor,
Hell aus dem dunklen Vergangenen
Leuchtet die Zukunft hervor.«*

Oder:

*»Wann wir schreiten Seit' an Seit'
Und die alten Lieder singen,
Und die Wälder widerklingen,
Fühlen wir, es muss ge-li-hin-gen:
Mit uns zieht die neue Zeit!
Mit uns zieht die neue Zeit!«*

Toll!

Und dann die dramatische Lautsprecherstimme, die erscholl, wenn das Volkspolizeimusikkorps an der Tribüne mit der Partei- und Staatsführung vorbeimarschiert kam.

»Wir begrüßen das mehrfach preisgekrönte Musikkorps der Deutschen Volkspolizei des Bezirkes Rostock! Es lebe hoch! Hoch! Hoch!«

Diese Hochrufe, von Zehntausenden Menschen in den Berliner Maihimmel gebrüllt, donnernd wie ein Frühlingsgewitter. Und der Staatsratsvorsitzende Erich Honecker, wie er huldvoll von seiner Tribüne winkte. Das hat Björn Oehler immer sehr stolz gemacht, und er schlug seine Trommel noch lauter.

Ja, das waren Zeiten damals.

Nicht dass der Oberkommissar die DDR zurückhaben will, das nicht, nein. Aber es war eben alles ganz anders früher. Und nichts davon ist geblieben.

Nur jedes Jahr am ersten Mai kommen die Erinnerungen zurück, dann ist dieses alte Hochgefühl wieder da, das Täterää und Umptata und der Drang, mit weit ausholenden Schritten in den Frühling hinauszumarschieren.

Diesmal führen ihn seine Schritte in den Teergang, direkt vor das chaletartige Blockhaus des Tom Werner Schwenzl. Die Fenster sind geöffnet, drinnen läuft irgend so ein fernöstlicher

Popsong, und vor der Eingangstür stehen zwei nagelneue, fast ein Meter hohe Winkekatzen aus massivem rostfreien Chromstahl.

Hinten auf der Terrasse müht sich die Chinesin oder Vietnamesin – also jedenfalls diese Mai Ling – im Takt der Musik mit kreisenden Armbewegungen, die weiße Farbe mit der Aufschrift »Wichser« von den Fenstern zu waschen.

»Moin«, sagt Oehler.

»Molgen«, ruft Mai Ling im Singsang zurück und lacht ihn an. »Ah, der Obelkommissah, hahaha! Schönes Wetteh heute, ja? Kein Legen.«

»Das heißt Regen«, verbessert er sie, »mit Rrrr.«

»Llll«, macht sie und lacht.

Auch Oehler muss schmunzeln. »Sie wohnen jetzt wieder hier?«

»Ja, ich hieh wohnen. Machen Flühjaahsputz.«

»Da müssen Sie Verdünnung nehmen«, sagt er mit Blick auf die farbverschmierte Scheibe. »Das ist Lackfarbe. Warten Sie, ich helfe Ihnen.«

In der Garage findet er Terpentin und einen Handwerkerkittel, der ihm zu klein ist, weswegen er ihn sich wie eine Schürze umbindet. Dann sucht er noch Putzlappen zusammen, füllt einen Eimer mit Wasser und geht Mai Ling zur Hand.

»Sehen Sie, so geht das gleich viel besser.« Beide putzen einträchtig die Scheibe.

»So richtig trauern tun Sie ja nicht um Ihren Mann«, stellt er nach einer Weile fest.

»Ich jetzt Witwe«, sagt sie, »ich albeiten und kommen zulecht.«

»Na, so klar ist das aber nicht, dass Sie jetzt Witwe sind«, entgegnet Oehler und schaut sie prüfend von der Seite an. »Oder wissen Sie das genau?«

»Tom nicht da«, sagt sie, »kommt nicht wiedeh.«

»Weil Sie ihn getötet haben?« Jetzt hat er seinen Verdacht ausgesprochen. Er hört auf, an der Scheibe zu wischen, und seufzt. »Er hat Sie geschlagen. Und noch andere Sachen mit Ihnen angestellt, nicht wahr?«

Sie lächelt unsicher und antwortet nicht.

»Sie sind weggelaufen. Nach Rostock. Zu Vlad und Igor, weil Sie nicht weiterwussten.«

»Ich Angst haben«, sagt sie. »Vlad und Igoh geben keine Schläge.«

»Aber Tom«, er schiebt ihren Ärmel hoch und sieht blaue Flecke, »der hat Sie geschlagen.«

»Tom schnell wütend. Wenn was nicht lichtig, Tom immeh ganz böse. Alles musste sein pelfekt, dann gut, wenn nicht pelfekt, dann – uuh – bloß weg, hahaha!« Sie lacht hilflos. »Egal, Tom tot. Ich leben.«

»Was ist passiert?«

Mai Ling setzt sich. Und dann erzählt sie ihm, wie er sie bedroht und angebrüllt hat, weil wieder etwas nicht gestimmt hat, weil eine Tasse falsch einsortiert oder ein Handtuch nicht richtig aufgehängt war. Und dann musste sie mit ihm segeln, das war ganz schlimm für sie.

»Ich nicht gut schwimmen«, sagt sie. »Ich Angst auf Boot.«

Aber er habe sie zum Segeln gezwungen. Und wenn sie etwas verkehrt machte, die Segel weit fierte oder die optimale Richtung zum Wind verfehlte, brüllte er sie an, erzählt sie. Zu Hause verprügelte er sie. Bis zu jenem Tag, da habe sie sich gewehrt. Da hatte sie das Bügeleisen in der Hand, weil sie ihm gerade die Hemden bügelte, und er regte sich darüber auf, dass noch Falten drin waren. Er habe ihr immer in die Magengrube geschlagen, nie ins Gesicht, weil man das ja sehen kann. Er hat ihr in die Magengrube geschlagen, sie festgehalten und weitergeschlagen und ununterbrochen auf sie eingebrüllt. Bis sie nicht mehr konnte. Und da musste sie was tun. Es sei wie ein Reflex gewesen. Sie habe ihm das Bügeleisen ins Gesicht gedrückt. Es war noch heiß, sein ganzes Gesicht sei verbrannt gewesen, er habe geschrien vor Schmerz und sie gewürgt, während sie immer weiter mit dem Bügeleisen auf ihn einschlug, bis er mit dem Schreien und Würgen aufhörte und sich nicht mehr rührte.

»Dann alles still«, beendet sie ihr Geständnis, »und ich weinen.«

Oehler schweigt nachdenklich. Was soll er jetzt mit diesem Wissen anfangen?

»Sie mich jetzt mitnehmen?«, fragt sie bange. »Ich muss Gefängnis?«

»Na, erst mal machen wir die Scheibe sauber.« Er fängt wieder an zu putzen. »Wo ist die Leiche jetzt?«

Nicht dass die hier noch irgendwo im Keller herumliegt.

»Ist gesunken«, antwortet sie, »mit Futtelkutteh.«

Tatsächlich? Dann war das wirklich Schwenzls Leiche im Wrack?

»Wie haben Sie den denn bis dahin bekommen?« Ist ja schließlich ziemlich schwer, so eine Leiche, und wenn Mai Ling die in jener Nacht mühsam auf den Kutter gezerrt hätte, wäre das Oehler nebenan sicher aufgefallen.

»Mit Post.«

»Mit der Post?« Oehler hört wieder auf zu putzen und starrt sie entgeistert an. »Sie haben ihn als Paket verschickt?«

»Gloße Paket«, nickt sie. »Hab ich Tom gepackt in Kiste.«

Sie zeigt ihm eine der etwa fünfzig mal hundertfünfzig Zentimeter großen Fischkisten, die an der Wand in der Garage aufgestapelt sind. Es sind blickdichte Plastikkisten, die zusätzlich mit Styropor ausgekleidet sind, damit der Fisch darin kühl gehalten werden kann.

»Keine Ploblem. Postmann nett und fleundlich. Kommen und holen Kiste und blingen auf Futtelkutteh.«

»Und den haben Sie dann angesteckt?«

»Nach zwei Tagen stinken Tom.« Sie hebt hilflos die Schultern. »Ich nicht weiß, was sonst machen.«

Na prima, denkt Oehler, und meine »Swantje« wäre fast mit abgebrannt.

»Ich muss Gefängnis«, sagt sie traurig, »ich wissen, ich muss Gefängnis seh lang.«

Verdient hätte sie's, denkt Oehler und fängt wieder an, die Scheibe zu putzen, allein für meine verbrannten Finger. Und so sind nun mal die Gesetze. Einerseits.

Anderseits möchte er die kleine Vietnamesin nicht in Haft sehen. Das täte ihm leid. Mai Ling baut sich hier gerade ein neues Leben auf. Ohne Tom. Vielleicht ist sie zum ersten Mal wirklich frei.

Und das erinnert ihn an den 1. Mai 1975. Da hatten die Vietnamesen die mächtigste Armee der Welt besiegt und die US-Amerikaner endgültig aus ihrem Land geschmissen. Zum ersten Mal in seiner Geschichte war dieses kleine, kriegsgeplagte Land mit seinen freundlichen Menschen frei von irgendwelchen Fremdherrschern und Kolonialmächten.

Wie sangen sie damals auf der Karl-Marx-Allee in Berlin?

»Alle auf die Straße!
Rot ist der Mai.
Alle auf die Straße!
Saigon ist frei.«

In diesem Sinne, denkt Oehler und wendet sich wieder Mai Ling zu. »Erzählen Sie niemandem davon. Das vergessen wir einfach, okay?«

Über Mai Lings Gesicht huscht ein erstauntes Lächeln. Ein sehr breites. »Okay. Wih velgessen.«

»Verrrgessen«, rollt Oehler das »r«. »Das müssen wir noch üben, nicht wahr. Rrrrr! Aber jetzt schnappen Sie sich den Schrubber da. Sonst werden wir hier heute nie fertig.«

Epilog

Ich widme mich wieder der Segelei. Jeden Tag bin ich mit meinem Folkeboot auf dem Bodden unterwegs, sofern es Wind und Wetter zulassen, und manchmal wage ich mich auch auf die Ostsee hinaus, bleibe aber in Küstennähe, um rechtzeitig vor der Dunkelheit wieder im Hafen zu sein. Man kann nicht vorsichtig genug sein auf dem Meer. Zudem wartet Yachtwart Jann Giehrling zuverlässig auf sein Anlegebier.

Lediglich bei Flaute oder bei mehr als sechs Windstärken bleibe ich an Land. Dann mache ich die nötigen Besorgungen und kümmere mich um den Garten, der, seit ich Bootsbesitzer bin, sträflich vernachlässigt wird.

Manchmal schaut auch Maike Hansen vorbei und sorgt bei mir für erhöhte Herzfrequenzen. Was für ein hübsches Mädel, das hält ja kein Mann aus! Aber sie will nur Godard gucken, »Außer Atem«, und regt sich furchtbar darüber auf, dass Jean Seberg Belmondo an die Bullen verrät.

»Dann wird der auch noch erschossen«, schimpft sie wütend, »das ist doch totaler Mist, so eine blöde Story geht gar nicht! Hatten die Filme früher kein Happy End?«

Oehler dagegen hat seine »Swantje« wieder an den alten Liegeplatz im Barther Stadthafen verholt, und in letzter Zeit sieht man ihn viel in Handwerkerkluft, weil er neben seinem Dienst als Oberkommissar beim Aufbau eines vietnamesischen Restaurants in der Barther Altstadt hilft.

Dort sitzt er oft mit Mai Ling auf der Terrasse und übt mit ihr den Gebrauch des »R« in der deutschen Sprache.

»Rote Rosen riechen rosig!«

»Lote Losen liechen losig, hahaha!«

»Jetzt konzentrieren Sie sich mal, Mai Ling, das kann nicht so schwer sein. Die Zunge muss vibrieren, nicht wahr. Also noch mal: Rote Rosen riechen rosig.«

»Deh Satz ist Quatsch!«

»Der Satz ist nicht Quatsch.«

»Wie sollen Losen denn sonst liechen, wenn nicht nach Losen?«

»Rosen, Mai Ling, das sind Rosen. Rrrr.«

So geht der Sommer ins Land, es folgt der Herbst, dann ein eisiger Winter, während in Stralsund Tag um Tag der Fall der Bunken-Brüder verhandelt wird. Die Staatsanwaltschaft geht von möglichen Hintermännern aus, auch Thea Magaretha Bunken wird genannt. Doch die ist weiterhin auf der Flucht. Es gibt Gerüchte, dass die Yacht »Queen Of The Fish Bun« in den Marinas der High Society an der französischen Riviera gesehen worden sei, wo Thea versuche, mit Edelfisch- und Kaviarbrötchen ein neues Geschäft aufzumachen. Aber Genaues weiß man nicht. Und längst ist der Prozess auch von den Titelseiten der Zeitungen verschwunden.

Nur im Internet gibt es einen Blog einer jungen Lübeckerin, der Interessierte dazu auf dem Laufenden hält: Die Beweisaufnahme ist schwierig, denn man kann Jean Luc und Etienne Bunken den Überfall auf Thies Matthiesen nicht nachweisen, obwohl sie den ja zunächst zugegeben hatten. Doch dann widerriefen sie ihre Aussage, und die Staatsanwaltschaft hat seitdem ein Problem, weil dadurch auch der Bombenattrappenanschlag auf das Ordnungsamt ungeklärt bleibt. Selbst die Versenkung des Futterkutters kann den Brüdern nicht nachgewiesen werden, und zu wem die Leichenteile an Bord des Wracks gehören, bleibt wohl, so steht es im Blog, für immer ungeklärt.

Nicht zu fassen, denke ich und frage bei Maike Hansen nach. »Da muss es doch Unterlagen geben, ein rechtsmedizinisches Gutachten. Und wer ist überhaupt diese Blogschreiberin?«

»Na, Leonie, wer sonst«, wird mir geantwortet. Und das gerichtsmedizinische Gutachten zum Futterkutterfall sei bei der erzwungenen Einstellung der Ermittlungen hastig geschreddert worden. Auf Geheiß von Staatsanwältin Kilius. »Um Leonie nicht zu gefährden, verstehen Sie?«

Das kann nicht sein. Es muss Kopien davon geben. Heutzutage wird alles hundertmal gespeichert, das kann nicht alles weg sein. Es muss noch irgendwo was geben, selbst wenn es nur eine gelöschte Festplatte ist oder eine sonst wie versteckte Datei. Das war schon zu meiner aktiven Dienstzeit so. Und gelöschte Festplatten lassen sich garantiert auch heute noch wiederherstellen.

Da ich nichts Besseres zu tun habe in dieser segelfreien Zeit, fahre ich durch dichtes Schneetreiben zum Institut für Rechtsmedizin nach Schwerin. Was mir dort erzählt wird, lässt mich stutzen. Ein Oberkommissar Oehler habe schon im vergangenen Frühjahr alle Unterlagen zum Futterkutterfall abgeholt, auch die Originale und die Festplatten. Einfach alles.

Einfach alles? Interessant. Und warum liegt das dann dem Gericht nicht vor?

Bevor ich Oehler dazu befragen kann, kommt es in Stralsund zu einer Urteilsverkündung: Jean Luc und Etienne Bunken werden wegen erpresserischen Menschenraubes, Sachbeschädigung und des Buttersäureanschlags auf »Störtebekers Boddenblick« zu sieben beziehungsweise fünf Jahren Haft verurteilt. Die Verteidigung kündigt Revision an, der Fall geht in die nächste Runde, und dem Hotel hilft der Schuldspruch auch nicht mehr. Es hat sich von der verpatzten Eröffnung nie richtig erholen können. Obwohl die fränkische Hotelmanagerin Maria Grundig alles versucht hat, die Imageschäden zu beheben, blieben die Besucher aus. Hinzu kamen statische Probleme mit der Stützpfeilerkonstruktion im Boddenschlick, die Bauaufsicht untersagte den Weiterbetrieb des Hotels, und der Besitzer, Tom Werner Schwenzl, ist für die Behörden unauffindbar. Da es nie eine Baugenehmigung gab, ist inzwischen der Abriss angeordnet worden. Das Gelände soll wieder renaturiert werden.

»Und wer zahlt das alles? Der Steuerzahler«, regt sich Jann Giehrling auf. »Die sollten den Schwenzl mal für diesen ganzen Mist zur Kasse bitten, sollten die mal.«

Aber wie, wenn Tom Werner Schwenzl verschwunden bleibt?

»Ja, das ist auch so 'n Ding. Ein Jahr ist der jetzt schon weg. Wo der wohl hin ist, was?«

Es ist wieder Mai, wir sitzen auf der kleinen Bank vor der Happy-Charter-Basis in der Sonne, trinken Bier und schauen auf den Bodden hinaus.

»Vielleicht hat er sich abgesetzt. Mit falscher Identität oder so. Nach Brasilien.«

Aber warum? Der hat doch eigentlich keinen Grund zur Flucht gehabt, oder?

»Man kann nicht alles aufklären.« Bevor wir das Thema vertiefen können, setzt sich Oberkommissar Björn Oehler schnaufend zu uns und nimmt sich ebenfalls ein Bier. »Manche Dinge bleiben einfach ein Rätsel. Da sollte man dann auch nicht mehr unnötig nachbohren.«

»Ja, aber dass der so einfach weg ist ...« Giehrling versteht es nicht. »Der Likedeeler regt sich total darüber auf. Weil ja jetzt keiner mehr da ist, der die Liegegebühren für die ›Batavia‹ bezahlt. Das muss jetzt alles der Verein übernehmen, sagt er. Das bleibt jetzt alles an der Gemeinschaft hängen, diese ganzen Kosten. Und ich soll nach einem Käufer für das Schiff suchen.«

»Du?« Das erstaunt sowohl mich als auch Oehler. »Ich denke, der hat dich entlassen?«

»Der entlässt mich nicht mehr«, erklärt Yachtwart Giehrling mit bedeutungsvollem Blick. »Das traut der sich nicht. Ich weiß zu viel. Ein Wort von mir, und seine krummen Geschäfte fliegen auf.«

»Ach!« Interessiert beugt sich Oehler vor. »Von was für krummen Geschäften weißt du denn, Jann?«

»Nichts, nichts«, rudert Giehrling eilig zurück, »ich weiß eigentlich gar nichts. Ich mein ja nur so. Der Likedeeler hat einfach Angst. Vielleicht denkt er, dass sein Hoden auch demnächst mal in irgendeinem Großbaum hängt oder so. Wie beim Schwenzl. Der Fall ist ja auch noch nicht geklärt, da kann ja sonst wer hinterstecken.«

»Ja.« Oehler mustert den Yachtwart prüfend. »Das frage ich mich bis heute, wer das war. Irgendeine Idee, Jann?«

»Manche Dinge bleiben einfach ein Rätsel«, wiederhole ich Oehlers Worte eilig, bevor Giehrling etwas sagen kann. »Da sollte man dann auch nicht mehr unnötig nachbohren.«

»Sollte man nicht?« Der Oberkommissar bleibt skeptisch.

»Das haben Sie eben selbst gesagt.«

»Stimmt«, nickt Giehrling. »Hab ich auch gehört.«

»Na denn, prost!«, knurrt Oehler.

Die Bierflaschen klirren einträchtig, und ich lächle Paula zu, die draußen auf dem Bodden mit ihrem Motorschlauchboot die kleinen weißen Optis der Jüngsten umkreist wie ein Hirtenhund seine Herde.

Oliver G. Wachlin
WUNDERLAND
Broschur, 336 Seiten
ISBN 978-3-89705-588-9

»Mit viel Feingefühl ist Wachlin an die Ausarbeitung seiner Protagonisten und deren Leben herangegangen und hat es geschafft, zwei Schicksale aufzuzeigen, die in der damaligen Zeit so hätten verlaufen können.« www.media-mania.de

»Amüsant kriminelle ›Wendekomödie‹. Original, originell, gefühlsecht.« www.berlinkriminell.de

www.emons-verlag.de

Oliver G. Wachlin
TORTENSCHLACHT
Broschur, 304 Seiten
ISBN 978-3-89705-766-1

»Oliver Wachlin kreiert pünktlich zum Jubiläum seine Persiflage auf die Wende, einen köstlich närrischen Tanz ums Goldene Kalb, hier ›Tortenschlacht‹ genannt.«   www.berlinkriminell.de

»Spannend, humorvoll und immer wieder überraschend – insofern kein Krimi der üblichen Art.«   Antenne Brandenburg

www.emons-verlag.de

Oliver G. Wachlin
GRENZWÄRTS
Broschur, 320 Seiten
ISBN 978-3-89705-906-1

»Sprachlich versierte, auch humorvolle Darstellung mit viel Zeitgeist und Lokalkolorit. Breite Empfehlung.« ekz

www.emons-verlag.de

Oliver G. Wachlin
KREUZBERG
Broschur, 304 Seiten
ISBN 978-3-95451-023-8

»*Ein atmosphärisch dichter Krimi.*«   rbb 88,8

»*Wachlin hat einen fulminanten Berlin-Roman geschrieben, voller Rhythmus, Atem und Seele. Ihm gelingt, was nur wenigen gelingt: Er fesselt nicht nur, er hilft zu erfassen. Das nenne ich Literatur.*«
krimi-couch

www.emons-verlag.de

Oliver G. Wachlin
MORDSPECH
Broschur, 304 Seiten
ISBN 978-3-95451-198-3

»*Wachlin verwebt das Alltagsleben des Kommissars mit seinem Kriminalfall, der immer größere Dimensionen annimmt, und bietet dabei eine spannende Zeitreise in die jüngere Vergangenheit.*«
Der Tagesspiegel

www.emons-verlag.de

Oliver G. Wachlin
OSTSEEGRUND
Broschur, 336 Seiten
ISBN 978-3-95451-509-7

»Anhand der gut recherchierten Fakten entwickelt der Berliner Autor eine komplexe, aus Sicht verschiedener Protagonisten erzählte Krimistory, die offenkundig nahe an der Realität bleibt, jedoch bewusst frei erfundene, fast schon komödiantische Elemente einfließen lässt.« ekz

www.emons-verlag.de

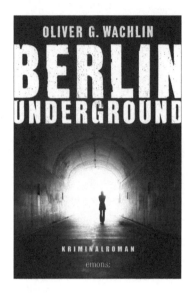

Oliver G. Wachlin
BERLIN UNDERGROUND
Broschur, 320 Seiten
ISBN 978-3-7408-0005-5

»Humorvoll und politisch brisant.«   Neues Deutschland

Lust auf mehr? Laden Sie sich die »LChoice«-App runter, scannen Sie den QR-Code und bestellen Sie weitere Bücher direkt in Ihrer Buchhandlung.

www.emons-verlag.de